EXHIBITION ON COSTUME RELICS OF THE LAST PRINCESS DEOKON AND HER ROYAL FAMILY FROM THE JOSEON DYNASTY

조선 마지막 공주 덕온가의 유물

德溫家遺物

Seok Juseon Memorial Museum
Dankook University

이 도록은 고(故) 난사(蘭斯) 석주선(石宙善: 1911~1996) 박사께서 수집한 '덕온공주와 그 후손'의 유물로 꾸며져 있습니다. 유물은 석주선 박사와 덕온공주의 손녀 윤백영 여사가 1950년대 후반 장서각에서 첫 만남을 시작 하면서 이어온 오랜 인연으로 소장하게 되었 습니다.

소개되는 유물은 석주선기념박물관 소장품 222점과 외부 소장품 6점입니다.

This exhibition catalogue contains costume relics of the last Princess Deokon and her Royal family, from the collection of the late Dr. Seok Juseon, the first director of the Seok Juseon Memorial Museum. Dr. Seok Juseon first met the granddaughter of the Princess Deokon, Madam Yun Baekyeong, at the royal library of Jangseogak Archives(the Acadermy of Korean Studies Library) in the late 1950s. Their friendship continued over the years and Madam Yun donated all the relics to Dr. Seok.

石宙善紀念
民俗博物館

덕원공주 원삼 단추 전면, 후면

"조선 마지막 공주, 덕온가의 유물"

올해 우리 대학교의 개교 65주년을 기념하여 전시되는 석주선기념박물관 민속복식 분야의 "조선 마지막 공주, 덕온가의 유물" 특별 전시와 전시 유물 도록 발간을 축하드립니다.

우리 박물관은 1981년 "석주선기념민속박물관"으로 개관한 이래로 출토 복식의 선두 주자로 한국 복식을 선도하여 이끌어 오고 있습니다. 어느덧 매년 개최한 특별전이 올해로 제31회를 맞았습니다. 이번에는 특별히 조선 23대 순조(純祖) 임금의 막내 따님인 덕온공주(1822~1844)와 그 후손의 유물 228점이 전시됩니다. 특별 전시와 함께 이 분야 최고 전문가들의 학술발표회도 겸하고 있어 특별전을 의미있게 빛낼 뿐만 아니라 풍성한 학술 성과를 도출하여 복식사 연구가 진일보하는 계기가 될 것으로 확신합니다.

이번 특별 전시 유물 가운데에는 덕온공주와 그 집안의 유물이 어렵게 선보입니다. 특히 국가 지정 유물인 중요민속문화재 5건 45점과 의생활용품, 전시 유물 이해에 도움을 주는 왕실의 편지글 등 다시 보기 힘든 귀중한 유물들로 꾸며져 있습니다. 덕온가의 유물은 우리나라 최초로 특별전이 열리며, 공주 집안과 긴밀한 유대관계를 통한 행사 개최로 매우 뜻깊은 특별 전시가 될 것입니다.

이번 전시는 경기도와 용인시의 후원을 받아 빛을 보게 되었습니다. 관련 기관의 후원에 깊이 감사드립니다. 그리고 특별전 준비를 위해 수고를 아끼지 않는 정영호 석주선기념박물관장님을 비롯하여, 실무적으로 노고를 아끼지 않은 박물관 관계자 여러분들께도 깊이 감사드립니다.

2012년 5월 11일

단국대학교 총장 장호성

A New Leap Forwad

While celebrating the65th anniversary of the Dankook University's founding, the folklore and costume department of the Seok Juseon Memorial Museum is featuring its 31st Special Exhibition "Costume Relics of the Last Princess Deokon and her Royal Family from the Joseon Dynasty".

With the donation of the life-long collection by the deceased Dr. Nansa(蘭斯) Seok Juseon(石宙善), which reaches 3,365 pieces of costume relics, the folklore and costume department started as 'the Seok Juseon Memorial Folklore Museum' on 2 May 1981. Dr. Seok Juseon belongs to the first generation of scholars who studied Korean traditional costume and had taken the lead in preserving the root of traditional costume and culture. This year marks the 31st year of the special exhibition which has been presented every year since 1981.

This special exhibition is arranged with 228 pieces of the historical objects belonged to Princess Deokon and her royal family, which are considered as the best collection among the donation of Dr. Seok Juseon. Princess Deokon(1822~1844) is the third daughter of the 23rd King of the Joseon Dynasty, Soonjo, and the last princess from the Joseon Dynasty. Furthermore, this exhibition which also displays varied objects related to her descendents offers an invaluable opportunity to witness and explore changes in the traditional culture of the royal and noble family in the late Joseon dynasty.

Dr. Seok Juseon first met the granddaughter of Princess Deokon, Madam Yun Baekyeong, at the royal library of Jangseogak(藏書閣) in the late 1950s. Their friendship continued over the years and Madam Yun donated all the relics to Dr. Seok. Those donated relics were organized and preserved by scholars, Prof. Bouja Koh and Prof. Sungsil Park, who are the second generation in the study of folk costume.

All the hard work and dedication of the great scholars finally comes to fruition at the Seok Juseon Memorial Museum at Dankook University. We would like to express our sincere appreciation to the advisory professors and Museum researchers for their hard work.
We expect that this exhibition will be an invaluable opportunity for young students to revisit our traditional culture.

Thank you.
Sincerely,

Hosung Chang Ph.D. The President of Dankook University
Youngho Chung Ph.D. The Director of the Seok Juseon Memorial Museum

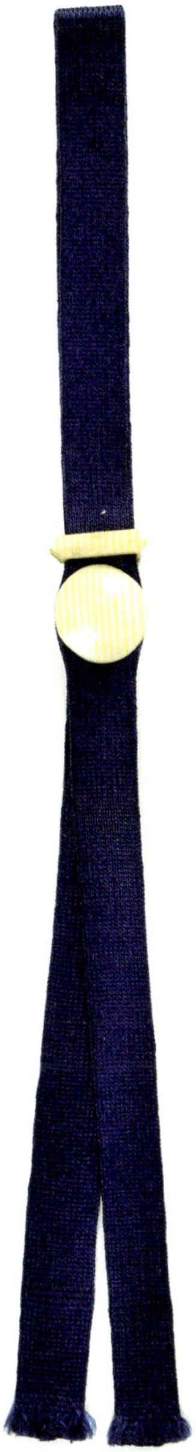

우리 대학교는 올해 개교 65주년을 맞았습니다. 이와 때를 같이하여 석주선기념박물관 민속·복식에서 1981년 이후 매년 개최하여온 특별전이 제 31회를 맞아 새로운 도약을 꿈꾸고 있습니다.

우리 박물관 민속·복식관은 고(故) 난사(蘭斯) 석주선(石宙善) 박사께서 일생 동안 모으신 복식 관련 유물 3,365점을 기증받아 1981년 5월 2일 '석주선기념민속박물관'으로 시작되었습니다. 석주선 박사는 복식학계의 1세대 학자로서 우리나라 전통복식의 뿌리를 찾고 보존하는 데 앞장서 온 분입니다.

제31회 특별전은 "조선 마지막 공주, 덕온가의 유물" 전(展)입니다. 석주선 박사의 수집품 가운데 최고라 할 수 있는 '덕온공주(德溫公主)와 그 후손'의 유물 228점으로 꾸몄습니다. 덕온공주(1822~1844)는 조선 23대 순조(純祖) 임금의 세 번째 따님으로 왕과 왕비의 혈통을 이어 받은 조선시대 마지막 공주이십니다. 더불어 그 후손의 유물을 함께 선보이는 이번 전시는 조선 후기 왕실과 사대부 사이의 의생활 계보를 확인할 수 있는 소중한 기회가 될 것입니다.

석주선 박사께서 덕온공주 관련 유물을 수집할 수 있었던 것은 1950년대 후반 장서각(藏書閣)에서 덕온공주의 손녀인 윤백영 여사와 첫 만남을 시작하면서 이어온 오랜 인연이 밑거름이 되었습니다. 또한 이렇게 수집된 유물은 박사의 제자로서 우리 박물관 민속복식 분야를 이끌어온 고부자 · 박성실 두 교수의 노력으로 정리되고 보존되었습니다.

우리의 전통을 지키기 위하여 일생을 바치신 거장들의 노력이 우리 단국대학교 석주선기념박물관에서 결실을 맺게 된 것입니다.

본 전시를 위해 물심양면으로 도와주신 학교 당국, 유물의 정리와 전시에 애써주신 박물관 학예연구원과 자원 봉사자 여러분 수고하셨습니다. 그리고 전시의 학문적 완성도를 높여주신 집필자 및 자문위원 여러분께도 감사의 뜻을 전합니다.

올해의 전시가 후학에게 많은 도움이 되기를 기대합니다.

2012년 5월 11일

석주선기념박물관장 정영호

목차

Contents

Seok Juseon Memorial Museum
Dankook University

石宙善紀念博物館

덕온공주德溫公主(1822~1844)와 부마 윤의선尹宜善 유물遺物

덕온공주는 조선시대 23대 왕 순조(1790~1834)와 순조비 순원왕후(1789~1857) 사이에서 1822년(순조 22) 6월 10일에 출생하였다. 공주가 세상에 태어나던 1822년에 14살의 효명세자, 13살의 명온공주, 5살의 복온공주가 있었으며 이외에 숙의 박씨가 출산한 6살의 영온옹주가 있었다. 덕온공주가 8세 되던 1829년(순조 29) 3월에 제삼공주(第三公主)로서 작호(爵號) '덕온(德溫)'으로 봉작(封爵)되었다. 혼례는 1834년에 순조가 세상을 떠나 3년상을 치러야 했기 때문에 1837년 늦은 나이인 16세에 부마 간택이 시작되었으며, 윤두수의 10대 후손이자 생원 윤치승(尹致承)의 아들인 윤인갑(尹寅甲)이 부마로 확정되어 같은 해 혼례를 올렸다. 윤인갑은 부마로 확정된 후 우리가 익히 알고 있는 남녕위(南寧尉) 윤의선(尹宜善:1823~1887)으로 이름을 바꾸었다. 덕온공주의 살림집은 저동에 마련되어 저동궁(苧洞宮)이라 불리었으며 혼례와 동시에 신혼살림에 필요한 많은 물품과 토지가 지급되었다.

덕온공주는 혼례한 지 7년 되던 헌종 10년(1844)에 23살의 젊은 나이로 세상을 떠났다. 당시 슬하에 자녀없이, 공주가 세상을 떠나고 수년이 지난 후 해평윤씨 집안에서 일가인 윤용구(尹用求:1853~1939)를 양자로 들였다.

현재 석주선기념박물관에 소장되어 있는 덕온공주와 관련된 유물은 총 62점이다. 이 가운데 국가에서 중요 유물로 지정한 중요민속문화재 유물 40점(제1호 1점, 제211호 6점, 제212호 33점)이 있으며 나머지는 덕온공주와 부군 윤의선의 유물로 등록된 것들이다. 이외에 후손이 소장하고 있는 덕온공주의 당의 2점과 장서각 소장품 3점이 있다.
일부 중요한 유물에는 손녀 윤백영이 유물의 유입된 유래를 자필 기록하여 함께 남겼다.

Princess Deokon's objects

Deokon, the last Princess of the Joseon Dynasty, was born on 10 June 1822(King Soonjo Year 22) and her parent was the 23rd King Soonjo and Queen Soonwon. In 1829 (King Soonjo Year 29), she became eight years old and was invested with the titles of nobility and bestowed with many objects and lands. King Soonjo passed away in 1834 and her marriage was postponed after a three year period of mourning. Therefore, she married Yun, Uiseon in 1937 when she was 16 and many items and land were provided to her for her marriage.
Princess Deokon died in 1844 when she was 23 years old (King Hunjong Year 10), which is only after 7 years she got married. Although she did not had any child at that time, several years later after her death Mr. Yun Yonggu(尹用求:1853~1939) became her foster son.
The Seok Juseon Memorial Museum at Dankook University owns 61 historical objects belonging to Princess Deokon. Among these, 40 objects are categorized as Important Folklore Material, which is designated by the Government. (1 object at the 1st level, 6 at the 211th, and 33 at the 212th level).

01

제비부리댕기
Ribbon in Swallow's Beak-Shape

덕온공주가 8세 되던 해(1829년)에 공주로 봉작(封爵)될 때 사용하였던 머리끝 장식용 댕기이다. 자적색 3족항라(三足亢羅)를 겹으로 하여 좁고 길게 만들었으며 양쪽 끝은 제비부리 모양이다. 겉면은 국화무늬 30개를 일정 간격으로 배치하고 양쪽 끝에는 수(壽)와 복(福)자를 배치하여 두 줄 실선으로 가장자리를 둘러주었다. 뒤쪽의 중앙 12cm 정도는 금박이 생략되어 있다. 반 접어 댕기를 매어주었을 때 양쪽으로 동일한 글씨가 보인다. 왕실 여아들의 경우 댕기 양끝에 발진주[足眞珠] 장식을 하기도 하여 생머리에 매었다. 이 유물은 현재 발진주 장식이 없는 상태이다.

1829년, 중요민속문화재 제212호
IMPORTANT FOLKLORE MATERIAL No.212
No.2373 | 길이 107cm 너비 5cm

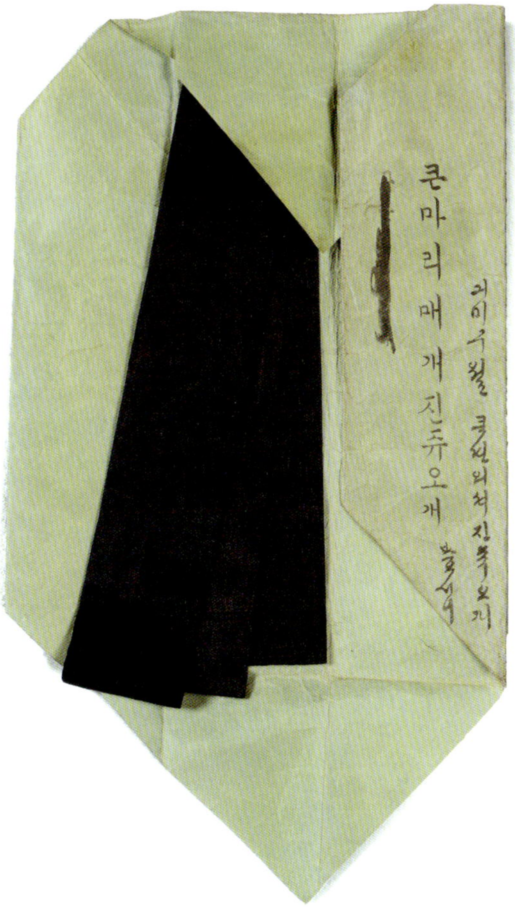

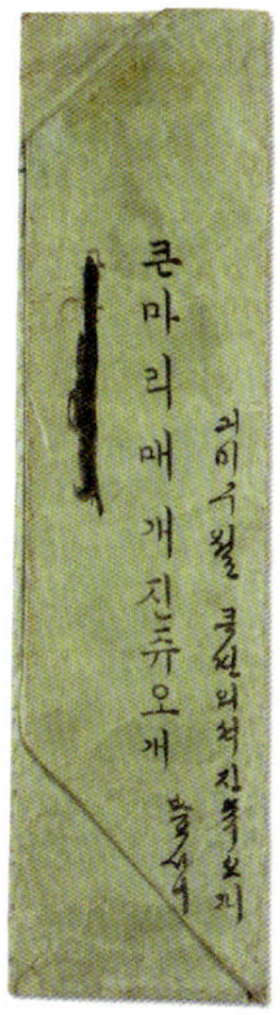

큰머리매개댕기와 댕기첩
Ribbon for wooden hairpiece

큰머리를 성장할 때 매어 장식하는 댕기이다. 자적색 공단(貢緞)을 겹으로 하여 좁고 길게 만들었다. 안으로 66cm되는 지점에서 5개의 보석이 2cm 간격으로 부착되었던 흔적이 남아 있다. 윤백영의 목제 큰머리 옆 부분에 장식되어 있는 자적색 댕기가 이와 유사하다.

댕기첩은 큰머리매개댕기가 들어 있던 것이다. 녹색의 한지를 사각 형태로 재단하여 대각선의 위아래를 접어 댕기를 보관하였다. 겉면에 "큰마리매개진쥬오개"라고 쓰여 있는 것으로 보아 큰머리에 매는 댕기이며 댕기에 진주 5개가 부착된 것임을 알 수 있다. 오른쪽에는 '긔미구월 큰전의셔 진쥬오개 받오시니'라고 쓰여 있는데 글씨체를 달리한 것으로 볼 때 후대에 별도로 써넣은 것으로 추정된다.

1830년대. 중요민속문화재 제212호
Important Folklore Material No.212

No.243 댕기 길이 113.5cm 너비 5.5cm
No.244 댕기첩 길이 50.5cm 너비 41.5cm

어여머리 부분 확대
단국대학교 석주선기념박물관 소장

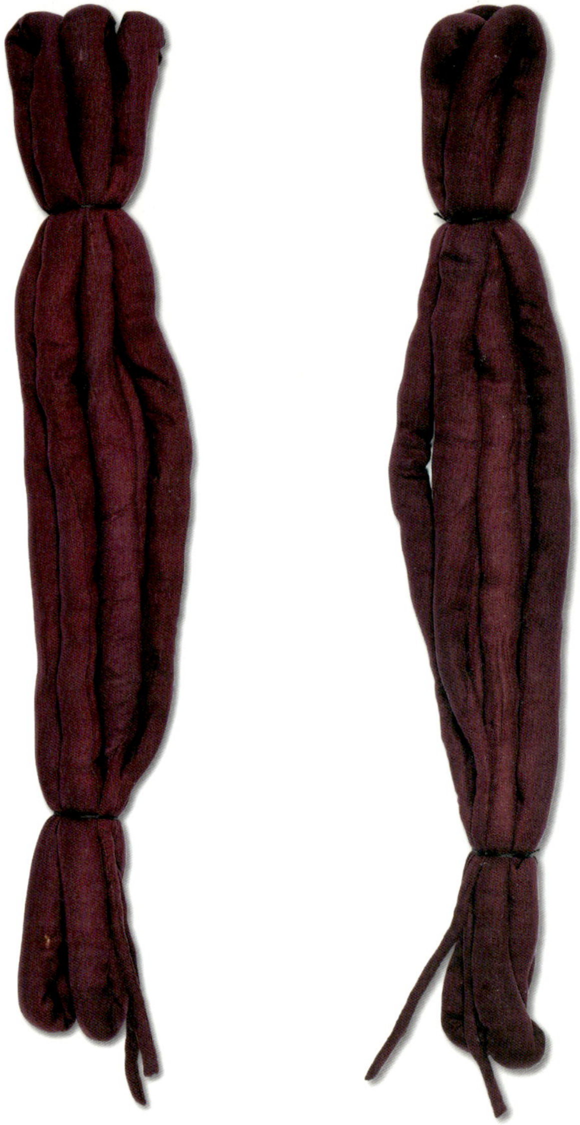

매개댕기 2점
Side Ribbon

궁중 행사시, 가체를 이용하여 머리를 성장할 때 연결 부분이 흘러내리지 않도록 매어주는 보조 역할을 하는 댕기이다. 자적색 명주를 가늘고 길게 만든 후 안에 솜을 도톰하게 넣어 만든 입체형의 긴 줄 모양이다. 양쪽 끝 8.5㎝ 정도에는 솜을 넣지 않고 가늘고 좁게 말아 감쳐서 끝이 뾰족한 편이다. 석주선기념박물관 소장 어여머리에서 가체의 연결 부분을 매개댕기로 매어 감아 준 것을 볼 수 있다.

1830년대, 중요민속문화재 제212호
Important Folklore Material No.212

No.071 No.072　길이 147㎝ 둘레 2.2㎝

화각빗華角빗

Decorated Combs

대나무와 화각(華角:소뿔)으로 만든 빗이다. 중심대와 양쪽 가장자리가 화각으로 되어 있다. 중심대의 경우 화각에 꽃무늬 등을 넣어 다채롭게 만들었다.

1837년, 중요민속문화재 제212호
Important Folklore Material No.212

No.132 화각참빗	길이 4.5cm	너비 3.5cm
No.133 화각참빗	길이 4.5cm	너비 3cm
No.134 화 각 빗	길이 4cm	너비 2.5cm
No.138 화각부채빗	길이 7.5cm	너비 4.5cm

No.132	No.134
No.138	No.133

주칠빗朱漆빗

Red Lacquered Combs

살구나무로 반달형 빗을 만들고 그 위에 붉은색을 칠하였다. 주칠빗은 빗살이 촘촘한 편이며 주칠얼레빗은 4점 중 가장 크기가 크고, 주칠빗에 비해 빗살이 성글다.

1837년, 중요민속문화재 제212호
Important Folklore Material No.212

No.135 주칠빗	높이 5cm	너비 3cm
No.136 주칠빗	높이 5.5cm	너비 4cm
No.137 주칠얼레빗	높이 12.5cm	너비 7cm
No.139 주칠빗	높이 8cm	너비 4cm

No.135	No.136	No.139
No.137		

분첩과 연지첩
Puffs

분을 바를 때 사용하였던 분첩 2점과 볼에 연지 바를 때 사용하였던 연지첩 1점이다. 풀솜을 동그랗게 뭉치고 누에고치를 얇게 펴서 부드럽게 하여 겉면을 싸서 만들었다. 연지첩은 손잡이용 꼭지를 달아주었다

1837년, 중요민속문화재 제212호
Important Folklore Material No.212

No.152 연지첩 지름 4cm
No.153 분첩 지름 5.5cm
No.154 분첩 지름 6cm

No.154	No.153
No.152	

연지곤지도장

Rouge Spot Stamp
for Cheeks and Forehead

혼인하는 날 신부의 화장을 할 때 다홍색의 연지와 곤지를 찍을 때 사용하는 도장이다. 흑각(黑角)을 조롱박 모양으로 깎아 만든 것으로 아래 부분이 도장처럼 동그랗게 되어 이마와 양 볼에 찍어 사용하였다.

1837년. 중요민속문화재 제212호
Important Folklore Material No.212

No.294 길이 2.7㎝ 지름 1.5㎝

소자掃子

Comb Cleaner

빗을 청소할 때 사용하였던 빗솔이다. 동물의 뿔을 조롱박 모양으로 깎아 겉면에 주칠을 올리고 수(壽)•복(福)자를 새겨넣었다. 끝에는 돼지털[豬毛]로 된 솔을 달았다.

1837년. 중요민속문화재 제212호
Important Folklore Material No.212

No.141 길이 6.3㎝ 지름 1.8㎝

어깨걸이

Shawl draped around shoulder
when applying makeup

화장할 때나 머리를 빗을 때 어깨에 둘러주는 용도로 사용한 화장 도구이다. 긴 수건 모양으로 고운 세모시 1폭을 이용하였으며 끝단은 곱게 말아 감침질하였다.

1837년. 중요민속문화재 제212호
Important Folklore Material No.212

No.293 길이 152.5㎝ 너비 37㎝

원삼圓衫

Ceremonial Robe with gold-leaf imprints

덕온공주가 1837년 남녕위(南寧尉) 윤의선(尹宜善)에게 하가할 때 대례복으로 입었던 원삼이다. 이 유물은 겉감은 연두색 화접문갑사(花蝶紋甲紗)에 수(壽)·복(福)자 금박이 전체에 찍혀 있으며, 옷길의 안단에는 6.5cm 너비로 겉감과 동일한 무늬의 남색갑사(藍色甲紗)로 선단이 둘러져 있다. 84cm의 넓은 소매통 끝에는 홍·황 두 가지 색의 화문(花紋) 색동이 달렸으며 소매 안쪽 끝에도 남색 선단이 둘러져 있다. 겨드랑이 아래로 옆선이 트여 완만한 곡선을 이루고 있다. 뒷길이가 앞길이보다 35cm 정도 길어서 입었을 때 뒤가 끌리도록 되어 있다. 배자깃 모양의 좁은 깃이 달려 있으며 앞길은 섶이 없이 중심에서 갈라져 마주보며 좌우 대칭을 이룬다. 깃머리 시작점과 8cm 내려온 지점에 은단추 2쌍을 달아 여미도록 되어 있다. 오른쪽 가슴 부위에는 두께 0.3cm 길이 33cm 크기의 끈목을 달아 흉배를 고정하기 위한 용도로 사용하였다. 흉배는 현재 없는 상태이며 안감과 한삼은 6.25 전쟁 당시 소실되었다고 전해진다. 남색선단 부분에 다홍 실로 안감을 겉감과 시침했던 흔적이 남아 있어 홍색 안감을 넣어 겹으로 만들었던 유물로 확인된다. 현재의 한삼(汗衫)은 기증받은 후에 보완된 것이다.

1836년. 중요민속문화재 제211호

Important Folklore Material No.211

No.106 뒷길이 164cm 앞길이 129cm 화장 108cm(색동까지) 뒤품 44.5cm 진동 23cm

장옷長衣

Coat style veil

치마 저고리 위에 덧입은 여성용 외출용 겉옷이다. 덕온공주의 장옷은 겉고름과 안고름에 동일한 크기의 큰고름이 달린 형대로 외출용 겉옷과 쓰개용 두 가지 용도로 입었던 전형적인 19세기 양식의 겹옷이다. 겉감은 녹색 경광주(경사는 생사(生絲)이고 위사는 숙사(熟絲) 2올과 생사 2올을 교대로 짠 평견 직물) 바탕이며 깃, 고름은 명주를 사용하였다. 안감은 옅은 분홍색 모시를, 소매 끝과 동정은 명주를 각각 풀 먹여 다듬이한 것을 사용하였다. 형태는 깃은 좌우가 동일한 들여달린 목판깃형이며 좁은 소매의 겨드랑이에 1.5cm 크기의 자주색 사각접음삼각무가 달렸다. 옆선의 양 옆에는 사다리꼴 큰무가 달려 있으며 안섶과 겉섶에 각각 두 쪽을 이어 붙여 달아주어 하단 부위가 여유 있고 풍성하다. 좌우 대칭을 이루는 특징을 보인다.

1830년대, 중요민속문화재 제211호

Important Folklore Material No.211

No.116 길이 113cm 화장 69cm 뒤품 41cm 진동 19cm

壽
福
壽
壽
福

壽
福 福

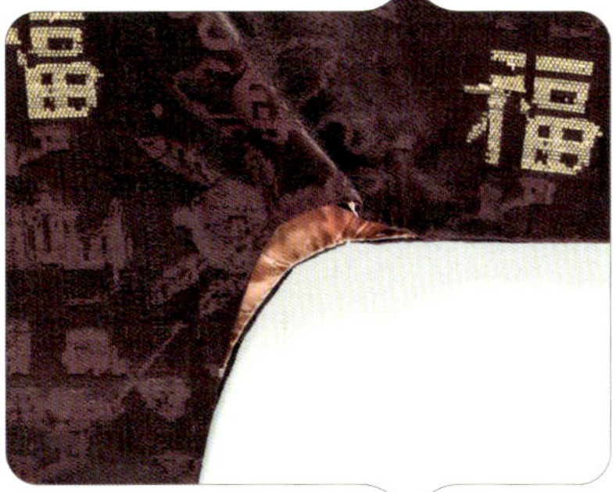

덕온공주 자적당의紫的唐衣

Ceremonial long jacket worn over *jeogori*

덕온공주가 16세에 윤의선에게 하가(下嫁)한 후 첫 동지(冬至) 명절에 입었던 겹당의이다. 동지에 먹는 팥죽과 같은 색상으로 지어 입었다고 한다. 옷품, 진동, 소매통이 좁아지고 옆선 아래의 곡선이 강조되어 있으며 동정이 좁고 고름이 길어지는 등 조선 후기의 특징을 반영하고 있다. 겉감은 자적색(紫的色) 도류불수단(桃榴佛手緞)에 수(壽), 복(福) 문자가 직금(織金)으로 짜여져 있다. 안감은 몸통은 번홍색, 안감 소매는 진홍색 주(紬)를 다듬이하여 사용하여 마치 얇은 종이처럼 매끈하게 처리되어 있다. 동정과 거들지는 백색 공단깃이며, 겉고름은 자적색 공단, 안고름은 자적색 명주로 만들었다. 형태는 겉깃은 끝이 다소 각진 당코깃형이고 안깃은 내어달린 목판깃형이다. 안섶의 깃이 달리는 부분에는 2~3개의 잔주름을 잡아 안자락이 밑으로 처지는 것을 방지하였다. 진동에서 이어지는 소매통이 완만하게 좁아지며 소매 끝에는 소매 안감에서 연결된 백색 공단 거들지가 달려 있다. 소매의 배래 시접이 3㎝ 너비로 넓게 되어 있다. 후대에 손녀 윤백영이 입궐할 때 입기 위하여 줄인 것이라 전해지고 있다.

1837년, 중요민속문화재 제1호

Important Folklore Material No.1

No.082 길이 72㎝ 화장 69㎝ 뒤품 36㎝ 진동 17㎝

덕온공주 녹색당의綠色唐衣

Ceremonial long jacket worn over *jeogori*

덕온공주가 입었던 하절기용 홑당의이다. 두록색(豆綠色) 도류사(桃榴紗)로 만들었으며 옷 전체에 '수복(壽福)' 무늬 금박이 찍혀 있다. 깃은 끝이 다소 각진 당코깃형이며 동정과 거들지는 명주(紬)를 다듬이하여 사용하였다. 좁고 긴 겉고름은 자적색(紫赤色) 도류사(桃榴紗), 안고름은 자적색 명주이다. 홑옷이어서 어깨에 일자형 바대를 대어 주었으며 소매 배래는 완만히 줄어든다. 겨드랑이 아래부터 트여 있는 도련은 시접을 0.4㎝ 너비로 6겹이 되도록 접어 공그르기 하였다. 안섶의 깃이 달리는 부분에는 2 ~ 3개의 잔주름을 잡아주어 안자락이 밑으로 처지는 것을 방지하였다. 소매 끝에 달린 거들지에는 모시가 심감으로 들어 있는데 소매 끝선에 모시를 이어 붙이고 소매 안쪽에서 거들지[刀鍊紬] 감을 연결하여 거들지를 완성하였다. 소매 배래 시접은 2㎝ 너비 통솔로 마무리하였다. 전체적으로 형태는 중요민속문화재 제1호 자적당의와 비슷하다.

1837년, 중요민속문화재 제211호

Important Folklore Material No.211

No.083 길이 73㎝ 화장 67㎝ 뒤품 36㎝ 진동 15.5㎝

자적부금당의姿的附金唐衣
녹당의綠唐衣

Ceremonial long jacket worn over *jeogori*

덕온공주 후손이 소장 중인 홑당의 2점이다. 윤백영이 후손에게 선사한 것으로, 덕온공주가 입었던 것이라 한다. 전체적으로 중요민속문화재 제1호·제211호 당의와 비슷한 형태와 구조이다. 끝이 다소 각진 당코깃에 좁은 소매이고 날렵한 옆선과 곡선의 특징을 보인다. 자적 당의는 옷 전체에 수복(壽福) 무늬 금박이 찍혀 있으며 동정과 소매 끝의 거들지가 현재는 소실되어 없다. 녹당의는 자적 당의와 달리 부금이 없으며 크기도 매우 작은 편이다. 겉고름이 탈락되어 없는 상태이다.

자적부금당의
길이 72cm 화장 65cm 뒤품 36cm 진동 15cm
녹당의
길이 61cm 화장 56cm 뒤품 31cm 진동 14.2cm

1800년대 초반

김가영 소장

저고리본赤古里本

Pattern of *jeogori*

저고리용 종이 본으로 궁중에서 사용된 것이다. 깃은 끝이 다소 각이진 당코깃형이며 길이가 짧고 소매통이 좁은 19세기 전반기 저고리 형태이다. 겨드랑이에 곁마기 표식이 있으며, 깃과 앞뒤 몸판, 오른쪽 소매 앞부분에 수복(壽福) 무늬가 있다. 금박을 찍을 위치를 지정하여 둔 것으로 여겨진다. 덕온공주의 부금 견마기와 비슷한 모양이다.

길이 18.5㎝ 화장 68.5㎝ 뒤품 35.5㎝

1800년대 초반
한국학중앙연구원 藏書閣 소장 [소장기호12-4 (4379)]

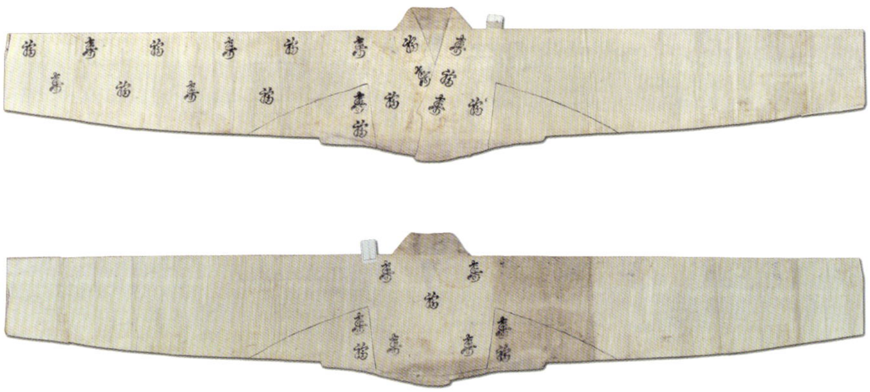

덕온공주 부금견마기肩莫只

Jacket with gold-leaf imprints

견마기는 저고리를 세 벌 갖추어 성장 차림할 때 가장 위에 입은 저고리의 하나이다. 조선 말기의 궁중발기에 수(壽)•복(福) 글자를 부금(付金)한 견마기 기록이 다수 보여 형태를 짐작할 수 있다. 이 유물은 겉감은 녹색 도류사(桃柳紗)이고 안감은 다듬이한 모시를 이용하여 만든 겹옷으로, 깃 곁마기 끝동 겉고름을 자적색(紫的色)으로 장식하여준 삼회장형이다. 끝동을 제외한 겉감 전체에 수(壽)•복(福)자가 금박되어 있다. 깃은 끝이 둥근 당코깃형이며 진동 아래 옆선 길이가 1㎝ 정도로 짧으며, 소매는 진동에서 완만하게 이어지다가 끝에서 줄어든다. 자적색의 끝동은 금박을 생략하는 대신에 흰색 모시로 된 거들지를 덮어 주어 끝동이 겉면에서는 보이지 않는다. 옷을 완성한 후 도련을 세 땀 상침으로 둘러주었다. 유물의 크기로 보아 덕온공주가 어렸을 때 입었던 것으로 보인다. 윤백영의 증언에 의하면 덕온공주가 9세 때 입었던 것이라 전해진다. 현재 유물이 뒷면에 비하여 앞면의 색이 누렇게 변색된 상태이다.

1831년, 중요민속문화재 제211호
Important Folklore Material No.211

No.1745 길이 16㎝ 화장 53㎝ 뒤품 34㎝ 진동 14.5㎝

누비회장저고리

Quilted ornamental jacket

덕온공주가 하가(下嫁)하면서 가지고 간 왕실용 겹누비 저고리 2점이다. 겉감과 안감 사이에 솜을 두지 않고 겹으로 정교하게 누벼주었다. 누빔은 누비 골이 깊게 오목하고 볼록하게 교차되어 입체적으로 표현된 오목누비 방식으로, 안감쪽의 바느질 선마다 풀을 칠하여 다려준 흔적이 남아 있다. 그리고 당코깃, 곁마기, 끝동, 겉고름이 자주색으로 되어 있는 삼회장 저고리이다. 2점 모두 도련단 가장자리를 0.3~0.4cm의 별단으로 둘러주었으며 소매 끝 안쪽에 안단을 달아 더러움을 방지하였다.

옥색 누비저고리는 설한단(雪寒緞) 겉감과 고운 명주 안감의 겹옷을 0.3cm 간격의 오목누비로 정교하게 누볐다. 송화색 누비저고리는 도류사(桃柳紗) 겉감에 모시 안감을 넣은 겹옷인데 0.25cm 간격의 오목누비로 잘게 누빔하였다.

1831년, 중요민속문화재 제211호

Important Folklore Material No.211

No.118 뒷길이 19.5cm 앞길이 22cm 화장 65cm 뒤품 35.5cm 진동 17.5cm

No.1746 뒷길이 19cm 앞길이 20cm 화장 65cm 뒤품 38cm 진동 17cm

자라줌치노리개

Soft shelled Turtle-shaped Pendant

덕온공주가 장식용으로 웃옷에 찼던 수(繡)노리개이다. 자라[鼈] 모양의 작은 주머니[줌치]를 다홍색 술에 연결하여 만들었다. 줌치는 전대(戰帶) 형태로 재단한 백색의 공단에 봉황과 구름, 방승(方勝) 등의 보문(寶紋)을 평수, 징금수 기법으로 오색견사로 수놓고 연금사로 테를 둘러주었다. 붉은색 견사로 끈목 고리를 만들고 자라줌치 안쪽에서 매듭을 하여(도래, 생쪽, 도래매듭 순) 이어오다가 양쪽 끝에서 외도래 매듭하여 좌우로 술을 늘어트렸다. 자라는 거북이와 유사하여 장수의 의미를 지니고 있으며, 줌치는 주머니의 궁중용어로 복(福)을 의미하여 상징적으로 사용되었다.

이 유물은 후대에 윤백영이 손녀에게 채워주기 위해 실 술의길이를 줄였는데, 다행히 실을 버리지 않고 간직하여 석주선박사가 원형을 복원한 것이다.

1837년, 중요민속문화재 제212호
Important Folklore Material No.212
No.469 총길이 41cm 줌치 길이 5cm 너비 4cm

패옥용 망수網綬

Weaved adornment attached to the bottom of side panel, *Paeok*(Side Ornament), which is put on to decorate a formal gown

왕실 남녀 대례복의 옆허리에 늘어트리는 패옥(佩玉)의 밑바탕 장식물이다. 후수(後綬)와 같이 끝부분을 적색, 청색, 검은색, 백색, 녹색의 망(網)과 술로 장식하였다. 망길이 7.5cm 수길이 12.5cm 이며, 윗부분이 잘려나간 흔적이 남아 있다. 영조 22년(1746)에 상방(尙房)에서 제정한 후수 바탕과 같은 적청현표록(赤靑玄縹綠)을 짜서 사용한 것으로 보인다. 국립고궁박물관 소장 익종(翼宗) 어진 중 면복의 옆면에 늘어트린 패옥과 동일한 색상이다.

1837년
No.3047 길이 20cm 너비 8cm

익종 어진 부분 확대(국립고궁박물관 소장)

후수용 망수網綬

Weaved adornment attached to the bottom of back panel, *Husoo*(Embroided Ornament), which is put on to decorate a formal gown

왕실 남녀 대례복의 둔치 부위에 드리우는 후수(後綬)의 끝에 달리는 오색(五色) 망(網) 장식물이다. 현재 후수의 윗부분이 잘려나간 흔적이 있으며 아래 부분에 망과 술만 남아 있다. 견사를 합사하여 꼬아서 적색, 청색, 검은색, 백색, 녹색으로 3차례 연이어 망을 엮었으며 끝부분에 다시 동일한 색으로 술을 달아 늘어트렸다. 술은 한올 한올 치밀하게 꼬아주어 끝이 잘려나간 듯이 매끈하게 마무리되어 있다. 영조 22년(1746)에 면복에 사용하는 후수는 바탕을 무늬 없는 적청현표록단(赤靑玄縹綠緞)을 짜서 사용하도록 하고 하단에는 망을 늘어뜨려 바탕-망-술의 삼단(三段)으로 맺도록 하였다. 이 유물 또한 왕실용 후수와 동일한 색상과 조형성을 보이고 있다.

1837년
No.3046 길이 20cm [망 8cm 수 12cm] 너비 24cm

조복이나 제복의 둔치 부위에 두르는 후수의 끝에 늘어트린 청색의 망(網)이다. 『국조오례의(國朝五禮儀)』에 백관의 후수 끝에는 청사망(靑絲網)을 단다고 기록되어 있다. 이 유물은 청색 견사를 합사하여 꼬아 망을 뜨고 아래로 술을 달아 늘어트렸다. 좌우 가장자리의 굵은 끈은 망과 술을 각각 지탱하여 주는 기둥끈의 남은 부분이다.

1800년대 초반
No.3048 길이 22cm [망 9cm 수 13cm] 너비 24cm

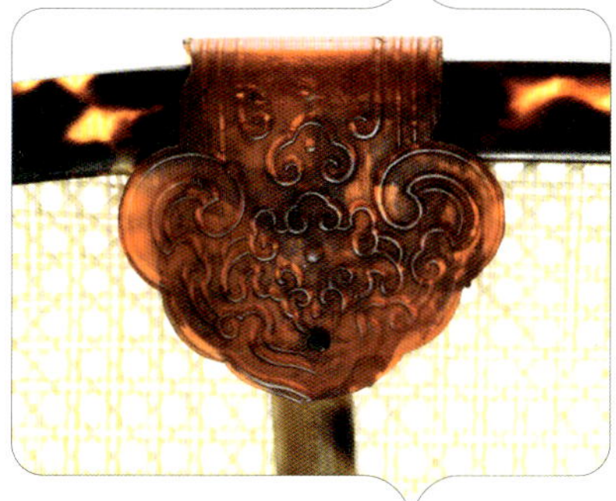

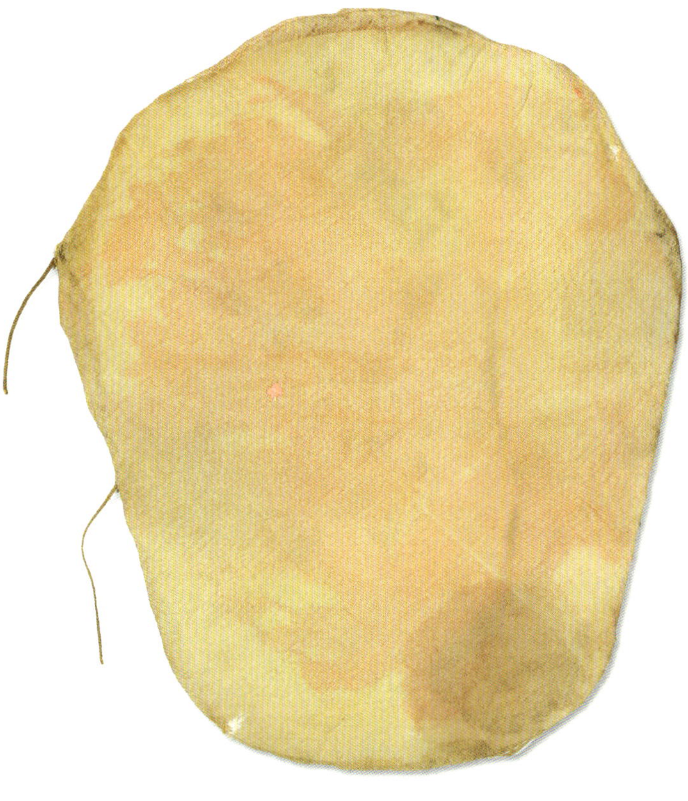

패물선佩物扇과 패물선집

A fan & Case for Fan

동물성 재료를 사용하여 만든 파초(芭蕉) 형태의 부채이다. 몸판은 동물의 뼈 또는 뿔을 가늘고 길게 끈과 같이 조각내어 서로 교차하여 만들었으며 중심과 테두리는 대모(玳瑁)로 둘렀다. 상부는 여의무늬 옥(玉), 중심부는 상아로 조각내어 칠을 한 것이고 하부는 구리로 무늬를 내어 파란으로 화려하게 장식하였다. 패물선집은 가장자리가 모두 바느질되어 있는 것으로 볼 때 받침대의 용도로 추정된다. 황색의 주(紬)를 겉으로 하여 안에 홍색 속심지를 넣어 겉면에서 얇게 비추어지도록 하였다. 테두리에 8㎝ 정도의 끈목이 2개 부착되어 있으나 쓰임은 알 수 없다.

1837년, 중요민속문화재 제212호
Important Folklore Material No.212

No.073 패물선 길이 35㎝ 너비 31.5㎝
No.2472 패물선집 길이 38㎝ 너비 31㎝

오색견사

Skein of thread

(which was laid on the table in celebration of the Princess Deokon's first birthday as symbol of longevity)

덕온공주의 돌상에 놓았던 실타래이다. 40가닥의 다채한 견사(絹絲)를 사용하여 상부지름 10㎝ 정도를 똬리를 틀고 나머지는 아래로 늘어트렸다. 수명장수(壽命長壽)를 기원하는 의미로 사용되었다.

1822년

No.6183 | 길이 40㎝

실방석

Sitting cushion made of thread

(which was used by the Princess Deokon on her first birthday as a meaning of longevity)

덕온공주가 첫돌 때 깔고 앉았던 실방석이다. 타래실을 길게 모아 붙여 사각 형태의 방석을 만들었다. 오색 실타래와 같이 수명장수를 기원하며 사용하였다.

1822년
No.6182 가로 세로 45㎝

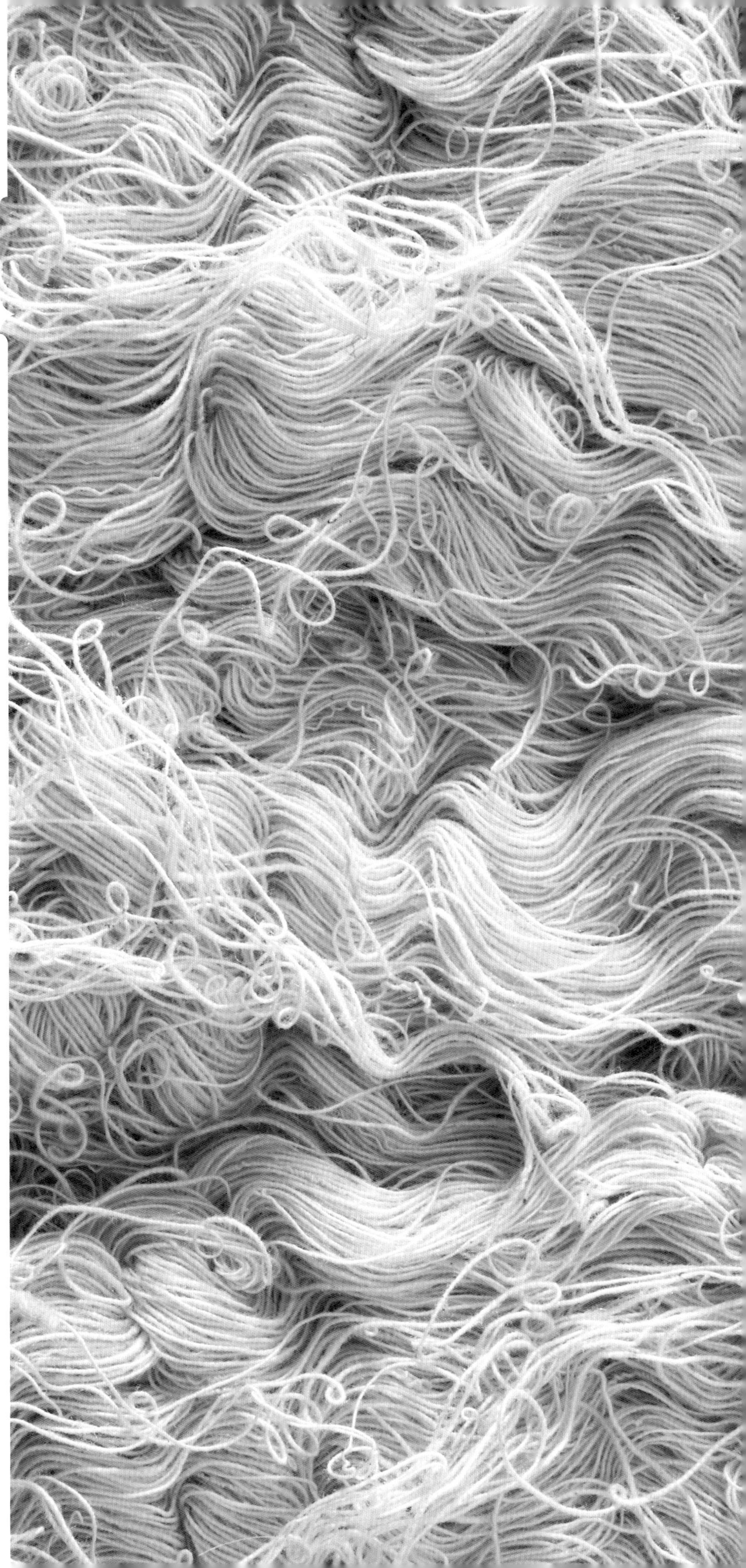

No.110

No.109

노리개 보자기褓

Wrapping cloth for pendant

노리개를 쌌던 겹보자기이다. 노리개는 남아 있지 않으나 각각의 보자기에 명칭이 쓰여 노리개의 종류를 짐작할 수 있다. 보자기를 접었을 때의 크기는 길이 18~22cm 너비 7~8cm 범위이다.

유록색 보자기는 명주 겉감에 안감으로 홍색 명주를 겹쳐 만든 겹보자기로서 대각선 한쪽 끝에 홍색 공단 끈이 달려 있다. 겉감에 "옥편복일 장진쥬구"라고 씌여 있어 옥으로 조각된 박쥐와 진주로 꾸며진 노리개를 싼 보자기로 여겨진다. 노리개를 보호하도록 가로 8cm 세로 17.5cm의 황색 한지가 함께 들어 있는데, 일반적으로 솜으로 노리개를 감싸준 후 종이와 보자기로 싸준다.

청회색 보자기는 겉감은 대화단(大花緞)이며 안감은 다홍색 명주로 만든 겹보자기이다. 끈은 홍색 도류불수단이다. 겉감에 "산호화지 공쟉석화지 옥불슈"라고 씌어 있다. 산호가지와 공작석가지, 옥으로 조각된 불수를 의미하며 삼작으로 꾸며진 노리개로 여겨진다.

청색 보자기는 겉감은 도류불수단이며 안감은 회보라색 설한단으로 되어 있다. 겉감에 "니사죠롱일목"이라는 명문이 씌여 있다. 금이나 은으로 된 가는 줄[泥絲]을 이용하여 만든 조롱박 모양의 노리개를 의미한다.

1837년, 중요민속문화재 제212호
Important Folklore Material No.212

No.109 가로 세로 30cm 끈길이 59cm 끈너비 1.3cm
No.110 가로 세로 38cm 끈길이 87cm 끈너비 1.3cm
No.111 가로 세로 32cm

아청색모시보자기鴉靑 모시褓

Wrapping cloth of Ramie

쪽물을 짙게 들인 아청색 모시 옷감을 풀 먹여 곱게 다듬이질한 홑 보자기이다. 옷감 두 폭을 쌈솔로 이어 붙여 큰 사각형을 만들고 가장자리 시접은 두 번 접어 공그르기하여 마무리하였다. 대각선을 마주하여 넓고 긴 끈이 달려 있다.

1837년, 중요민속문화재 제212호
Important Folklore Material No.212

No.883 가로 세로 76㎝ 끈길이 106㎝
끈너비 8㎝

족두리보자기足頭里褓

Wrapping cloth for *Jokduri*
(coronet decorated with jewellery)

족두리를 쌌던 겹보자기이다.
겉감과 끈은 만자초화문능(卍字草花紋綾)이고 안감은 남색 명주로 만들었다. 보자기의 중앙에 달려 있는 가늘고 긴 끈을 양쪽으로 여며 묶도록 되어 있다.

1837년, 중요민속문화재 제212호
Important Folklore Material No.212
No.249 가로 세로 30cm 끈길이 51.5cm 끈너비 1.7cm

날염보捺染褓

Painted cotton wrapping cloth

옷감에 안료를 사용하여 직접 그림을 그려 넣어 염색한 회염(繪染) 보자기이다. 궁에서 사용하던 보자기[宮褓]는 다채한 색의 안료를 사용하여 화려하고 강렬하다. 이 유물은 34cm 너비의 면포(綿布) 3폭을 이어 대형 사각형으로 재단하고 가장자리는 접어 공그르기하였다. 끈은 모서리 안쪽에 11.5cm 크기의 단을 덧대어 박음질로 부착하였다. 보자기 바탕은 다채한 안료를 사용하여 크고 작은 사각형 안에 여러 가지 무늬를 그려 넣었는데 가장 중앙에는 봉황이 머리를 맞대어 있으며 그 가장자리를 전보(錢寶), 서보(書寶), 서각(犀角), 법라(法螺), 보병(寶甁), 선보(扇寶) 경(磬) 등의 길상무늬와 화문(花紋)을 그려 넣었다.

1837년, 중요민속문화재 제212호

Important Folklore Material No.212

No.126 가로 109cm 세로 104cm 끈길이 135cm 끈너비 16cm

색형겹상자
Case for packing small objects

청홍색 보배무늬 금선단(金線緞)을 배접하여 만든 것으로 마치 책을 접어놓은 것과 같은 형태이다. 홍, 황, 양회, 두록, 청, 분홍, 자적색의 색지(色紙)로 크고 작은 칸을 만들어 그 안에 비단 조각, 골무 등 필요한 재봉 도구를 담아 두도록 하였다. 대형 칸(18.5×15cm) 1개, 중형 칸(9×15cm) 2개, 소형 칸(7.5×8.5cm) 4개로 이루어져 있다.

1837년, 중요민속문화재 제212호
Important Folklore Material No.212

No.107 | 가로 18.5cm 세로 15cm

비녀상자函

Case for packing *Binyeo*

(Korean traditional ornamental hairpin)

겉은 청회색 운문단(雲紋緞), 안은 홍색 완자무늬 한지를 배접하여 만든 직육면체 비녀 보관용 상자이다.
뚜껑 안쪽에 "뎡유계츄 관례시 됴금용 일"이 쓰여 있어 덕온공주의 관례 때 도금한 용잠을 넣어 보관하였던 함(函)으로 보인다. 뚜껑에 상아로 만든 메뚜기를 달아 고정하였다.

1837년

No.131 | 너비 36.5㎝ 높이 8.7㎝

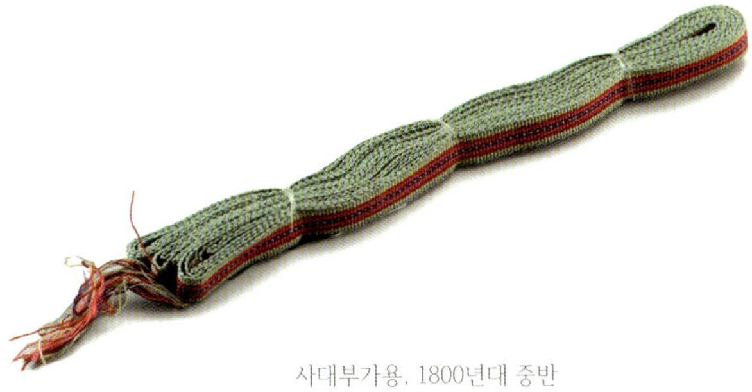

사대부가용, 1800년대 중반
No.2620메뚜기줄 길이 370cm 너비 1cm

메뚜기와 메뚜기 줄

상자 뚜껑을 몸판에 고정할 때 사용하는 잠금 장치로써 상아로 만든 것이다. 메뚜기는 줄을 이용하여 상자 뚜껑에 부착하며, 상자의 몸판에는 같은 위치에 메뚜기 줄을 부착한다. 메뚜기는 암단추, 메뚜기줄은 수단추에 해당된다.

1837년
No.2415 메뚜기 길이 3~4cm 너비 1cm
No.3041 메뚜기줄 길이 78cm 너비 0.6cm

누비 옷감 조각

A piece of quilted fabric

남성용 웃옷의 깃감용으로 만든 누비조각이다. 잔누비 깃감은 붉은 자주색과 녹색의 비단 사이에 솜을 얇게 놓아 자색실로 누벼져 겉감이 자주색임을 알 수 있다. 0.4㎝ 누비 간격에 매우 정교한 홈질로 되어 있으며 동정이 달리는 중심부 43㎝ 길이 만큼은 0.7㎝로 넓게 누빔되어 있다. 오목누비 깃감은 연한 옥색 세주(細紬)와 다듬이한 모시를 사용한 안감의 사이에 종이장과 같은 얄팍한 솜을 두어 0.4~0.5㎝의 간격으로 정교하게 누빔하였다. 다 누빈 후 안감쪽에는 바느질선마다 풀을 칠하여 다려준 흔적이 남아 있다. 누비 골이 깊게 오목하고 볼록하게 교차되어 전체적으로 입체적이다.

1837년
No.2503 잔누비 길이 92㎝ 너비 15㎝
No.2504 오목누비 길이 90㎝ 너비 10.5㎝

자적금선단紫的金線緞

쓰고 남은 자투리 옷감이다. 자적색의 무늬 없는 비단에 석류와 보배 무늬를 금실[片金絲]을 넣어 새겨 제직하였다.

1837년
No.2500 길이 12cm 너비 13cm

운문단雲紋緞

검은색에 가까운 자주색 운문단 바탕이며, 특별히 수(壽)자 무늬에만 연금사(鍊金絲)를 넣어 제직하였다. 금사의 낭비를 줄이기 위한 것으로, 금실 또는 색실을 무늬에만 넣어 제직한 것을 장화(裝花)라 한다.

1837년
No.2502 길이 20cm 너비 14cm

남스란藍膝襴
A piece of fabric

치마 끝에 스란을 부착하고 남은 자투리 옷감이다. 남색의 무늬 없는 비단에 수(壽)•복(福)자와 석류•불로초 등의 무늬를 금실[片金絲]을 넣어 제직하였다. 금선 부위는 너비 13㎝이다.

1837년
No.2498 | 길이 72㎝ 너비 16㎝

홍금선단紅金線緞
A piece of fabric weaved with gold threads

쓰고 남은 자투리 옷감이다. 홍색의 무늬 없는 비단에 호로병박 무늬를 금실[片金絲]을 넣어 제직하였다.

1837년
No.2501 | 길이 25.5㎝ 너비 8㎝

부금스란 조각膝襴

1837년
No.2499 길이 17.5㎝ 너비 15㎝

저울과 저울집
Balance & Wooden case

무게를 재는 저울과 저울집이다. 놋쇠로 만든 저울은 저울대와 화형(花形)저울추, 접시로 구성되어 있다. 접시의 안쪽에는 왕실의 어압(御押)이 새겨져 있으며 바닥에는 "前二十兩 中五十五兩 後百十五兩"이 쓰여 있어 기준이 되는 중량을 표시하였다. 저울집은 저울을 담아 두었던 것으로 저울 모양대로 본을 파주어 움직이지 않도록 배려하였다. 저울집의 접시를 넣는 부분에도 어압이 찍혀 있다.

1837년, 중요민속문화재 제212호
Important Folklore Material No.212

No.2794 저울 | 길이 44.5cm 지름 13cm
No.2797 저울집 | 길이 51.5cm 지름 14.5cm

양념국자

Ladle

(One of household items prepared for a hope chest by the Princess Deokon)

놋으로 만든 양념국자이다. 국자의 자루 뒷면에 "뎡유듕추뎌동궁길녜시고간이뉴사"라 음각되어 있다. 정유년(丁酉年)은 덕온공주가 혼례를 올린 해이며 저동궁(苧洞宮)은 덕온공주의 살림집이다. 덕온공주의 혼수품에 넣어 보낸 생활용품의 하나이다.

1837년, 중요민속문화재 제212호

Important Folklore Material No.212

No.2805 길이 20㎝

화각모필華角毛筆

Brush with Painted Ox Horn

붓 자루와 뚜껑이 다채한 꽃무늬를 넣어
장식한 화각으로 되어 있다.

1837년, 중요민속문화재 제212호
Important Folklore Material No.212
No.2533 길이 19.5㎝ 지름 1㎝

주단척紬緞尺

Ruler for cloth

(One of household items prepared for
a hope chest by the Princess Deokon)

옷감의 척수를 잴 때 사용하는 자이다.
자작나무와 석류나무로 만들었다.

1837년, 중요민속문화재 제212호
Important Folklore Material No.212
No.240 길이 50㎝

엇선(꾸미개)

1837년
No.2409 길이 246cm 너비 1.2cm

간지簡紙

1837년
No.3044 길이 20.5cm 너비 5cm

색지色紙

진찬(進饌) 때 적을 고이기 위한 꼬치끈을 장식한 오색지

1837년
No.3042 길이 10cm 너비 1cm

근봉謹封

혼례 등에서 보자기를 여며줄 때 끝을 매듭하지 않고 마감하기 위하여 사용한 것이다. 의례적으로 예물이 오고갈 때 보자기로 싸서 맨위에 반드시 근봉(謹封)이라는 것을 상투마냥 씌워서 포장을 정성스레하였다. 유물은 닥지 8겹을 배접하여 한 면의 두께가 0.14 cm 로 두껍게 되어 있다.

1837년
No.3043 가로 5.5cm 세로 4cm

오색간지五色簡紙

1837년
No.3045 황 길이 33.5cm 너비 6.5cm
적 길이 27cm 너비 7cm
녹 길이 26cm 너비 5.7cm

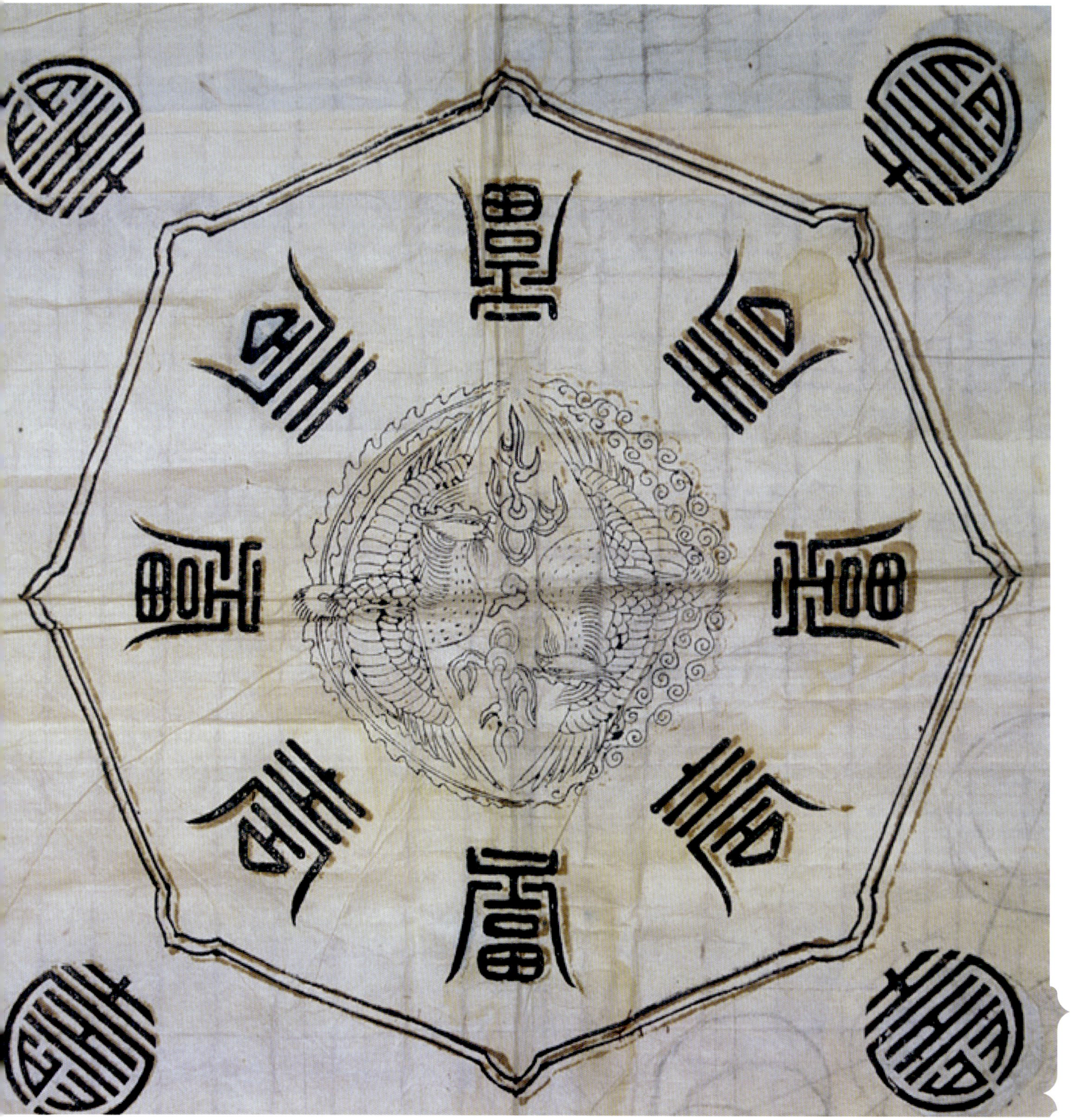

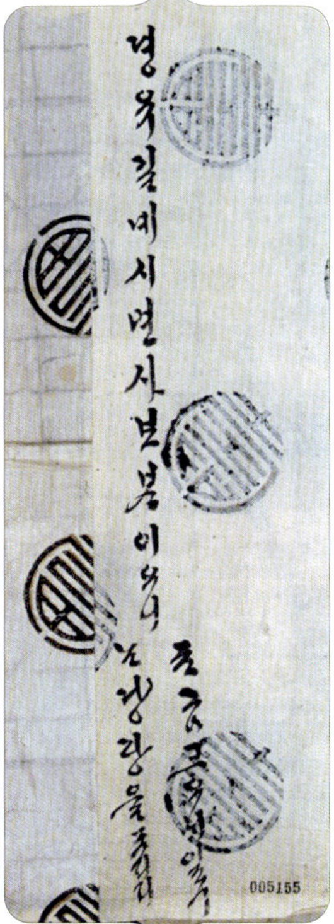

정유길례시 면사보본
丁酉吉禮時 面紗袱本
Woman's ceremonial veil pattern

면사(面紗)란 얼굴을 가리기 위하여 머리 위에서 늘어뜨려 쓰는 여성의 의례용 쓰개이다. 이 유물은 면사에 찍힐 금박 무늬를 배치해 둔 면사보 본(本)으로 뒷면에 "뎡유 길례시 면사보 본이오니 죠금 크오니 이후는 당광(長廣)을 주리라"는 글이 묵서되어 있다. 정유년(1837년) 덕온공주의 혼례에 사용된 물목 중 하나로 추정된다.

유물의 형태는 면사를 만들기 위하여 두터운 한지 2폭 반을 이어 붙여 정사각형으로 만든 후 금박을 찍을 자리를 먹으로 그려 넣었다. 정중앙에 날개 펼친 봉황 2마리가 좌우로 배치되어 있다. 덕온공주 길례시 사용한 침상 향낭 수본(繡本)에도 유사한 구도의 봉황무늬가 배열되어 있다. 봉황 주위에는 덕온공주 원삼의 글씨와 동일한 수(壽)와 복(福) 문자가 배열되었으며 둘레를 8각 괘선으로 둘러주었다. 전체에는 원형의 수(壽)자 무늬가 규칙적으로 배치되어 있다. 면사는 『상방정례(上方定例)』에 숙의(淑儀), 공주(公主), 옹주(翁主)의 것으로 남색(藍色)의 전면사(前面紗)가 기록되어 있다.

가로 184cm 세로 184cm

1837년
한국학중앙연구원 藏書閣 소장 [소장기호 12-4 4378]

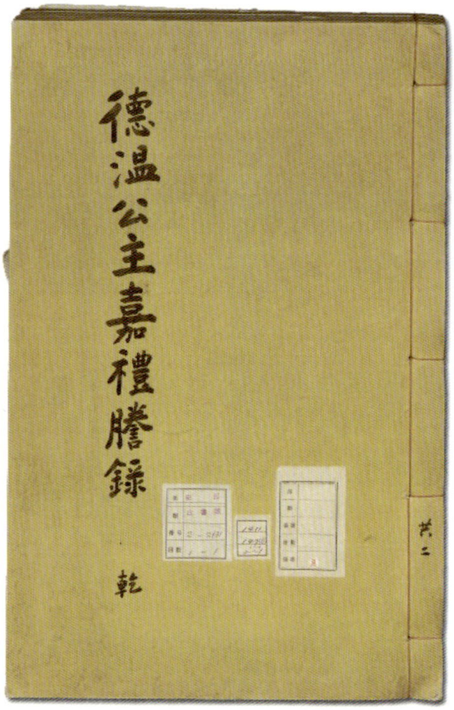
德温公主嘉禮謄錄
乾
共二

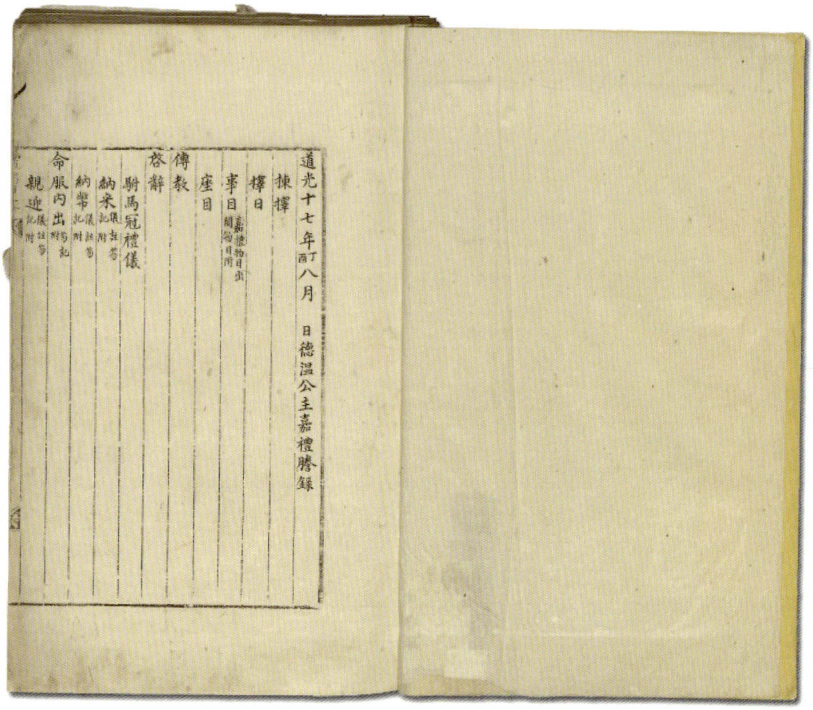
道光十七年丁酉八月 日德温公主嘉禮謄錄
揀擇
擇日
事目
座目
傳教
啓辭
駙馬冠禮儀
納采
納幣
命服內出
親迎

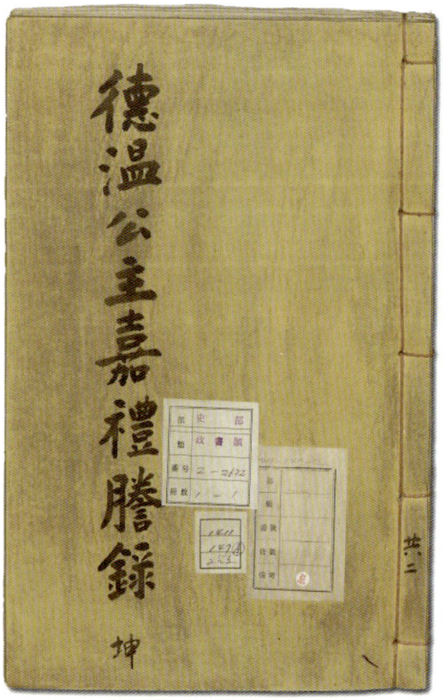
德温公主嘉禮謄錄
坤
共二

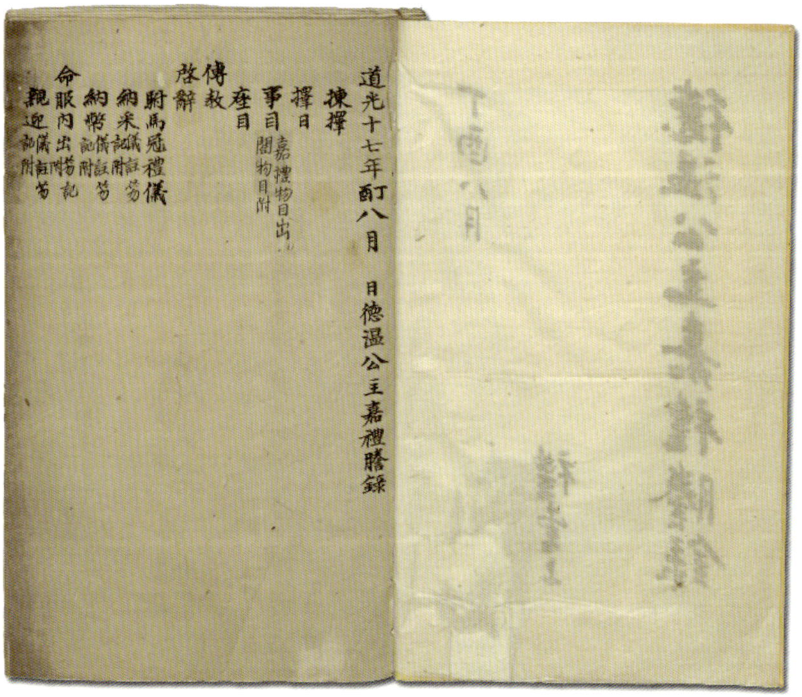
道光十七年丁酉八月 日德温公主嘉禮謄錄
揀擇
擇日
事目
座目
傳教
啓辭
駙馬冠禮儀
納采
納幣
命服內出
親迎

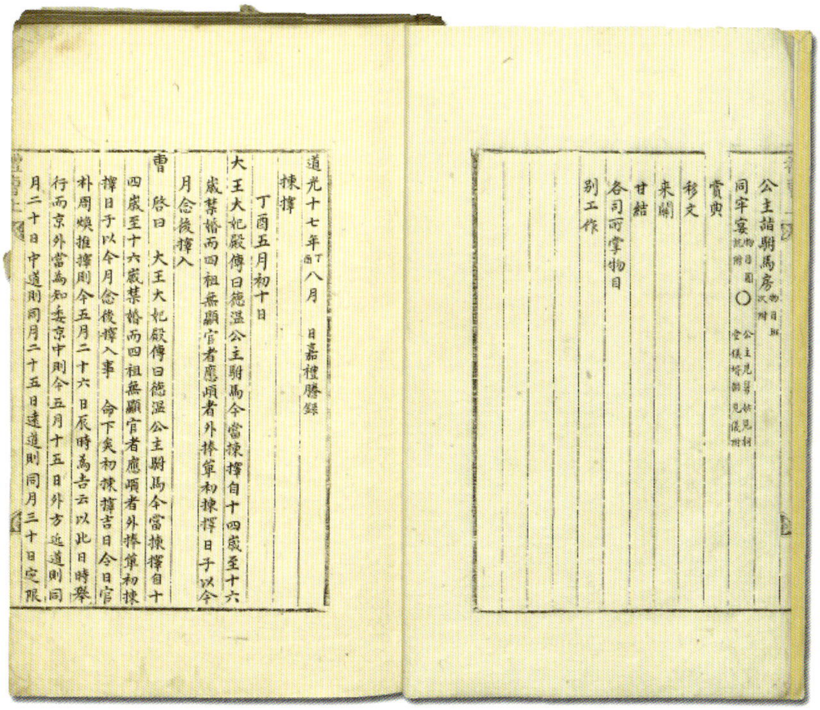
公主諸駙馬房 物目 班次 附
同牢宴 物目 說 圖 附 ○ 公主見舅姑見祠堂儀 婿朝見儀附
賞典
移文
來關
甘結
各司所掌物目
別工作

道光十七年丁酉八月 日嘉禮謄錄
揀擇
丁酉五月初十日
大王大妃殿傳曰德溫公主駙馬今當揀擇自十四歲至十六
歲禁婚而四祖無顯官者應頉者外捧單初揀擇日子以今
月念後擇入
曹 啓曰 大王大妃殿傳曰德溫公主駙馬今當揀擇自十
四歲至十六歲禁婚而四祖無顯官者應頉者外捧單初揀
擇日子以今月念後擇入事 命下矣初揀擇吉日令日官
朴周煥推擇則今五月二十六日辰時爲吉云以此日時擧
行而京外當爲知委京中則今五月十五日外方近道則同
月二十日中道則同月二十五日遠道則同月三十日定限

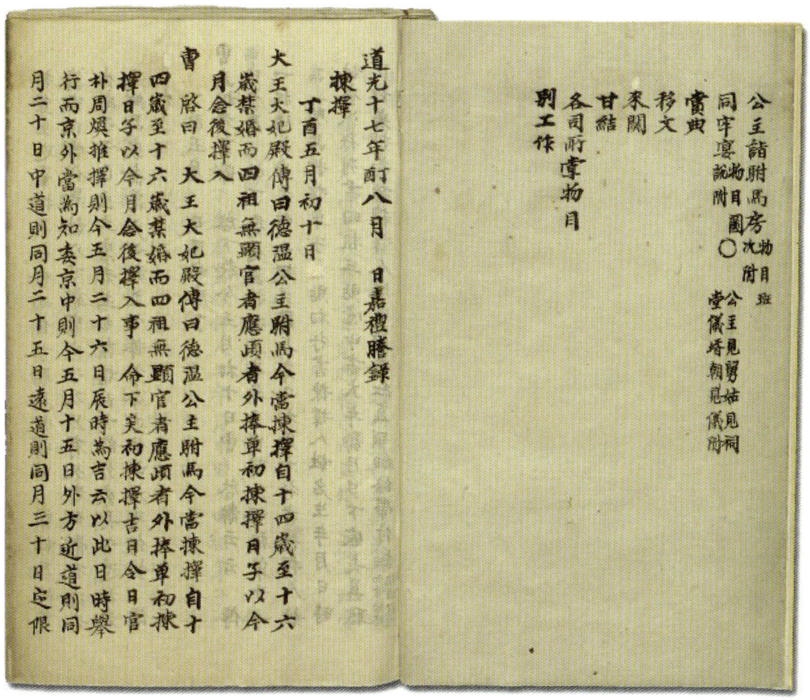
公主諸駙馬房 物目 班次 附
同牢宴 物目 說 圖 附 ○ 公主見舅姑見祠堂儀 婿朝見儀附
賞典
移文
來關
甘結
各司所掌物目
別工作

道光十七年丁酉八月 日嘉禮謄錄
揀擇
丁酉五月初十日
大王大妃殿傳曰德溫公主駙馬今當揀擇自十四歲至十六
歲禁婚而四祖無顯官者應頉者外捧單初揀擇日子以今
月念後擇入
曹 啓曰 大王大妃殿傳曰德溫公主駙馬今當揀擇自十
四歲至十六歲禁婚而四祖無顯官者應頉者外捧單初揀
擇日子以今月念後擇入事 命下矣初揀擇吉日令日官
朴周煥推擇則今五月二十六日辰時爲吉云以此日時擧
行而京外當爲知委京中則今五月十五日外方近道則同
月二十日中道則同月二十五日遠道則同月三十日定限

덕온공주가례등록德溫公主嘉禮謄錄

덕온공주와 부마 윤인갑(尹寅甲:後윤의선)의 가례 전반적인 행사 내용을 기록한 책이다. <2632>는 초고본이며, <2631>는 초고본의 수정된 내용을 반영한 사본(寫本)으로 추정된다. <2631> 표지에 '乾'으로 표시되어 있으며 판심에 '禮曺 上'이 찍혀 있고 궤사주단변(四周單邊)에 오사란(烏絲欄)이 있다. 앞장에 간택에서부터 동뢰연에 이르기까지 행사 순서와 상전(賞典) 이하 관청 사이의 부서별로 제목이 나열되어 있다. <2632>는 표지에 '坤'으로 표시되어 있으며 곽이 없고 괘선이 없는 상태이다. 사본과 비교하여 용환질(用還秩)과 조작환하질(造作還下秩)의 두 부분이 빠져 있다. 수정한 곳은 종이를 덧대어 고치고 삭제할 부분은 먹으로 검게 칠해져 있다.<韓國精神文化硏究院(2002), 『藏書閣所藏謄錄解題』, pp.147~150 참조>

[소장기호 2631] 1책 100장 가로 30.8㎝ 세로 46.3㎝
[소장기호 2632] 1책 101장 가로 21.5㎝ 세로 33㎝

한국학중앙연구원 藏書閣 소장

石宙善紀念博物館

윤용구尹用求 (1853~1939)와 부인 연안김씨延安金氏 유물

윤용구는 덕온공주와 남녕위 윤의선의 양아들이다. 덕온공주는 한 명의 자녀도 남기지 못하여 부마 윤의선이 공주가 세상을 떠나고 몇 년이 지난 후 먼 친척인 윤용구를 양자로 삼았다. 윤용구는 해평(海平) 윤씨(尹氏) 윤회선(尹會善)의 아들로서 덕온공주가 세상을 떠나고 9년이나 지난 후 1853년에 태어났다.

윤용구는 고종 8년(1871)에 명온공주의 아들과 같은 날에 과거에 합격하였다. 서화에 능숙하였고 학식이 뛰어나 조선 제26대 왕 고종(高宗) 대(代)에 이조판서, 궁내부 대신 등의 중요한 벼슬을 두루 거치며 왕실의 친인척으로서 신임을 받았다. 또한 대한제국이 일제에 강제 합병된 후 제27대 순종(純宗)이 남작(男爵)을 수여하였지만 사양하고 반납하는 등 윤용구는 올곧은 관리였다.

윤용구에게는 두 명의 부인이 있었는데 둘째 부인 연안김씨 사이에서 3명의 자녀를 두었다. 그 첫째가 석주선 박사와 오랜 인연을 맺은 윤백영(尹伯榮: 1888~1986)이다.

윤용구 관련 유물은 총 16점이다. 윤용구의 것으로 1987년 중요민속문화재 제216호로 지정된 유물 4점(관복[단령], 동다리군복, 철릭, 광다회)이 있으며 마고자 1점, 탕건 1점, 살쩍밀이 1점, 등채끈 1점, 대한십삼도리정표(大韓十三道里程表) 1점, 봉서궤(封書櫃) 1점이 있다. 정경부인 연안김씨의 유물로는 토수 6점이 있다. 일부 중요한 유물에는 공의 딸인 윤백영이 유물의 유입된 유래를 자필 기록하여 함께 남겼다.

Objects belonging to Mr. Yun Yonggu and his wife Mrs. Kim

Yun Yonggu is a foster son of Princess Deokon and her husband Yun Uiseon. Princess Deokon did not leave any child. Therefore, among her distant relatives, Yun Yonggu became her foster son after her death. Yun Yonggu was born in 1853, 9 years later after Princess Deokon died. Yun Yonggu had two wives and three children from the second wife, Mrs. Kim from Yeonan area.

As Yun Yonggu was highly educated and a close relative of royal family, he had been appointed as an important official, such as Yijopanseo(Minister of the Head Department, Yijo), Gungnaebu Daesin(Minister of the Royal household) through the period of the 26th King, Gojong(高宗) and the 27th King, Soonjong(純宗). The Seok Juseon Memorial Museum has 16 historical objects related to Yun Yonggu. Among these, 4 objects are garments of Yun Yonggu and they were categorized as the 216th level Important Folklore Materials.

02

19세기 초상. 인물 미상(일암관 소장)

탕건宕巾

Nobleman's inner cap

사대부 계층에서 관모(冠帽)의 밑받침으로 착용한 쓰개이다. 이 유물은 윤용구 대감이 판서 시절에 사용하였던 것이다. 말총으로 엮어 만들었으며 각(角)이 없고 앞쪽이 낮으며 뒤쪽이 높아 턱이 진 모습이다. 초상화 등에서 정자관(程子冠) 안에 사용된 탕건을 확인할 수 있다.

1800년대 후반
No.247 높이 14.5㎝ 지름 16.5㎝

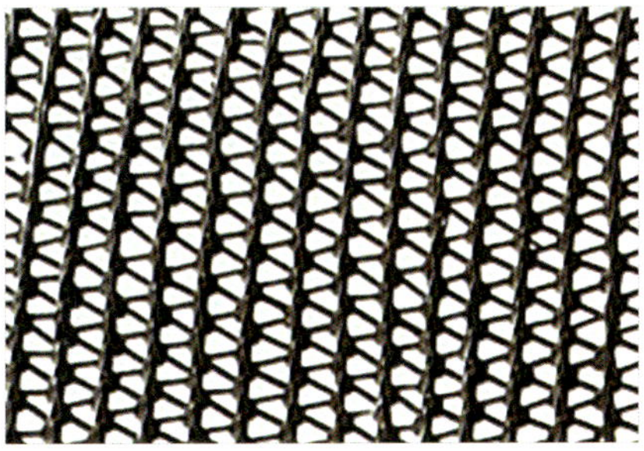

살쩍밀이

Man's toiletry tool

귀밑 사이에 난 잔머리털[살쩍]을 망건 사이로 밀어 넣어 정리하는 데 사용하는 도구이다. 이 유물은 대모(玳瑁 바다 거북)의 등껍질을 말려 갈아서 형태를 다듬은 것이다.

1800년대 후반
No.140 길이 11.2㎝ 너비 1.5㎝ 두께 0.16㎝

단령團領

A court officials' formal uniform

겉은 북청색(北靑色)의 단령이고 안은 남색(藍色)의 직령이 겹쳐져 바느질된 겹단령이다. 겉과 안, 고름, 동정 모두 은조사(銀條紗 2경 익조직)를 사용하였다. 소매배래, 길, 무 등이 안감과 같이 바느질되어 있으며 시접은 서로 마주보고 있다. 겉은 둥근 깃의 단령이며 안은 곧은 깃의 직령형으로 안깃에 넓은 동정이 달려 있다. 고름은 겉섶쪽에 겉감, 안감 각각 하나씩 한쌍으로 달아 주었으며 안섶 쪽 길에는 겉감으로 만든 고름 1개가 달렸다. 도련은 겉감은 같은 감으로 6.5cm 너비로 별단을 달아 공그르기 하였고 안감은 제물단이다. 뒷길에 고정된 무는 상단에서 31cm 내려온 부분부터 트여 있다. 겉감에만 어깨, 소매, 겨드랑이에 바대를 대어주었다. 겨드랑이에는 품대를 지탱하기 위한 좁고 긴 고리를 달았다.

1800년대 후반, 중요민속문화재 제216호
Important Folklore Material No.216

No.336 길이 122cm 화장 88cm 품 40cm 진동 28cm

동다리군복彤多里軍服

A military uniform with sleeveless coat, attached with orange sleeves.

동다리와 군복을 간편하게 하나로 합쳐서 만든 홑옷이다. 조선 후기 무관(武官)의 군복(軍服) 차림은 전립(戰笠)을 쓰고 금향색(錦香色) 몸판에 붉은 소매가 달린 동다리를 입고 소매 없는 흑색의 전복(戰服)을 덧입는다. 허리에는 넓은 요대(腰帶)와 남색 전대(戰帶)를 착용하고 수화자(水靴子)를 신는다. 이 유물은 몸판은 흑색으로 하고 금향색과 홍색의 소매로 구성된 것으로 동다리와 전복을 하나로 합쳐서 바느질한 것이다. 쌍용문(雙龍紋) 갑사(甲紗)로 만들었는데 이와 같은 옷감을 "별문사(別紋紗)"라고 직조된 필단이 확인되고 있다. 고대끝 양쪽으로 박쥐매듭이 달려 있으며 양옆선 아래쪽이 20cm 트였고 뒷고대 중심에서 31cm 내려온 부분부터 뒤트임을 주었다. 앞중심 상단에 9.0cm 간격으로 단추 2쌍이 달렸던 흔적이 남아 있다.

이러한 옷은 조선 말기 이후 의복이 간소화되면서 나타나는 현상으로 궁중발기의 기록에 '彤多里' 와는 별도로 '彤多里軍服'도 함께 표기되어 있으므로 동다리군복이라는 명칭이 적당한 것으로 여겨진다.

1800년대 후반. 중요민속문화재 제216호
Important Folklore Material No.216

No.200 길이 114cm 화장 88cm 품 44cm 진동 29cm

철릭天翼

A military uniform with pleats on the waist

철릭은 조선 후기까지 백관(百官)이 융복(戎服)으로 착용한 옷으로 상의(上衣)와 주름 잡은 치마형 하의(下衣)가 연결된 것이 특징이다. 이 유물은 청색 운보문사(雲寶紋紗)로 만든 홑옷이다. 상의는 곧은 깃에 길이가 짧고 소매는 넓으며 왼쪽 소매에는 쌍밀이 단추를 부착하여 탈착식으로 만들었다. 진동선 아래 소매쪽으로 4.5cm의 트임이 양쪽 소매에 모두 있는데, 궁시(弓矢) 끈을 통과하도록 한 것으로 여겨진다. 허리선 아래로 부착된 주름잡힌 하의는 상의[衣]와 비교하여 1:4의 비율로 하의[裳] 길이가 길다. 너비 68cm 옷감 6폭을 사용하여 허리 부분에서 0.5~0.7cm의 잔주름을 전체적으로 잡아주었다. 고름은 길고 넓으며 깃너비 절반에 가까운 흰 동정이 달려 있다.

1800년대 후반, 중요민속문화재 제216호
Important Folklore Material No.216

No.127 길이 119cm (상의 26cm 하의 93cm) 화장 96cm 품 42cm 진동 22cm

광다회廣多繪

Waist cord made of *Dahoe*

광다회는 조선시대 남성들이 여러 종류의 포제에 띠는 실띠[絲帶]의 한 종류로서 납작하면서 폭이 넓은 다회를 지칭한다. 이 유물은 홍색 견사(絹絲)를 여러 겹 합사하여 직조 방법으로 짠 끈목인데 표면이 납작하게 짜여졌다. 끈 좌우 양 끝 7㎝ 정도를 풀어서 술을 만들었다.

1800년대 후반. 중요민속문화재 제216호
Important Folklore Material No.216
No.115 길이 368㎝ 너비 3㎝

조선 말기 무관이 군복차림에
등채를 잡고 있는 모습

등채끈藤策끈

Baton or whip used by a military commander

등채는 군인들이 사용하는 채찍이나 지휘봉이다. 굵은 등나무로 만들고 머리쪽에 사슴의 가죽끈이나 색단(色緞)으로 된 끈을 달았다. 이 유물은 구름과 보배무늬가 들어 있는 흰색 문주(紋紬)로 만들었다. 가장자리를 검정색 엇선으로 테를 둘렀으며 약 20cm 정도에서 등채에 묶었던 주름 흔적이 남아 있다. 색상이 흰색인 것으로 보아 국상(國喪) 때 사용했던 것으로 여겨진다.

1800년대 후반
No.3112 길이 122cm 너비 9cm

마고자

Over-jacket

윤용구 대감이 숭록대부(崇祿大夫 종1품) 시절에 입었다. 저고리보다 다소 긴 길이의 은조사로 만든 홑옷이다. 깃과 섶이 없이 좌우가 마주보는 웃옷으로 가장자리를 모두 검은색 엇선으로 둘러준 것이 특징이다. 양옆을 5cm 내외로 트임을 주었다. 앞을 여밈할 때 고름과 단추를 사용하였는데, 목선 끝에 좁고 짧은 고름이 1개 남아 있으며 3cm 아래 부위에 단추를 달았던 흔적이 남아 있다.

1800년대 후반
No.803 길이 67cm 화장 65cm 품 43.5cm 진동 32.5cm

누비토수縷緋吐手

Wristlets

겉감은 분홍 빛이 도는 양색주(兩色紬)이고 안감은 명주이며, 사이에 솜을 얇게 두어 0.3cm 간격으로 곱게 누빈 솜누비 토수이다. 안감 아랫부리 끝에는 4cm 너비 안단을 덧대어주었고, 검정색 공단으로 0.3cm의 눈썹단 테를 둘러주었다. 연안 김씨가 사용한 것이다.

1800년대 후반
No.125 길이 31.5cm 너비 17cm

마제굽형 털吐手

Wristlets

아랫부리가 말굽 형태로 만들어진 털토수로 연안김씨가 사용한 것이다. 겉감은 꽃무늬가 들어간 양색단(兩色緞)이고 안감은 면으로 만들었으며 상하부리 입구를 검정색 옷감으로 눈썹단 테를 둘러주었다. 안감에 흰색 토끼털을 덧대어 주어 방한용으로 사용하였다.

1800년대 후반
No.300 길이 34cm 너비 12cm

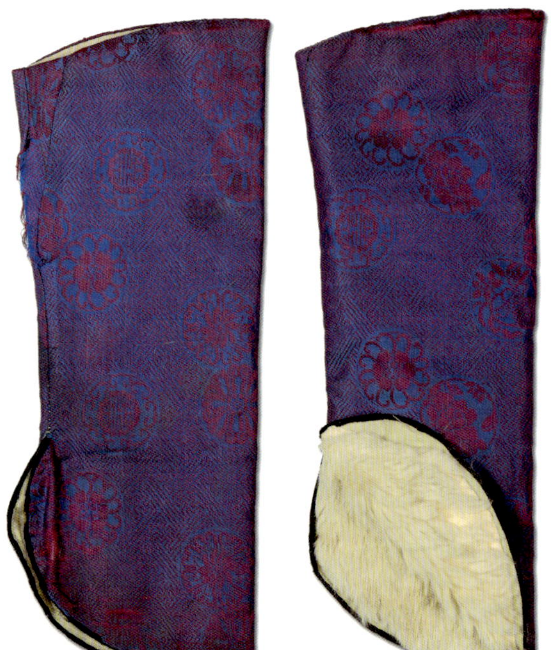

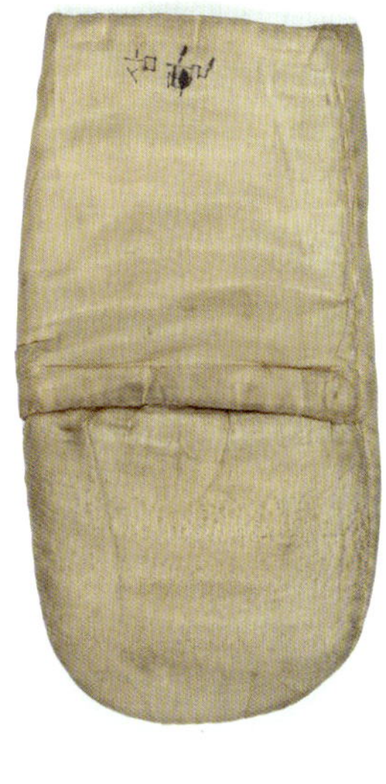

토수吐手

Wristlets

추위나 더위를 막기 위해 팔목에 끼는 것으로 남녀노소 모두 사용하였다. 유물은 윤용구의 부인 연안김씨가 사용하였던 것이다. 아랫부리는 좁고 일자형이며 웃부리로 갈수록 넓어지고 곡선형이다. 착용할 때는 좁은 부위가 아래쪽으로 가도록 하여 착용한다. 더러워짐을 방지하기 위하여 아래쪽 안감에 3~4cm 너비의 안단을 대어주었으며, 검정색으로 눈썹단 테를 둘러주어 장식하였다.
옥색 모본단 토수는 솜을 얇게 두어 만든 솜 토시이며, 분홍색 벽돌무늬 관사 토수는 안감을 명주를 사용하였다. 옥색 도류사 토수는 안감을 풀 먹여 다듬이한 명주를 사용하였다.

1800년대 후반
길이 12 ~ 15cm 너비 11 ~ 12cm

No.124	
No.151	No.1414

방한용 장갑

Wristlets

겉감과 안감 사이에 솜을 풍성하게 넣어 만든 방한용 장갑이다. 한쪽면의 중심부를 절개하여 손가락이 밖으로 나올 수 있도록 배려하였다. 백색의 삼팔주로 겉과 안을 만들고 사이에 솜을 투텁게 넣어 만들었다.

1800년대 후반
No.155 길이 23cm 너비 12.5cm

大韓十三道程里表

光武六年十月學部編輯局新刊

一道郡邑先書於井間某邊一行直如魚貫相續其越邊相衝處再書其郡邑出頭相對層間參差列若雁行相連每邑字頭下間間隨書其所管郡邑里數則中滿井間皆是數字也間小難容字畫故但書數字而不書里字見其數而知其里

一字爲一十一百一千里也自一至九數皆如之而單數字下雖下爲十里百里千里故爲標〇則依其數而爲幾百里也爲標△則依其數而爲幾千里也無標爲幾十里也疊數字則雖無〇標自然爲幾百幾十里也假如一二則一百二十里也二三則二百三十里是也一里至九里則不滿里數故標爲傍書井間下線邊又傍書小字水字則小爲小路水爲水路也

邑有南北道之別標北爲一忠北慶北全北平北咸北是也標有邑口字有隣府全者也之又府尹標∴郡守一等標∵二等標∴三等標∵四等標

欲知此邑彼邑里數則先押此邑井間第幾行次按彼邑井間第幾行書線相照而進止處里數相合假如京畿第一行楊州第三行廣州第三行利川間數行數一般也欲按廣州距江華幾里則先押廣州出頭行追至江字相照間止之爲一六則爲一百六十里也故知利川與開城幾里則先押出頭利字行追至開字間相照處止之爲二八則爲二百八十里也餘皆倣此

[illegible]

天覆地載惟人最靈仰觀俯察天之度數地之里數能推而知之者人也是故伏羲畫卦而昭萬象穆畫

川似可易見而亦不得見百里外者有之雖曰男子與其閨中婦女奚異哉噫我東方僻在海隅而其壤小則

便易考閱故分書十三道摠載一幅上排布者是也左右縱橫回頭相望上狹下廣中計百千算數旣備百無一失

目多少無疑譬如一根萬枝連珠合璧凡夫地圖之行于世者多只不過模畫山川施以五彩則雖爲侈於肉眼然知其

乎故旣有圖而不可無者此本此本所制依樣古式者多書紙爲井乃是畫野井田之制賦分書十三道重書郡邑模

是表旣爲程里而作則凡係郡邑法當悉記不容有遺但島邑水路難以的知而全羅道之濟州一牧暨大靜旌義二郡江原道之鬱島一郡里數爲尤甚故闕不載蓋爲例也

濟州在海南

大靜在濟州

旌義在濟州

牧東鬱島在

陵東

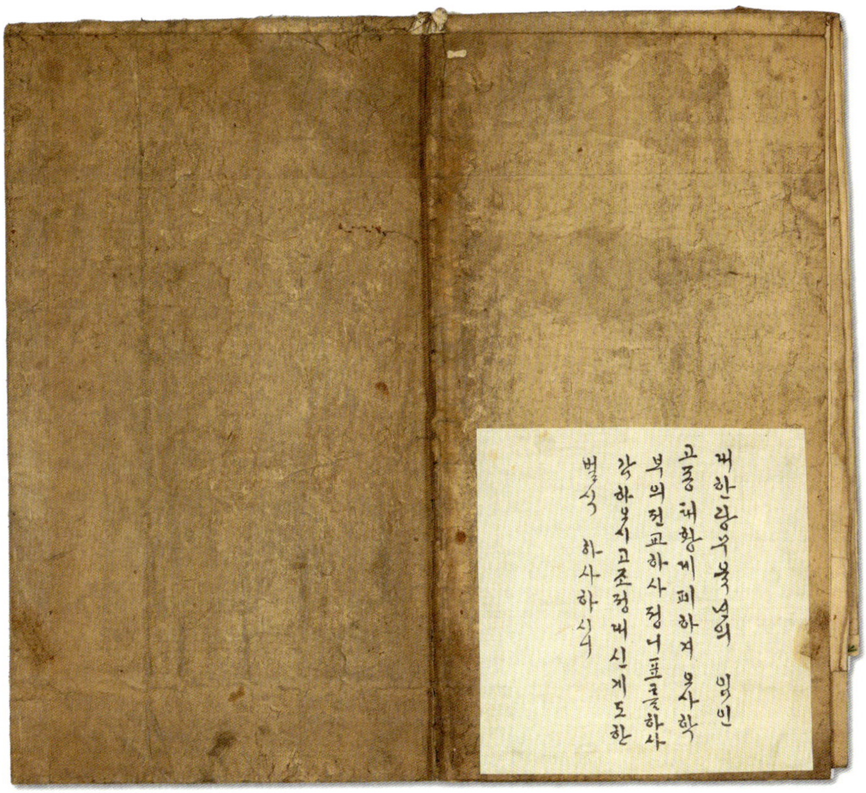

대한십삼도리정표大韓十三道里程表

Painted cotton wrapping cloth

대한제국 시기에 간행된 것으로 13도(道)와 리(里)의 지역간의 거리를 써넣은 표이다. 광무 6년(壬寅年 1902년)에 태황제 고종(高宗)이 친히 학부(學部)에 간행토록 명하여 조정 대신에게 한 벌씩 하사하였는데 윤용구도 그 중 한점을 받았다. 뒷면 별지에 윤백영 여사가 유물이 유입된 경위를 기술하였다.

> 대한(大韓) 광무(光武, 1897 ~ 1907) 육년의 임인(壬寅, 1902년) 고종황제(高宗皇帝) 폐하께오서 학부(學部)에 전교(傳敎)하사 정리표(程里表)를 하사 감(鑑)하오시고 조정 대신께도 한 벌씩 하사(下賜)하시니

1902년

No.2814 가로 77cm 세로 125cm

봉서궤封書櫃
Box for storing letters

국상(國喪)이 나면 궁(宮)과 재상(宰相) 집안에 연락할 때 쓰는 봉서함(封書函)까지도 색칠을 못하고 소목을 그대로 사용하였다. 이 유물은 조선 25대 임금 철종(哲宗)이 돌아가신 직후 윤용구 대감과 궁 사이에서 봉서를 왕래할 때 사용하였던 상자이다.

1863년
No.3058 가로 10.5㎝ 세로 18.5㎝

石宙善紀念博物館

윤백영 尹伯榮(1888-1986)과 가족의 유물

윤백영은 덕온공주의 첫 손녀(孫女)이다. 1888년에 윤용구와 연안김씨 사이에 첫째 딸로 태어났다. 부친 윤용구가 별호(別號)를 '사후당(師候堂)'이라 지어주었다. 두 남동생이 있었지만 모두 잃어 외동딸로 자라났다. 15살 되던 가을에 2살 위인 유용준(兪容濬)과 결혼하였으며 시부(媤父)는 당시 예조참판 유성환이었다. 19세 때 장남 승목(承穆)을 낳았으며 27세에 막내아들 종목을 낳았다. 두 딸이 있었으나 일찍이 사망하였다.

윤백영은 조선 27대 왕 순종 비(妃) 순정황후 윤씨의 고모뻘이 되며 궁중에서 '저동궁(苧洞宮) 할머니'로 통했다. 1966년에 순정황후 윤씨가 세상을 떠날 때까지 두 분의 관계가 지속되었다고 한다. 이러한 연유로 누구보다도 궁중의 풍습이나 예절에 밝을 수 있었다. 서예와 학식에도 능통하여 한 달에 25일 정도를 창경원에 있던 장서각(藏書閣)에서 책읽기로 보내어 '장서각 책할머니'로 불리기도 하였다. 또한 손길이 닿은 물건에 붓글씨로 물건의 유래를 자필하여 후손들을 위하여 역사의 기록으로 남겼다. 1986년 9월 30일 99세를 일기로 별세하였다.

석주선기념박물관에 소장중인 윤백영과 그 가족의 유물은 총 29점이다. 윤백영과 부군 유용준, 장남, 손자, 시조부, 시조모, 자당, 백부 등 가족들이 사용하였던 유물로 꾸며져 있다. 이외에 단국대학교퇴계기념도서관에 소장중인 윤백영의 필사본 한 권이 있다.

Objects from Yun Baekyeong and her family

Madame Yun Baekyeong is the first granddaughter of Princess Deokon. She was the first daughter of Yun Yonggu and Mrs. Kim and was born in 1888. Her two younger brothers died young so she was an only child. When she was 15, she married Yu Yongjoon(兪容濬) who was 2 years older than her and she had two sons with him. She was aunt of Empress Soonjeong (Mrs. Yun), who was Empress Consort of the 27th King of the Joseon Dynasty and the last Emperor of the Daehan Empire, Soonjong. Madame Yun Baekyeong devoured old books even in her eighties and distinguished herself in studying and calligraphy.
The Seok Juseon Memorial Museum owns 29 historical objects belonging to Madame Yun Baekyeong and her family. Those were personally used by them.

03

목제큰머리를 한 조선 말기의 상궁

목제큰머리와 댕기唐只·큰머리상자

Wooden Hairpiece

목제큰머리는 윤백영이 혼례에 원삼(圓衫)으로 성장 차림을 하면서 사용하였던 머리 장식물이다. 어여머리 위에 목제큰머리를 얹고 떠구지라는 큰 비녀를 꽂았다. 이 유물은 오동나무를 사용하여 다리를 땋아 둥글게 양쪽으로 에둘린 머리 형상과 머리채 땋은 문양이 새겨져 있으며, 겉면은 옻칠로 검게 마감하였다. 뒷면 아래 중심에 붉은색으로 채색된 다리 꼭지 모양 일곱 개가 모아져 있다. 머리 위쪽에는 작은 목제 비녀가 꽂혀 있으며 아래쪽에는 떠구지 비녀를 꽂았던 구멍이 2군데 남아 있다. 옆면에는 5㎝ 너비의 긴 자적색 댕기를 매었다. 큰머리는 정조 3년(1779) 2월에 머리카락으로 만들던 가발을 나무로 대체하라는 정조의 선교(傳敎)가 있은 이후 점차 모발(毛髮)이 목제 형태로 변화되었다. 이는 다리로만 돌린 큰머리가 있었다는 윤백영 여사의 증언을 통해서도 확인되며, 전해지는 목제큰머리는 대한제국 시기의 유물이 대부분이다.

큰머리상자는 목제큰머리를 넣기 위해 마련된 것이다. 홍송(紅松)으로 만든 직육면체형이며 겉은 옻칠을 하였고 밑받침 안은 붉은 칠이 되어 있다. 조선말기 궁중발기에 큰머리상자로 주칠함(朱漆函)이 마련된 기록이 있다.

1900년대 초반

No.211 목제큰머리 길이 40.5㎝ 너비 26㎝
No.2392 큰머리 매개唐只 길이 124.5㎝ 너비 5㎝
No.4762 큰머리상자 가로 49.5㎝ 세로 34.5㎝ 높이 10㎝

매개댕기와 댕기첩

Side Ribbon

머리를 성장할 때 연결 부분이 흘러내리지 않도록 매어주는 보조 역할을 하는 댕기이다. 매개댕기 1점[No.0114]은 윤황후 가례 때 윤백영이 통명전(通明殿)에서 받은 것이다. 자적색 문주(紋紬:설한초)를 사용하여 원통형의 좁고 긴 끈 형태로 만들고 몸통에 솜을 넣어 주었다. 양끝은 10cm 정도를 솜을 두지 않고 옷감을 세로로 0.3cm 두께로 말아주어 끝을 뾰족하게 만들었다. 댕기의 끝맺음 용도로 보인다. 나머지 매개댕기[No.0199]는 황색 댕기첩에 들어 있었다. 위의 것과 동일한 옷감을 사용하였고 모양도 동일하나 솜이 들어 있지 않은 상태이다. 댕기첩은 두터운 한지로 만들었으며, 접으면 가로 16cm 세로 8cm의 크기이다. 접은 겉면에 "단기텹"이 묵서되어 있다.

1900년대 초반

No.114 매개댕기 길이 153.5cm 지름 1.7cm
No.199 매개댕기 길이 150.5cm 지름 2.2cm
No.198 댕기첩 길이 33.5cm 지름 22.5cm

No.199 No.198

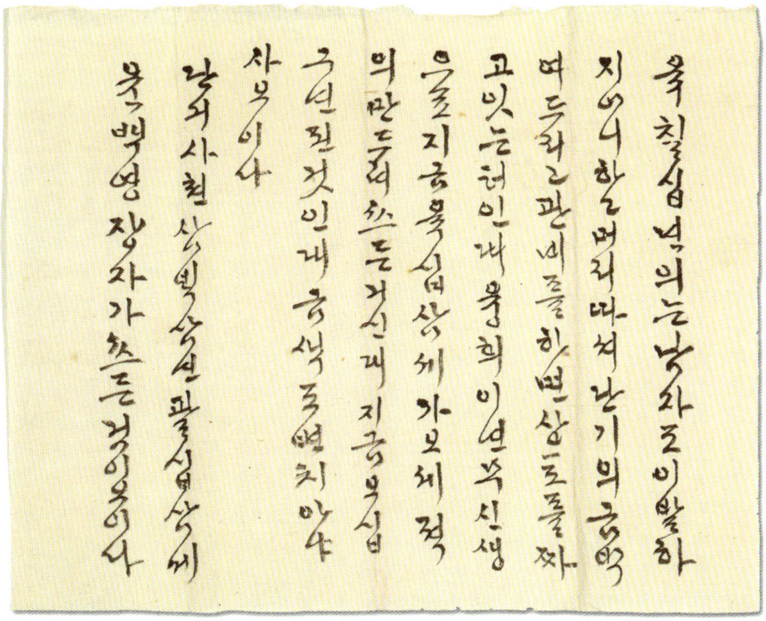

금박댕기金箔唐只

Hair ribbon for child

윤백영의 장남 유승목(兪承穆)이 어렸을 때 머리에 매었던 남아용 금박댕기이다. 관례를 치르기 전, 남녀 어린이들은 땋아서 늘어뜨린 머리 끝에 댕기를 묶어 장식을 하였다. 유물은 검정색 순인(純仁)을 겹으로 긴 띠를 만들고 한 면에만 금박을 쳐주었다. 1970년에 윤백영이 물건의 유래를 기록하여 둔 한지 글과 함께 전해진다.

육칠십년(60.70년前)의는 남자도 이발하지 아니하고 머리따서 단기의 금박여 드리고 관례를 하면 상토를 짜고 잇는 터인대 융희 이년 무신생으로 지금 육십 삼세가 오세적의 만드러 쓰든 거신대 지금 오십구년된 것인대 금색도 변치아니하오이다. 단기(檀紀)사천삼백삼년(1970년) 팔십삼세 윤백영 장자가 쓰든 것이오이다.

1910년
No.2614 길이 85cm 너비 5cm

저고리

Woman's jacket worn for summer

윤백영이 입었던 여름용 겹저고리이다. 겉감과 안감을 풀 먹여 다듬이한 고운 명주를 사용하여 깨끼 형식으로 바느질하였다. 깃은 완만한 당코깃형이며 고름은 좁고 짧은 편이다. 옆선 길이가 0.7cm 정도로 저고리 길이가 짧고 소매가 진동 너비와 비슷한 일자형으로 소매끝에서 다소 둥글려진다. 소매 배래는 4겹으로 바느질로 되어 있다.

1900년대 초반

No.349 앞길이 20.5cm 뒷길이 19cm 화장 66.5cm
품 40cm 진동 17cm

적삼赤衫

Woman's single-layered jacket

윤백영의 시조모 정부인 이씨[예조참판 유치희의 부인]가 입었던 홑 적삼이다. 옷감은 모시로 되었으며 재봉틀을 이용하여 깨끼 형식으로 바느질하였다. 깃과 안고름이 겹으로 되어 있다. 깃은 완만한 당코깃형이며 같은 옷감으로 좁은 동정을 달아주었다. 옆선 길이는 2cm 정도이다. 고름 대신 단추와 고리를 사용하였는데, 여밈을 하면 앞품이 뒤품보다 줄어들게 되어 소매가 아래로 내려오는 입체형이 된다.

1900년대 초반

No.196 뒷길이 23cm 화장 63cm 품 40cm 진동 17cm

전복戰服

Man's sleeveless coat

전복은 소매 없이 겉옷인 동다리 위에 덧입는 옷으로, 전립, 동다리, 전복, 요대(腰帶), 전대(戰帶)로 일습을 이루는 군복(軍服) 차림의 한 구성이다. 조선 말기 이후에는 남성들이 착수형 포(袍)의 겉에 덧입어 외출복으로도 이용하였다. 깃, 소매, 섶이 없이 앞길이 중심에서 서로 마주보는 대금형(對襟形)이며 무가 양옆에 달려 있고 옆과 뒤에 트임이 있는 형태이다. 비슷한 형태의 쾌자(快子)는 깃이 달려 있는 것이 다른 점이다.

윤백영의 부군 유용준(兪容濬)이 평상시에 입었던 전복은 모두 5점이다.

전복戰服

Man's sleeveless coat

은조사를 사용하여 만든 홑옷으로 한쌍의 고름이 남아 있으며 고름 아래로 4.5cm 내려온 지점에 단추고리가 남아 있다. 손으로 곱게 바느질하였다.

1900년대 초반

No.194 앞길이 118cm 뒤길이 116cm 화장 29.5cm
품 42cm 진동 32.5cm

No.298 양태문[쌍용무늬갑사]

전복戰服

Man's sleeveless coat

검정색 쌍용무늬 갑사로 만든 홑옷이다. 깃 끝에 매듭 단추가 달렸으며 아래로 7cm 내려온 지점에 단추 고리 1개가 남아 있다. 바느질은 성글게 홈질하였고 시접은 푸서 상태로 그대로 사용하였다.

1900년대 초반

No.298 앞길이 130cm 화장 33.5cm 품 48cm 진동 29cm

전복戰服

Man's sleeveless coat

검정색 쌍용무늬 갑사로 만든 홑옷이다. 깃 끝에 운문사 고름이 한쌍 달려 있으며 아래로 3.2cm 내려온 지점에 추가로 부착되었던 고름 흔적이 남아 있다. 어깨선이 1cm 정도 경사져 있다.

1900년대 초반

No.296 앞길이 114cm 뒷길이 112cm 화장 30.2cm 품 46cm 진동 29cm

전복戰服

Man's sleeveless coat

홑옷으로 남색의 운문 숙사를 사용하였다. 섶선단은 운보문사이다. 변사와 푸서를 이용하여 거칠게 바느질되어 있다.

1900년대 초반

No.353 | 앞길이 115cm 뒷길이 112cm 화장 30.5cm 품 43cm 진동 27.2cm

전복戰服

Man's sleeveless coat

쌍용문 갑사를 사용하여 만든 겹옷이다. 겉감은 흑색이고 안감은 홍색이다. 깃 끝에 단추가 한쌍 남아 있으며 아래로 5.7cm 내려와서 단추 흔적이 남아 있다. 진동 끝, 뒤트임 상부 중심점에 박쥐 단추가 달려 있다. 옷을 완성한 후 중심선과 어깨선에서 2~3cm 정도 품과 길이를 줄여 품 조절을 하여 입었다.

1900년대 초반

No.353 길이 117cm 화장 34cm 품 28.5cm 진동 28.5cm

두루마기周衣

Man's coat

윤백영의 부군 유용준이 입었던 한 여름용 홑두루마기 이다. 소색(素色)의 생초(生綃)를 사용하였고 동정은 한지심이 들어간 명주이다. 바느질은 깨끼 형식이며 재봉틀을 사용하여 만들었다. 깃은 둥그래깃형이며 고름은 넓고 긴 편이다. 깃, 고름 모두 겹으로 되어 있다. 소매선은 진동에서 소매끝까지가 완만하게 이어지는 일자형이다. 손을 넣을 수 있도록 무의 옆선을 진동에서 10cm 정도 내려와서 15cm의 트임을 주었다.

1900년대 초반

No.299 길이 114cm 화장 70cm 품 46cm 진동 22cm

마제굽 토수吐手

Horseshoe-shaped wristlets

윤백영의 시어머니가 사용하였던 겹 토수이다. 아랫부리는 말굽 형태이며 윗부리는 완만한 곡선이며 옆선은 위로 갈수록 넓어진다. 겉감은 옥색 숙고사(熟庫紗)이고 안감은 아래에 분홍색 문주(紋紬)와 윗쪽에 백색 명주를 이어 길이 반씩 붙여 만들었다. 옷감 사이에 심지를 넣어 힘이 있도록 하였고 아랫부리 끝에 겉감과 같은 옷감으로 눈썹단 테를 둘러주었다.

1900년대 초반

No.2372 길이 21.5㎝ 너비 10㎝

조끼배자褙子

Man's vest worn over jacket

윤백영의 백부(伯父)가 입었던 남성용 솜조끼이다. 조선 말기에 서양 문물이 들어오면서 유입된 조끼를 상류층 사이에서 배자를 대신하여 입기도 하였다. 겉감은 명주이며 안감은 서양 실크 원단으로 겉감과 안감 사이에 솜이 들어 있다. 옆선 끝에 6.5cm의 트임이 있으며 전체적으로 손바느질로 만들었다.

1900년대 초반

No.158 길이 52.5㎝ 화장 15㎝ 품 47㎝ 진동 20.5㎝

까치두루마기

Child's coat with multicolor striped sleeves

윤백영이 손자의 돌 때 입히기 위하여 손수 지은 어린이용 두루마기이다. 까치두루마기는 까치설날에 입는 색동 두루마기를 뜻하는데 양반가의 자녀들은 평소에도 외출복으로 입었다. 어른의 두루마기와 형태는 같고 소매를 오방색 등의 다채한 옷감을 이용하여 색동으로 만든 것이 특징이다. 유물은 무늬있는 사[紋紗]직물로 만든 홑옷으로, 색동이 달린 소매에만 안감을 대어 주었다. 몸판은 안감도 없고 시접도 푸서가 드러나 있는 상태이다. 섶, 도련 등은 넓게 접은 선단으로 마무리하였다. 색상은 몸판은 옅은 연두색, 깃과 고름은 남색, 겉섶은 옅은 황색, 앞섶은 홍색, 옆선에 달린 무는 자적색을 사용하였다. 소매는 색동이다. 깃은 남색 둥그래깃을 달았고 고름은 남색으로 긴고름과 짧은 고름으로 구성되어 있다.

1947년

No.967 | 길이 47cm 화장 31cm 품 26cm 진동 12.2cm

유아용 저고리

Child's jacket

윤백영의 장남 유승목이 어릴 때 입었던 겹저고리이다. 겉감은 풀 먹여 다듬이한 명주이고 안감은 면포(綿布)를 사용하였다. 깃은 둥그래깃이고 고름은 긴고름과 짧은 고름으로 구성되어 있다. 뒷길 중심 시접을 5.5cm로 넓게 남겨 두어, 아이가 자라서 옷 품이 작아졌을 때 늘려서 입을 수 있도록 배려하였다.

1915년
No.3140 길이 28cm 화장 34cm 품 31cm 진동 13.5cm

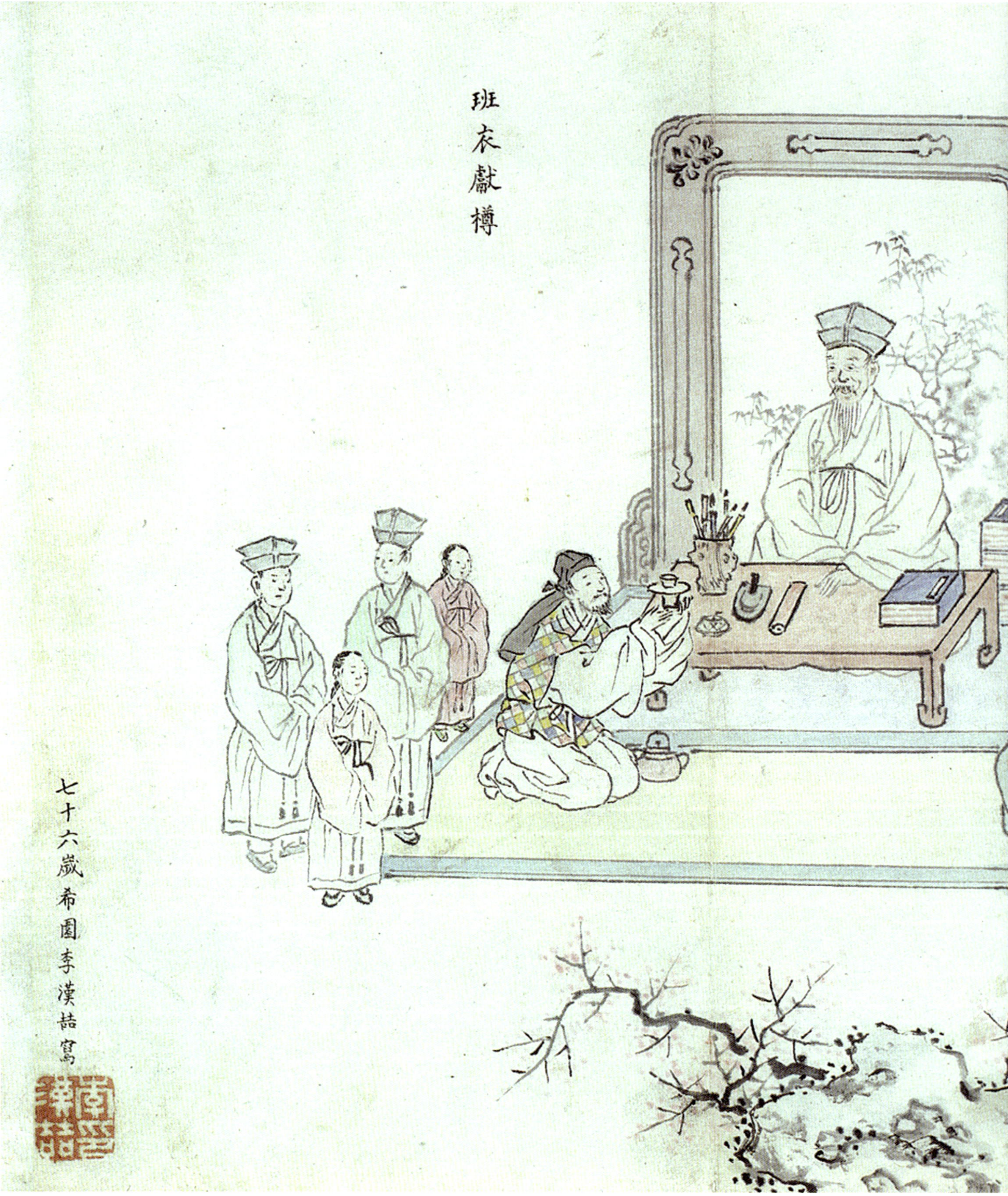
班衣獻樽
七十六歲希園李漢喆寫

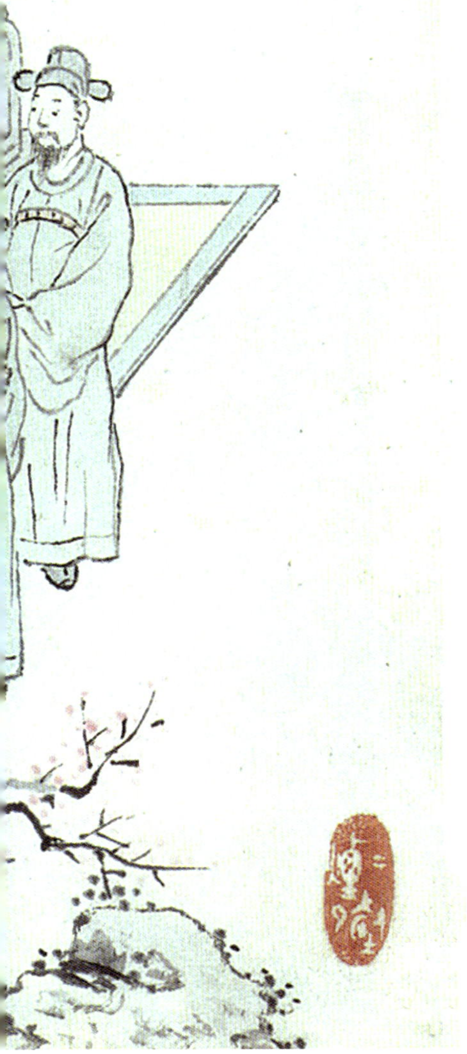

윤백영이 손수 지어 아들이 환갑 때 입은 노래자老萊子 풍습의 옷들

Costume relics made by Yun Baekyeong, which were worn by her own son on his 60th birthday

"노래자老萊子" 풍습은 중국 초(楚)나라의 현인(賢人) 노래자(老萊子)가 70세의 나이에도 부모 앞에서 색동옷을 입고 어린애 같은 장난을 하여서 부모가 즐겁고 건강하게 지내시도록 하였던 것에서 유래한 풍습이다. 영조 41년(1765) 10월 영조의 망팔(望八)을 기념한 헌수연(獻受宴)에서 왕세손(후의 정조)이 영조 앞에서 잠화(簪花)를 꽂은 것에 대해 영조가 노래자가 색동옷을 입은 뜻[老萊斑衣之意也]이라 하면서 왕세손의 정성과 효성을 칭찬하였다.

후대에는 자식의 환갑에 연로한 부모가 생존해 있을 경우 어린아이처럼 꾸며 부모 앞에서 재롱을 부리는 풍습으로 이어 왔다.

유물은 1968년 윤백영의 장남 유승목(兪承穆)이 회갑을 맞이하였을 때에 81세인 윤백영이 아들을 입히기 위하여 손수 지은 복식 일습[색등거리, 굴레, 허리띠, 버선]과 윤백영이 쓴 노래자 풍습에 관한 글로 구성되어 있다. 잔치에 일회성으로 사용하기 위한 것이어서 옷은 남아 있던 자투리 옷감이나 화학 섬유류를 이용하였으며 재봉틀을 사용하여 거칠게 바느질된 상태이다.

"Noraeja" If his parents are still alive, the son pretends that he is a young child and acts endearingly in front of his parents. In this way, the son shows respect to his parents by sending message that he will always obey his parents as a child

「반의헌준(斑衣獻樽)」

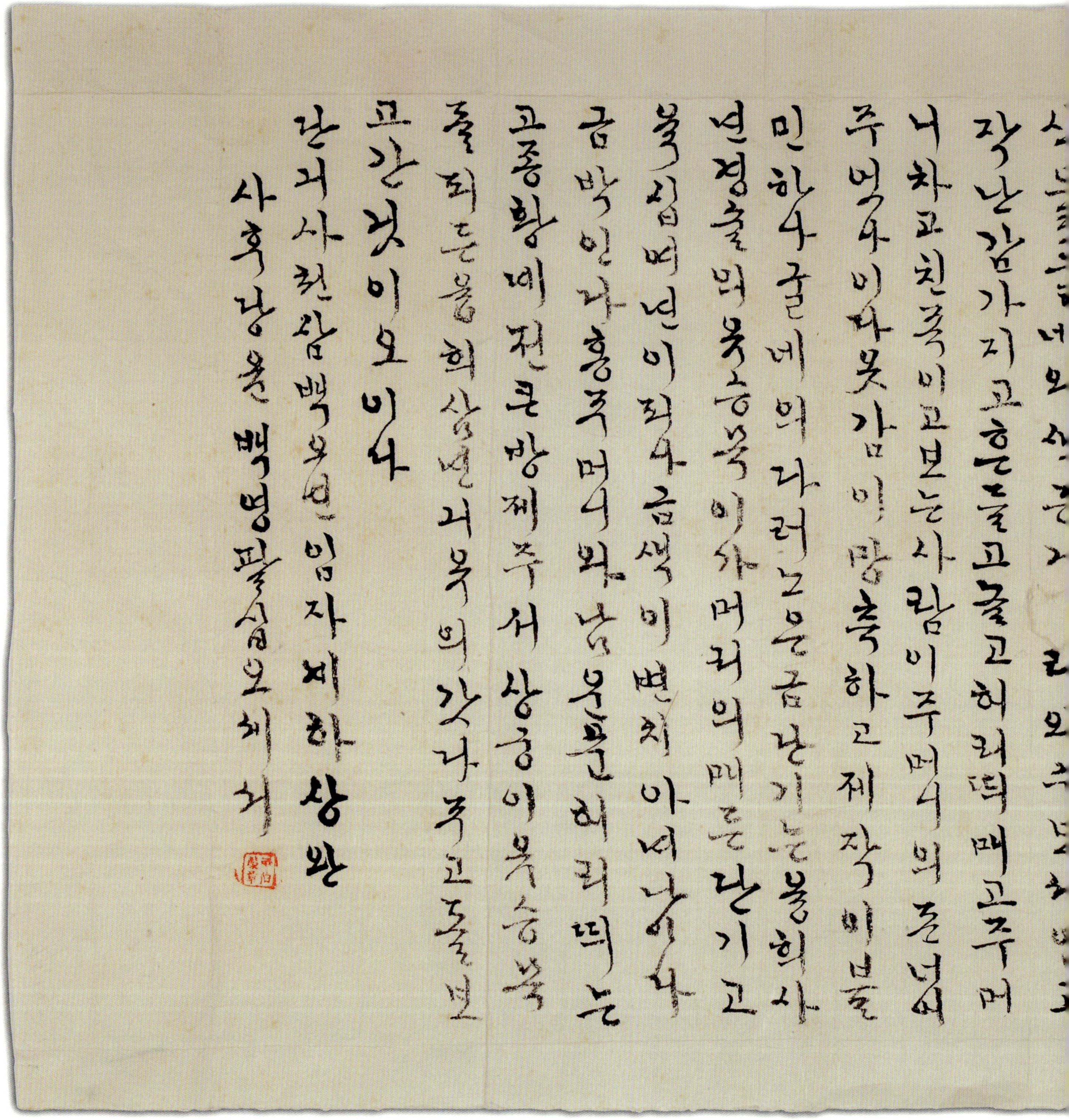
작난감가지고훈골고허리띄매고주머
니차고친족이고보는사람이주머니의돈넣어
주어주미다못감이망측하고제작이불
민하구굴네의다러노은금난기는뵈희사
년정출며옷농옥이사머리의때문단기고
옷십며년이되나금색이변치아니하나
금박인다홍주머니와남운문허리띄는
고종황뎨젼큰방제주서상궁이옷승북
쥴뢰든몽희상년고옷의갓다주고쥴보
고간것이오미나
단긔사천삼백오년임자계하상완
사후당윤백영팔십오세서

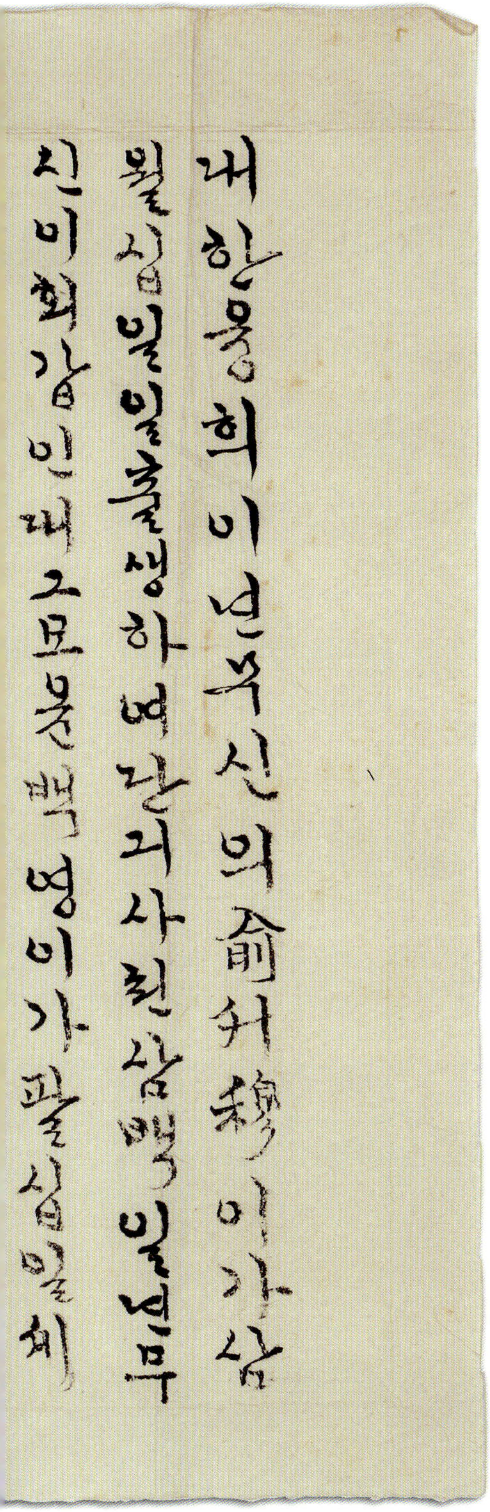
대한융희이년무신의 兪升穆이가삼
월십일일출생하여단기사천삼백일년무
신이회갑인대그모윤백영이가팔십일세

노래자를 해설한 글老萊子解書

"Noraeja"

윤백영이 유승목의 회갑년에 행한 노래자(老萊子)의 채무반희(彩舞斑戲 색동옷을 입고 어린아이처럼 춤추고 노는 것)에 대해 서술한 글이다. 이 때 사용한 복식이 열거되어 있는데 이 가운데 주머니를 제외한 색등거리, 굴레, 주머니, 허리띠, 버선이 유물로 남아 있다.

대한(大韓) 융희(隆熙) 이년 무신(戊申, 1908년)에 유승목(俞升穆)이가 삼월 십일일 출생하여 단기(檀紀) 사천삼백일년(4301년/1968년) 무신이 회갑(回甲)인데, 그의 어머니[母] 윤백영이 팔십일세로 생존한고로 노래자(老萊子)의 채무반희(彩舞斑戲)하는 형식으로 굴레와 색등거리와 수(繡) 버선 입고 장난감 가지고 흔들고 놀고 허리띠 매고 주머니 차고 친족과 보는 사람들이 주머니에 돈 넣어 주었나이다. 옷감이 망측하고 제작(製作)이 불민(不敏)하나 굴레의 달아 놓은 금댕기는 융희(隆熙) 사년 경술(庚戌, 1910년)에 유승목이가 머리에 매었던 댕기로 육십여 년이 되었으나 금색이 변치 아니하였다. 금박(金箔)을 한 다홍주머니와 남운문(藍雲紋) 허리띠는 고종황제(高宗皇帝) 전 큰방 제주(提調) 서(徐) 상궁(尙宮)이 유승목이 돌 되든 융희(隆熙) 삼년 기유년(己酉, 1909년)에 가져다 주고 돌보고 간 것이오이다

단기(檀紀) 사천삼백오년(4305년/1972년) 임자(壬子) 계하(季夏) 상원

사후당(師候堂) 윤백영 팔십오세 서(書)

1968년

No.7527 가로 37cm 세로 26.5cm

색등거리

Over-jacket with multicolor striped sleeves

유승목이 회갑에 어머니 앞에서 재롱을 부리기 위해 입었던 색동옷이다. 홑옷임에도 시접 끝이 푸서로 남아 있으며 색동 소매끝은 변사를 사용하여 마무리하였다. 연두색 몸판은 소매의 색동 색이 이염된 상태이다.

1968년

No.7528 | 길이 51cm 화장 67.5cm 품 53cm 진동 16cm

어른용 굴레

Decorative headdress

유승목이 머리에 착용하였던 관모(冠帽)이다. 본래 유아가 쓰는 것이지만 특별히 어른용으로 크게 만들었다. 전체를 기계자수와 서양식 자수 기법을 혼합하여 수(繡) 놓았다. 목다리 뒤 중심 끝에는 검은색 댕기가 부착되어 있는데 1910년[융희(隆熙) 4년]에 유승목이 만 두 살 때에 머리에 매었던 댕기를 다시 이용한 것이라 한다. 댕기는 순인으로 만들었으며 "강령康寧" "수복壽福" 글자를 금박하였다. 남은 자투리 옷감을 이용한 듯, 댕기 끝에 '北京…'의 옷감 제직처가 금실로 시문되어 있다.

1968년

No.7529 댕기길이 33cm 댕기너비 5.7cm
모자길이 35cm

허리띠 帶

Belt

유승목이 환갑에 사용한 것으로 바지를 입을 때 허리에 맨 띠이다. 운보문사(雲寶紋紗)로 만든 겹 허리띠로 중심을 이어붙여 만들었다. 고종황제(高宗皇帝) 전 큰방 제주(提調) 서상궁(徐尙宮)이 1909년 유승목의 돌에 가져다 준 것이라고 한다. 60년 후인 1938년에 이를 다시 사용한 것이다. 김용숙에 의하면, 서상궁은 윤백영 부친인 윤용구와 의남매를 맺은 사이라 한다.

1909년

No.7530 길이 158cm 너비 7.8cm

버선襪

Korean traditional socks

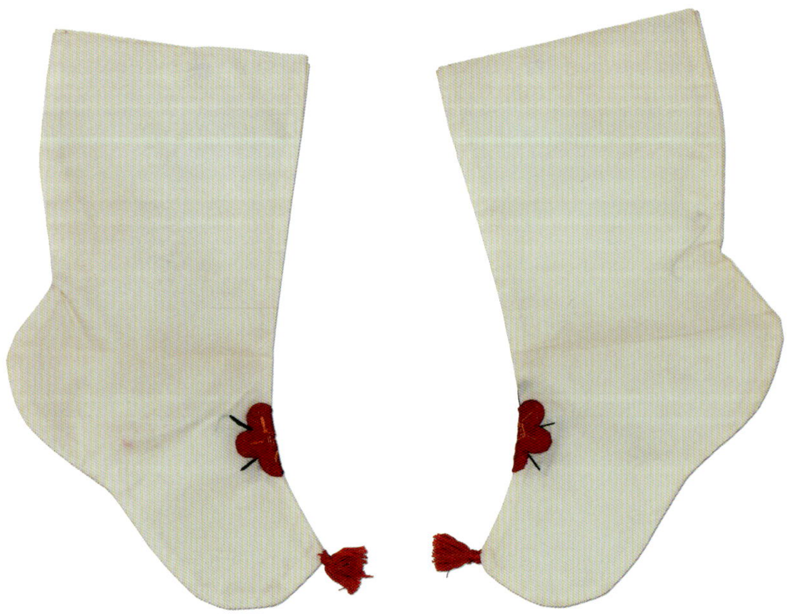

유승목이 환갑에 사용한 것으로, 나일론 옷감을 사용하여 만든 겹버선이다. 버선코에 붉은색 술을 달고 수눅에는 붉은색 옷감을 꽃모양 내어 붙여주었다.

1968년

No.7531 총길이 34.5cm 발길이 24cm

색등거리

Over-jacket with multicolor striped sleeves

윤백영이 40대에 모친의 회갑을 맞이하여 색동저고리에 굴레를 쓰고 어머님 무릎에 안겨 잠시 어린이로 돌아가는 '노래자'의식에 입었던 옷이다.
저고리 위에 덧입은 색동 마고자이다. 겉감은 쌍용문주(雙龍紋紬:영초단)를 사용하고 안감은 풀 먹여 다듬질한 모시를 사용하였다. 소매의 색동은 다채한 색상의 자투리 옷감을 이어 만들었다. 뒷품 겨드랑이 윗쪽에 4cm 너비의 금박 띠가 바느질되어 있다. 어른용 굴레[No.157]와 한 조로 추정된다.

1930년대
No.529 길이 51cm 화장 67.5cm 품 53cm 진동 16cm

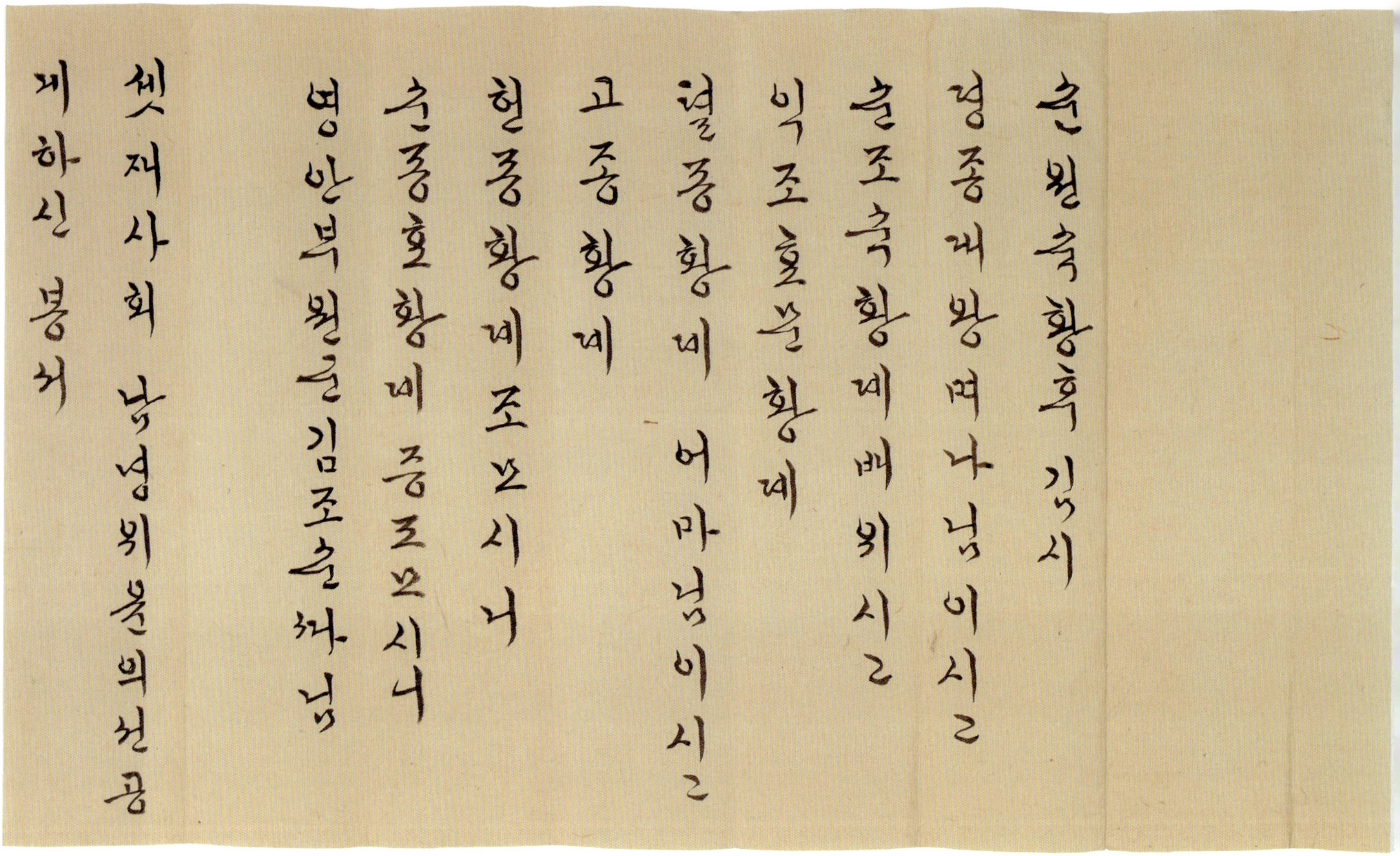

슌원슉황후 김씨
졍종대왕며나님이시고
슌조슉황뎨배위시고
익조효문황뎨
텰종황뎨 어마님이시고
고종황뎨
헌종황뎨조모시니
슌종효황뎨 증조모시니
영안부원군김조슌따님
셋재사회 남녕위윤의션공
께하신 봉서

윤백영해서尹伯榮解書

덕온공주의 생모 순원왕후의 왕실 내 위치를 해설한 윤백영의 친필 글이다.
순원왕후께서 셋째 사위 윤의선에게 보낸 여러 종의 봉서에 대해 보존의 필요성을 느낀 윤백영이 후손들을 위하여 기록하여둔 것으로 여겨진다.

순원숙황후(純元肅皇后) 김씨(金氏, 1789~1857) 정종대왕(正宗大王 = 正祖, 1752~1800) 며느님이시고
순조숙황제(純祖肅皇帝, 1790~1834) 배위(配位)시고 익조효문황제(翼祖孝文皇帝, = 翼宗, 1809~1830)
철종황제(哲宗皇帝, 1831~1863) 어머님이시고 고종황제(高宗皇帝, 1852~1919) 헌종황제(憲宗皇帝, 1827~1849) 조모(祖母)시니 순종효황제(純宗孝皇帝, 1874~1926) 증조모(曾祖母)시니
영안부원군(永安府院君) 김조순(金祖淳, 1765~1832) 의 따님
셋째 사위 남녕위(南寧尉) 윤의선(尹宜善, ?~1887) 공(公)게 하신 봉서(封書)

1964년
No.8182 봉투 가로 5.3㎝ 세로 23㎝
해서 가로 42.5㎝ 세로 22.8㎝

한지漢紙

윤백영의 친필이다. "뎌동궁(苧洞宮)" "뎌동(苧洞) 샤랑"이 쓰여 있다.

1964년
No.8183 No.8184 가로 17.5㎝ 세로 23.5㎝

용자창用字窓

윤백영의 시조부 유성환이 예조참판 재직 시 가마에 사용하였던 것으로 추정되는 창[窓] 2개이다. 대한제국 시기의 유리가 그대로 보존되어 있다.

1900년대 초반
No.3066 길이 26.5㎝ 세로 20.5㎝

궁듕 녜법 풍속과 전하는 말삼

윤백영 여사가 붓으로 쓴 한글 필사본(筆寫本)이다. 책 말미에 "단긔 사천삼백년 뎡미 계춘 사후당 윤백영 팔십세 서"라는 필사기(筆寫記)가 있어 1967년(단기 4300년) 윤백영 여사가 80세 때 필사한 것임을 알 수 있다. 표제(表題)가 '궁듕 녜법 풍속과 전하는 말삼'으로 된 데서 보듯이 주된 내용은 구한말(舊韓末) 시기의 궁중 예법과 풍속에 대한 것이다. 이 책은 오랜 지인인 석주선 박사와 궁중의 역사를 기록으로 남겨야 한다는 뜻을 같이 하여 시작된 것이라 한다. 1966년 2월 1일 대한일보에 이와 관련된 기사가 실렸다. 필사본 원본은 석주선 박사에게 전해져 현재 단국대학교 퇴계기념도서관에 소장되어 있다.

1967년 단국대학교 퇴계기념도서관 소장
선장(線裝) 1책 76장(張) 가로 세로31㎝

(5) 1968년2월1일 (목요일)

宮中禮法과 用語集을낸

「척할머니」 尹伯榮여사

비상한 記憶으로

韓紙76장에 自筆

대한일보

1966년 2월 1일자 대한일보

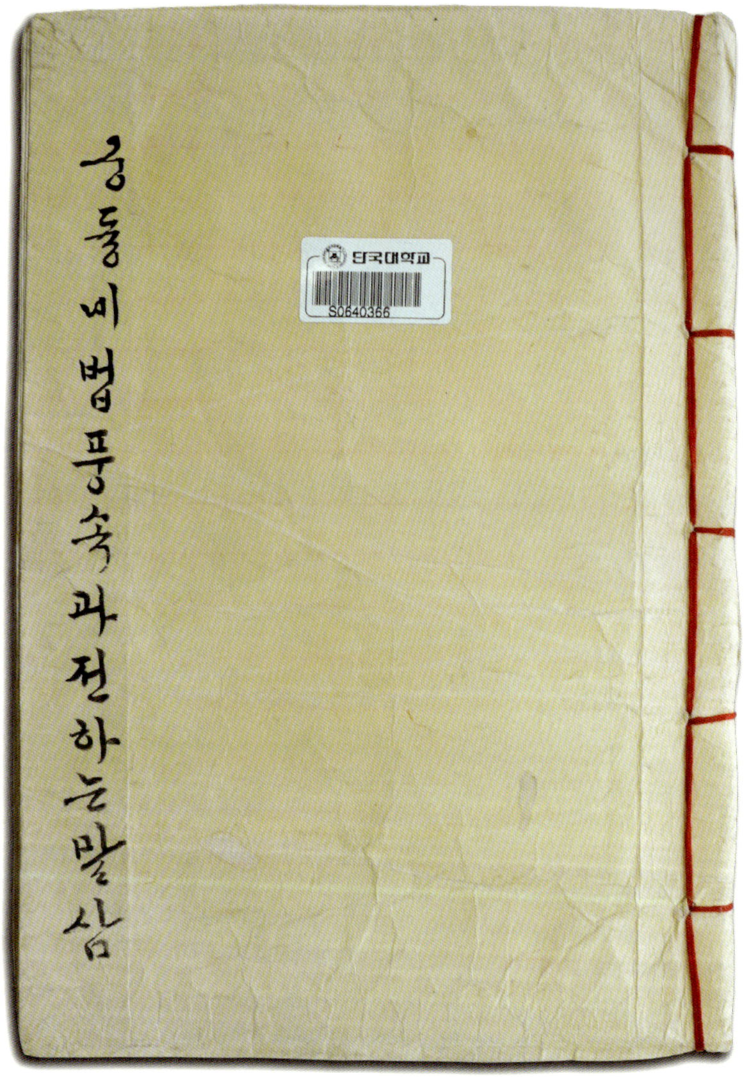

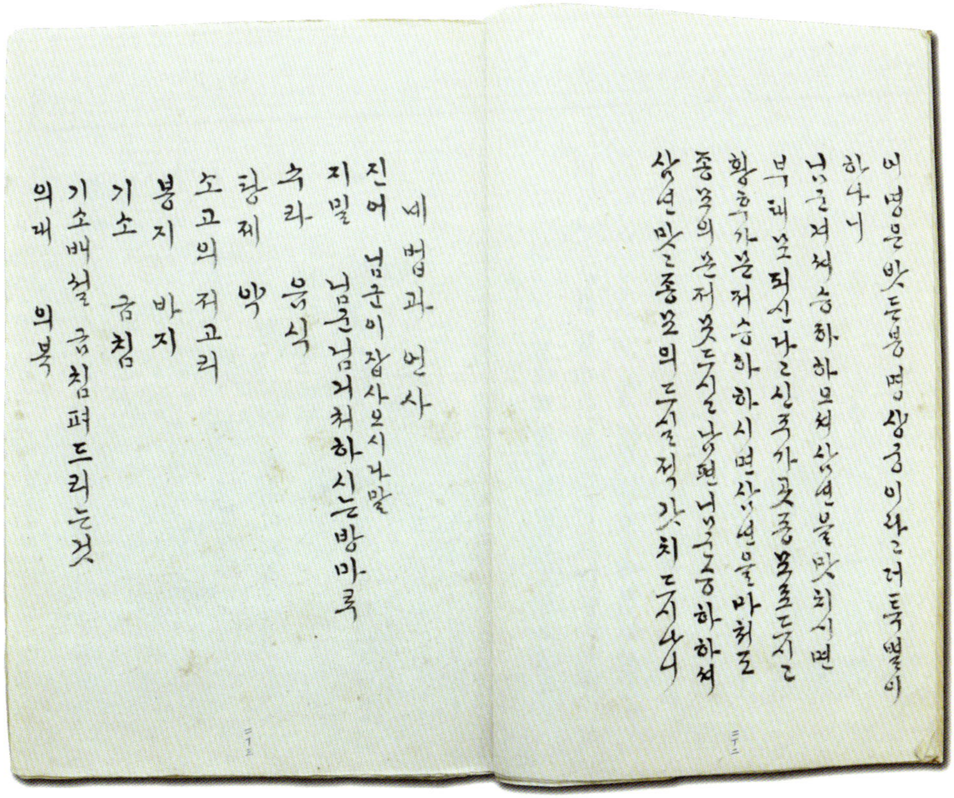
이병은밧드봉명상궁이라는더특별이
하나니
나인으로셔승하하오셔상선을맛되시면
부태으로되신나르신즉가곳종묘조드시고
황후가끔저승하하시면상선을마쳐도
종묘의문저못드실낭편님승하하셔
상선만은종묘의드실적갓치드시나니

네 법과 언사
진어 님군이 잡사오시나말
지밀 님군님거쳐하시는방마루
수라 음식
탕제 약
소고의 저고리
봉지 바지
기소 금침
기소배설 금침펴드리는것
의대 의복

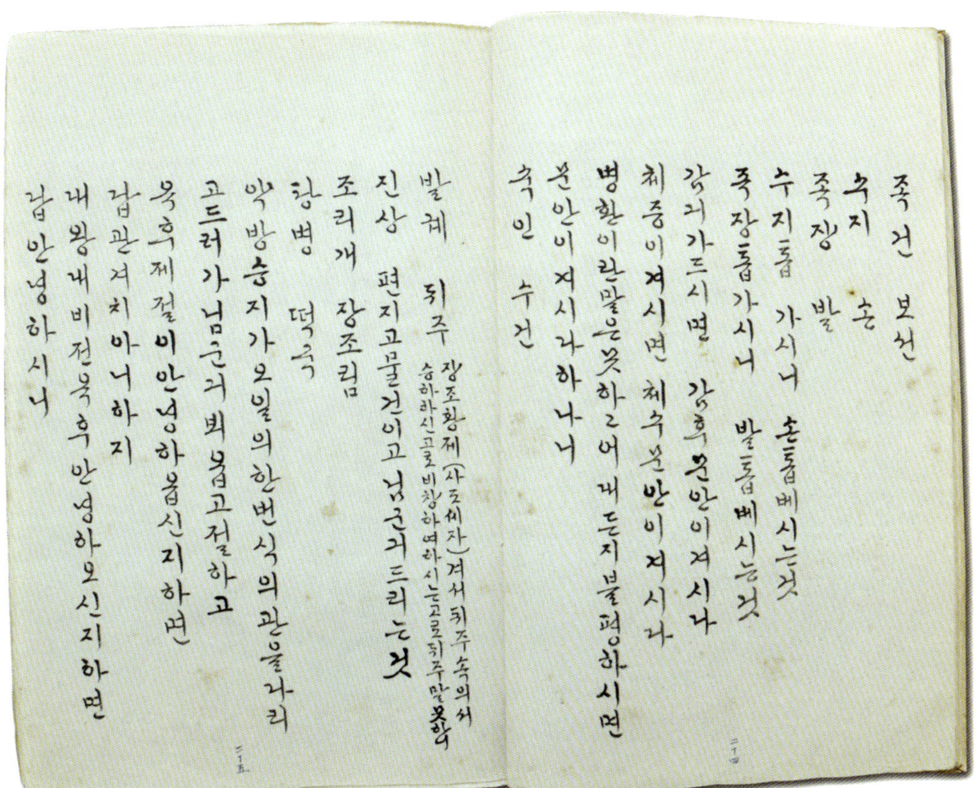
족건 보선
수지 손
족장 발
수지돕 가시니 손돕베시는것
족장돕가시니 발돕베시는것
감기가드시면 감후 존안이져시나
체증이져시면 체수존안이져시나
병환이란말은못하고어대든지불평하시면
존안이져시라하나니
수인 수건

발궤 뒤주 장조황제(사도세자)겨서뒤주속의서 승하하신고로비창하여하시는고로뒤주말못하여
진상 편지고물건이고님군게드리는것
조리개 장조림
탕병 떡국
약방승지가오일의한번식의관을나리
고드러가님군게뵈옵고절하고
옥후제절이안녕하옵신지하면
갑관져치아니하지
내왕내비전옥후안녕하오신지하면
갑안녕하시나

石宙善紀念博物館

왕실의 유물

덕온공주 부군 남녕위 윤의선의 집안은 대대로 왕실과 친족관계를 유지한 가문이다. 양아들 윤용구는 조선 제26대 왕 고종(高宗)에서 제27대 순종(純宗)에 이르기까지 중요한 벼슬을 두루 거치며 신임을 받았으며 순종의 두 번째 비(妃) 순정황후 윤씨의 부친인 윤택영의 7촌 당숙이다. 그의 딸이자 덕온공주의 손녀 윤백영은 윤황후의 고모뻘로서 윤황후께서 세상을 떠날 때까지 돈독하게 지냈다고 한다. 이처럼 덕온공주와의 혼인으로 더욱 가까워진 해평 윤씨 집안과 조선왕실의 인연이 해방 이후까지 지속되어 덕온공주와 관련된 유물 역시 더욱 다양해지고 풍성해질 수 있었다.

윤의선 후손 집안에 전해져 오는 왕실 관련 유물들은 총 44점이다. 의복, 화장도구, 옷감조각, 순원왕후(덕온공주의 생모)가 대왕대비 때에 부마 윤의선에게 보낸 편지글 등이 있다. 특히 학식과 서예가 뛰어났던 윤용구와 윤백영은 일부 중요한 유물에 유입된 유래를 붓글씨로 기록하여 유물의 가치를 더욱 높여주고 있다.

석주선기념박물관 소장의 덕온공주 집안 유물 중 유물카드에 '왕실용'으로 기재된 유물을 선별하였다.

Historical objects from the Royal family

The 42 objects were bestowed to Madame Yun Baekyeong's family by the Royal family. These include cosmetic kits, garments, fabrics, letters from Queen Soonwon(Birth mother of Princess Deokon) to Princess' husband Yun Uiseon. Madame Yun Baekyeong left her writings to record the stories of the historically important objects.

04

조지미 다리
Hairpiece

조지미와 첩지머리로 구성되어 있는 의례용의 쪽머리형 가체(加髢)이다. 조지미는 '조짐머리, 조진머리'라고도 하는 쪽머리의 일종이다. 정조 12년(1788) 가체금지령이 내려지면서 부인네 얹은머리 대신 쪽머리를 장려하게 되었다. 유물은 여러 가닥의 다리로 땋아 쪽을 찌고 첩지머리와 연결시킨 형태로, 가발처럼 되어 있어 사용 후 벗었다가 필요시 다시 쓸 수 있게 편리하게 구성되어 있다. 머리 둘레 약 65㎝인 첩지머리는 5cm의 銀개구리첩지가 장식되어 있으며, 쪽머리는 백동민잠(白銅珉簪)과 29㎝ 길이의 흑각잠(黑角簪)으로 형태가 고정되어 있다. 평상시에 하는 쪽머리 위에 얹어 사용하여 쪽머리보다는 큰 형태임을 알 수 있으며 성장(盛粧)을 할 때 사용한 것으로 여겨지며, 사용시 흑각잠을 빼고 정식 비녀로 대체하게 된다. 김용숙은 '조짐머리'는 다리를 넣어 땋아 가지고 뒤에 소라껍질 같이 붙이는 머리라고 설명하였다.

1900년대 초반

No.310 조짐머리 길이 17㎝ 너비 12㎝
No.2391 첩지머리다리

No.311

No.312

No.312

새앙 다리

Hairpiece

머리가 짧은 미혼녀가 새앙머리에 사용한 새앙다리이다. 새앙머리는 사양계 혹은 생머리라고도 하는 반가의 미혼녀나 궁중의 나인들의 머리 모양이다. 자신의 긴 머리를 두 줄로 땋아 책갑처럼 말아 올려 댕기로 중앙을 묶어 새앙머리가 완성된다. 머리가 짧은 경우 새앙다리를 사용하여 풍성한 새앙머리를 완성하기도 하였다. 유물은 새앙머리용 다리 2꼭지를 책갑처럼 말아 올려 접은 후 합쳐서 댕기로 중간을 묶어 고정하였다. 다리는 땋아서 사용하였는데 시작 부분을 홍색과 검은색 비단으로 지름 3.3cm 길이 4.2cm 크기로 고정시킨 후 땋아 내려갔다. 2개의 다리를 각각 땋아 준 후 1개의 매개댕기로 마감하여 다리 양끝이 끝이 매개댕기로 연결되도록 한 후 이를 책갑처럼 접어 올려 또 다른 매개댕기로 묶어주었다. 착장할 때는 자신의 머리와 함께 두 덩이가 지도록 중간을 두 가닥 댕기 등의 넓은 댕기로 다시 묶어 뒤통수에 고정시킨다.

정미년(1847년) 가례에서 익종의 후궁 경빈김씨가 입궐한 후 헌종과 함께 야참상(夜餕床)을 받을 때 경빈김씨는 새앙머리를 하고 견마기에 대란치마를 입은 차림이었다. 석주선 박사에 따르면, 양반가 규수들이 정초(正初)나 동지(冬至) 문안에 입궐할 때 새앙머리에 석웅황을 매거나 떨잠을 꽂았다고 한다.

1800년대 중반

No.311　길이 15.8cm 너비 6.7cm 둘레 16.5cm

No.312　길이 16.2cm 너비 8.5cm

네가닥댕기唐只

Hair ribbon

댕기는 머리 뒤에 드리는 장식용 끈으로 용도에 따라 다양한 모양의 댕기가 전해진다. 유물은 붉은 자주색의 무늬 있는 갑사를 겹으로 하여 만든 것이다. 분리된 2개의 댕기로 구성되어 길이 반 접어 4가닥의 되도록 하였다. 길이 반 접은 지점에서 아래로 21㎝ 내려온 부분에 묶어 사용한 흔적이 뚜렷이 남아 있다. 상부를 적당하게 남겨두고 새앙머리 위에 매어 준후 윗 부분을 아래로 내리면 댕기가 층이 생긴다. 윤백영에 의하면 지밀 내인의 생머리에 자적 네가닥댕기를 매었다고 한다.

1900년대 초반
No.2396 길이 168㎝ 너비 8.5㎝

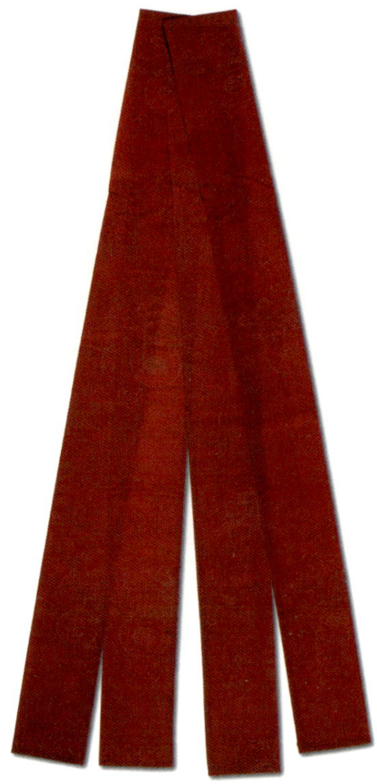

두가닥댕기唐只

Hair ribbon

붉은 자주색 무늬 있는 갑사를 사용하여 만든 겹댕기로 길이 반 접어 두 가닥이 되도록하였다. 길이 반 접은 지점에 끈이 부착되었던 흔적이 남아 있다. 윤백영에 의하면 두가닥댕기는 도청(침방, 수방 등) 내인이 새앙머리를 매어준 후 계급을 표시하는 댕기로 맺었다고 한다.

1900년대 초반
No.2370 길이 174.5㎝ 너비 9.5㎝

소자掃子

빗을 청소할 때 쓰던 솔이다. 유물은 조선 22대 임금 정조(正祖)의 따님인 숙선옹주(淑善翁主:1793~ 1836)가 사용한 것이라 한다. 상아를 조롱박형으로 만들고 날개 펼친 나비 1마리와 날개 접은 나비 1마리를 실선으로 정교하게 조각하였다. 아래에 동물털로 만든 솔이 부착되어 있다.

1800년대 후반

No.2386 길이 6cm 지름 1.7cm

팥잎댕기唐只

자주색 화학섬유 갑사로 만든 홑댕기이다. 길이 반 지점에 너비 2.7cm 길이 22cm의 끈이 달려 있다. 윤백영에 따르면, 팥잎 댕기는 지체 낮은 무수리와 지체 낮은 처자가 쪽진머리에 매었다고 한다.

1900년대 초반

No.335 길이 168.5cm 너비 10.5cm

솜저고리

Jeogori, an upper garment of the deceased Empress Yun, which is one of her keepsakes, handed over to her relatives when she passed away

1950년대에 윤황후가 평상시에 입었던 솜저고리이다. 1966년 음력 1월 13일 윤황후께서 승하(昇遐)하시고 1968년 2월 11일 대상(大喪)을 치른 후 친척에게 반사(頒賜: 웃전에서 물건을 나누어주는 일)한 것이다. 겉감은 회색 모본단, 안감은 명주를 사용하고 사이에 솜을 두었다. 깃은 둥그래깃 형이며 겉섶을 중심선에 들여 달았다. 완성 후 도련을 드문 상침으로 둘러주었다. 고름은 너비 5.5cm로 넓은 편이며, 좌우 길이가 달라서 고름을 매었을 때 양끝이 같은 길이가 된다.

1900년대 중반

No.1436 | 앞길이 38cm 뒷길이 36.5cm 화장 62cm
품 48cm 진동21cm

속치마

윤황후가 입었던 홑치마로 화학섬유로 된 것이다.1968년 2월 11일에 윤황후의 대상(大喪)을 치르고 나서 친척에게 반사(頒賜)한 물건 중 하나이다. 100cm 너비 옷감 2폭으로 치마 폭을 잇고 느슨하게 허리 주름을 잡았다. 도련 시접은 1cm 너비로 두 번 접어 정리하였으며 전체가 재봉틀로 바느질되어 있다.

1900년대 중반
No.1437 길이 100cm 치마너비 200cm
허리둘레 80.9cm 말기너비 7.5cm

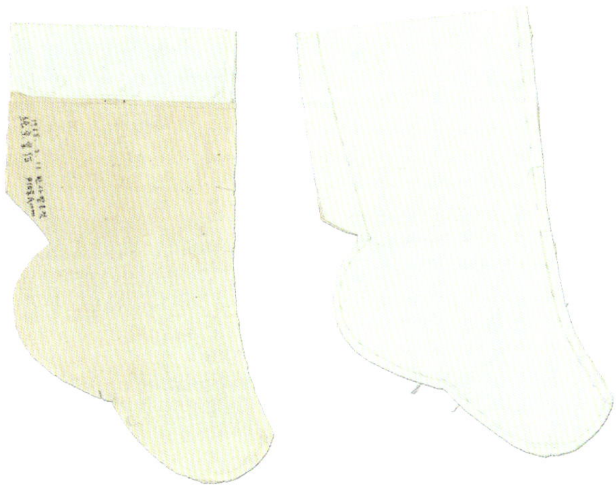

버선襪
Korean traditional socks

1968년 2월 11일에 윤황후의 대상(大喪)을 치르고 나서 친척에게 반사(頒賜)한 물건 중 하나이다.

1900년대 중반
No.1435 총길이 36cm 발길이 23cm 버선목 16cm

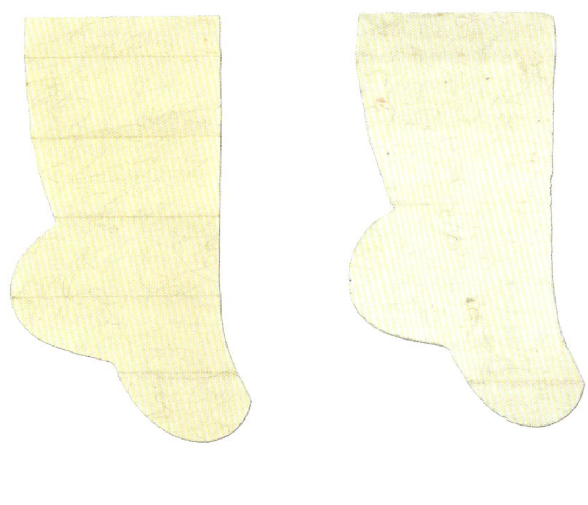

버선본
Pattern for *Beoseon*(traditional Korean socks)

1800년대 초반
No.2865 No.2986 총길이 27~29cm 발길이 18~19cm
버선목 12~13.5cm

항아 당의

Soft shelled Turtle-shaped Pendant

덕온공주가 혼인하던 날에 항아(姮娥: 궁중의 나인)가 입었던 예복이다. 안깃의 안쪽에 "뎡유 밍 츄 길례시 뎌동궁 고간이류구"라는 글이 길이 24.5㎝ 너비 1㎝의 크기로 묵서되어 있다. 이를 통해서 1837년 덕온공주의 가례 때 사용된 것임이 확인된다. 유물은 겉감은 검은 빛에 가까운 아청색이고, 안감은 붉은 색 명주로된 겹 당의이다. 깃 모양은 끝이 각이진 당코깃형이며, 깃에 달린 좁은 동정은 종이심을 넣은 명주를 사용하였다. 깃 끝에는 좁은 동정이 달렸다. 소매는 진동에서 줄어드는 일자형이며 소매 끝에 한지로 된 거들지를 달았다. 진동 아래로 옆선은 트여 있으며 버선코 모양의 곡선을 보이고 있다. 『한중록閑中錄』에 글월 비자가 흑단장을 하였다는 기록이 있으며, 조선 말기 기록인 궁중발기 중에도 비자(婢子)가 아청색의 당저고리와 치마를 입었다는 기록이 있다.

1837년, 중요민속문화재 제213호

Important Folklore Material No.213

No.1393 길이 75㎝ 화장 67㎝ 뒤품 46㎝ 진동 26㎝

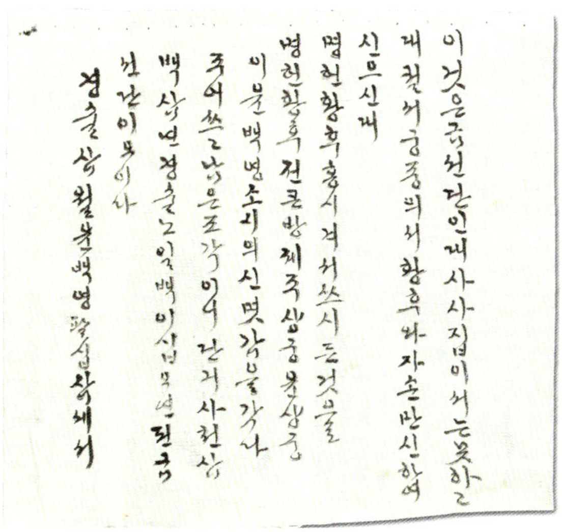

이것은금선단인데사사집이서는못할
대궐서궁중의서황후와자손만신하여
신으신대
명헌황후홍시겨서쓰시든것을
명헌황후전큰방제주상궁윤상궁
이윤백영소시의신몇감을갖다
주어쓰고남은조각이니단기사천삼
백삼년경술일백이십오년된금
선단이오이다
경술삼월윤백영팔십삼세서

녹금선단綠金線緞 자투리

A piece of fabric weaved with gold threads

비단에 무늬를 금실[金絲] 또는 은실[銀絲] 을 넣어 짠 옷감을 통칭하여 금선단 또는 직금단이라 한다. 조선 24대 임금 헌종(憲宗)의 계비 명헌황후(明憲皇后, 1831~1903) 홍씨(洪氏)께서 쓰고 남은 금선단 옷감을 궁에서 얻어, 윤백영이 신을 만들고 남은 자투리 옷감이다. 녹색 비단에 전체를 연화만초(蓮花蔓草) 무늬를 은실[銀絲]을 넣어 짠 금선단 옷감이다. 이러한 사실을 1970년 윤백영이 기록하여 둔 한지 글이 함께 전해진다.

> 이것은 금선단(金線緞)인데 사사집에서는 못하고 대궐서 궁중에서 황후와 자손만 신 하여(신을 만들어) 신으신 것이다. 명헌황후 홍씨洪氏께서 쓰시던 것으로 명헌황후 전 큰방 제주상궁(提調尙宮) 윤상궁이 윤백영이 소시(少時)의 신 몇 감을 갖다 주어. 쓰고 남은 조각이니 단기(檀紀) 사천삼백삼년(1970년) 경술(庚戌) 일백이십오 년(1845년) 된 금선단이오이다 경술 삼월 윤백영 팔십삼세 서

1845년

No.2991 길이 47㎝ 너비 13㎝

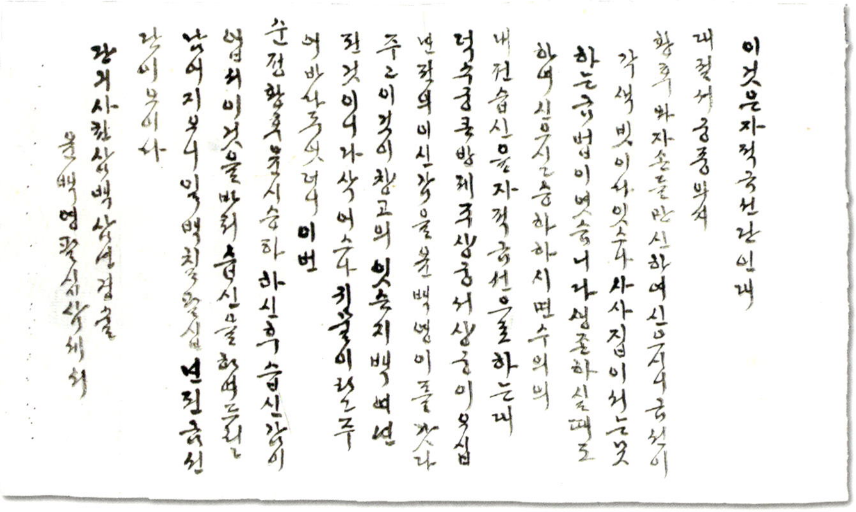

자적금선단紫的金線緞 자투리

A piece of fabric weaved with gold threads

왕실에서 신감으로 쓰고 남은 금선단 옷감을 궁에서 얻어, 윤백영이 간직하고 있다가 1966년 윤황후가 승하하였을 때 습신으로 만들어 드리고 남은 자투리 옷감이다. 자적색 비단에 도류무늬[桃榴]를 금실[金絲]을 넣어 짠 금선단 옷감이다. 이러한 사실을 1970년 윤백영이 기록하여 둔 한지 글이 함께 전해진다.

이것은 자적(紫的) 금선단(金線緞)인데 대궐서 궁중에서 황후와 자손들만 신 하여 신으시나 금선(金線)이 각색 빛이 다 있으나 사사(私事) 집에서는 못하는 금법(禁法)이었습니다. 생존하실 때도 하여 신으시고 승하(昇遐)하시면 수의(壽衣)로 대전(大殿) 습신(襲신)을 자적(紫的) 금선(金線)으로 하는데 덕수궁(德壽宮) 큰방 제주상궁(提調尙宮)께서 오십 년 전의 이 신 감을 윤백영에게 갓다 주었고, 이것이 창고에 있은 지 백여 년 된 것이니 다 삭았으나 귀물(貴物)이라고 주어 받아 두었더니 이번 순정황후(純貞皇后) 윤씨(尹氏, 1894~1966)께서 승하하신 후 습신 감이 없어 이것을 바쳐 습신을 하여 드리고 남은 나머지이다. 일백 칠팔십 년(1790~1800년) 된 금선단이오이다 단기(檀紀) 사천삼백삼년(1970년) 경술(庚戌) 윤백영 팔십삼세 서

1800년

No.2992 길이 16cm 너비 16cm

녹금선단綠金線緞 자투리

A piece of fabric weaved with gold threads

명헌왕후께서 사용하고 남은 옷감이다. 연화만초무늬 금선단과 함께 유입된 것이다. 유물은 연두색 2경 꼬임 익조직 바탕에 박쥐와 반장 등의 길상무늬를 편금사(片金絲) 은실[銀絲]을 넣어 제직한 직금(織金) 사(紗)직물이다.

1840년
No.2990 길이 57㎝ 너비 20㎝

도련명주擣鍊明紬

고운 명주를 풀 먹여 곱게 다듬이한 도련주(擣鍊紬)이다.

1800년대 초반
No.2809 | 길이 288cm 너비 39cm

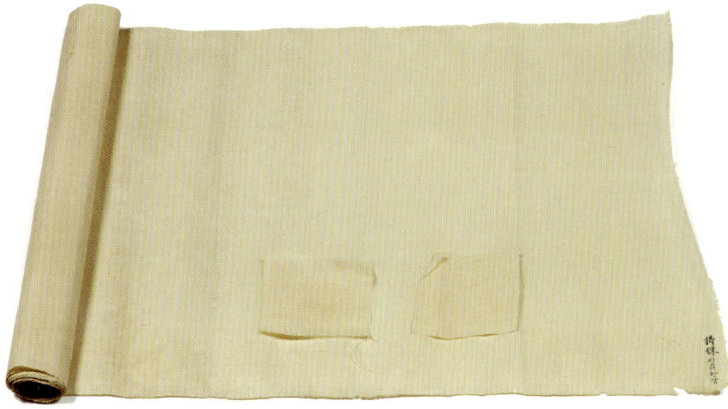

백곡생초白曲生綃

경사는 꼰사를 사용하고 위사는 꼰사 2올과 푼사 2올을 교대로 사용하여 제직한 평견 직물이다.

1800년대 후반
No.2993 | 길이 252cm 너비 38cm

춘사春紗

경사는 견사(絹絲)를 사용하고 위사는 모시 2올과 견사(絹絲) 2올을 교대로 사용하여 제직한 평직 직물이다.

1800년대 초반
No.2994 | 길이 17cm 너비 33 cm

양태문갑사 陽太紋甲紗 자투리

남색 쌍용문 갑사 자투리이다. 2마리의 용이 마주보는 무늬를 양태문이라 하였다.

1800년대 후반
No.2998 길이 40cm 너비 20cm

관사官紗 자투리

마름무늬 사직물이다.

1800년대 후반
No.2997 길이 37cm 너비 4.5cm

을사乙羅 자투리

경사는 올이 가늘고, 위사는 가는 올 1줄과 굵은 올 2줄을 교대로 사용하여 제직한 평견 직물이다.

1800년대 후반
No.2996 길이 73cm 너비 6cm

족박솜

왕실에서 사용하고 남은 자투리 솜이다.

1800년대 초반
No.2810 지름 17cm

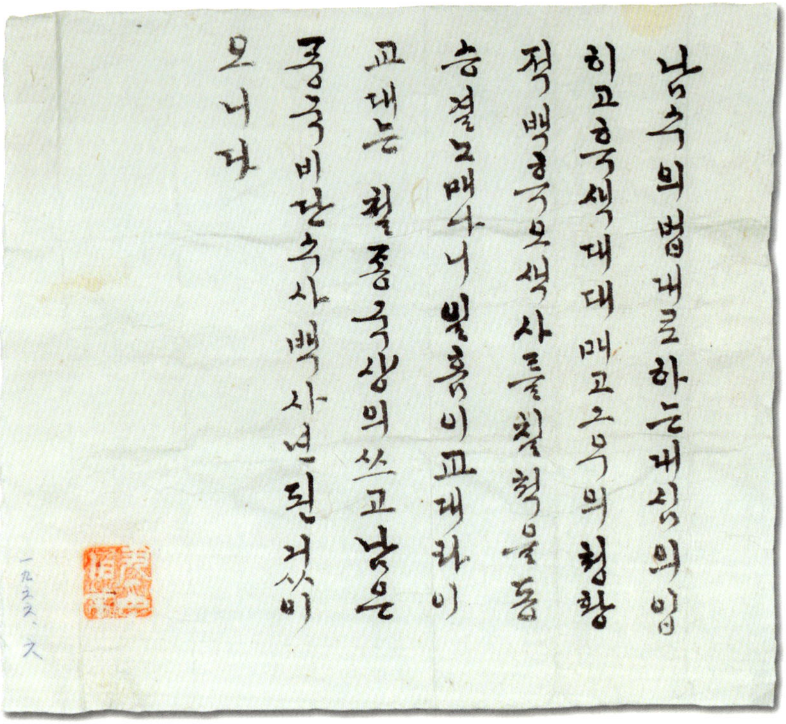

남수의법대로하는대심의입
히고흑색대대매고그우의청황
적백흑오색사를칠척을동
승결로매나니일홈이교대라이
교대는 철종국상의쓰고남은
중국비단수사백사년된거시
오니다

교대紋帶용 색사色絲

조선 25대 임금 철종(재위 1849~1863)이 승하하였을 때 사용하고 남은 비단 실이다. 이러한 사실을 1960년대에 윤백영이 기록하여 둔 한지 글이 함께 전해지는데 내용에서 조선 말기의 심의 일습이 확인된다.

> 남(男) 수의(壽衣) 법대로 하는데 심의(深衣) 입히고 흑색 대대(大帶) 매고 그 위에 청황적백흑옥색(靑黃赤白黑玉色) 사[絲]를 칠척(七尺)을 동승결[동심결]로 매나니 이름이 교대[絞帶]이다.
> 이 교대는 철종국상의 쓰고 남은 중국 비단 쉬[술] 사(絲) 백사년된 것이오니다.

1863년
No.1016 길이 360㎝

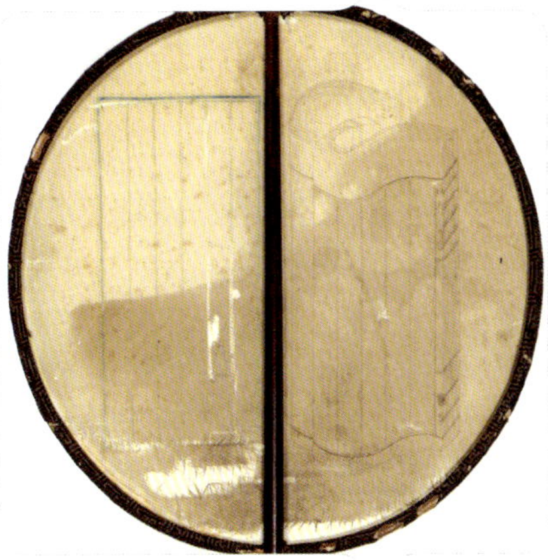

초충선草蟲扇

A fan, painted with insects and leaves

조선 22대 임금 정조(재위 1776~1800)의 비 효의왕후(孝懿王后 1753~1821)가 사용하였던 부채로 전하여진다.

부채판은 고운 명주에 화조무늬를 넣고 책이 그려진 한자로 배접하였다. 테두리는 대나무에 만자를 새겼으며 중심대는 참죽나무를 사용하였다. 손잡이 끝은 상아(象牙) 장식이 되어 있다.

1800년대 후반
No.786 길이 42㎝ 너비 28㎝

No.2745

No.2744

윷판과 윷말주머니

Playing board and game-stick pocket for traditional Korean game, Yut

정조(正祖) 임금과 후궁 화빈윤씨(和嬪尹氏 :17 65~1824)가 쓰시던 윷판과 윷말주머니이다. 기름 먹인 두터운 한지를 사각형으로 만들고 팔보무늬 등을 채색하였다. 화빈윤씨는 1780년(정조 4)에 두 번째 후궁으로 간택된 인물이다. 1963년에 윤백영이 기록하여 둔 한지 글과 함께 전해진다.

정종대왕(正宗大王)께오서 화빈윤씨(和嬪尹氏) 경수궁(慶壽宮)과 쓰시던 윷판이니 지금으로 백팔십이년(1772년) 되니 단기(檀紀) 사이구육년(1963년) 칠월 윤백영 칠십육세 서

1800년대 후반

No.2744 가로 세로 58㎝
No.2745 세로 21.5㎝ 가로14.5㎝

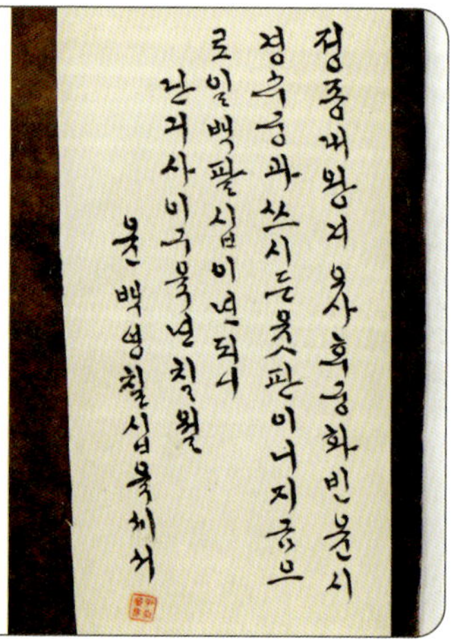

호족반虎足盤

고종이 윤백영 시가에 하사한 다과상이다. 은행나무로 만든 것으로 상 밑바닥에 '유셕ᄉᆞ덕명지동'의 명문이 새겨져 있다.

1800년대 후반
No.2924 높이 35.5cm 지름 53cm

면경面鏡
Hand mirror

휴대용 손거울이다. 정조 임금의 후궁 화빈윤씨(和嬪尹氏)의 큰방 사동 김상궁이 윤용구의 부인에게 보내온 왕실에서 사용하는 손거울이다. 회나무로 만들었으며 당시의 거울이 그대로 보존되어 있다.

1800년대 후반
No.292 길이 10.5cm 너비 7.5cm

면경面鏡
Hand mirror

먹감나무 몸판에 참중나무로 테두리를 한 왕실용 손거울이다.

1800년대 중반
No.262 길이 7.2cm 너비 5.5cm

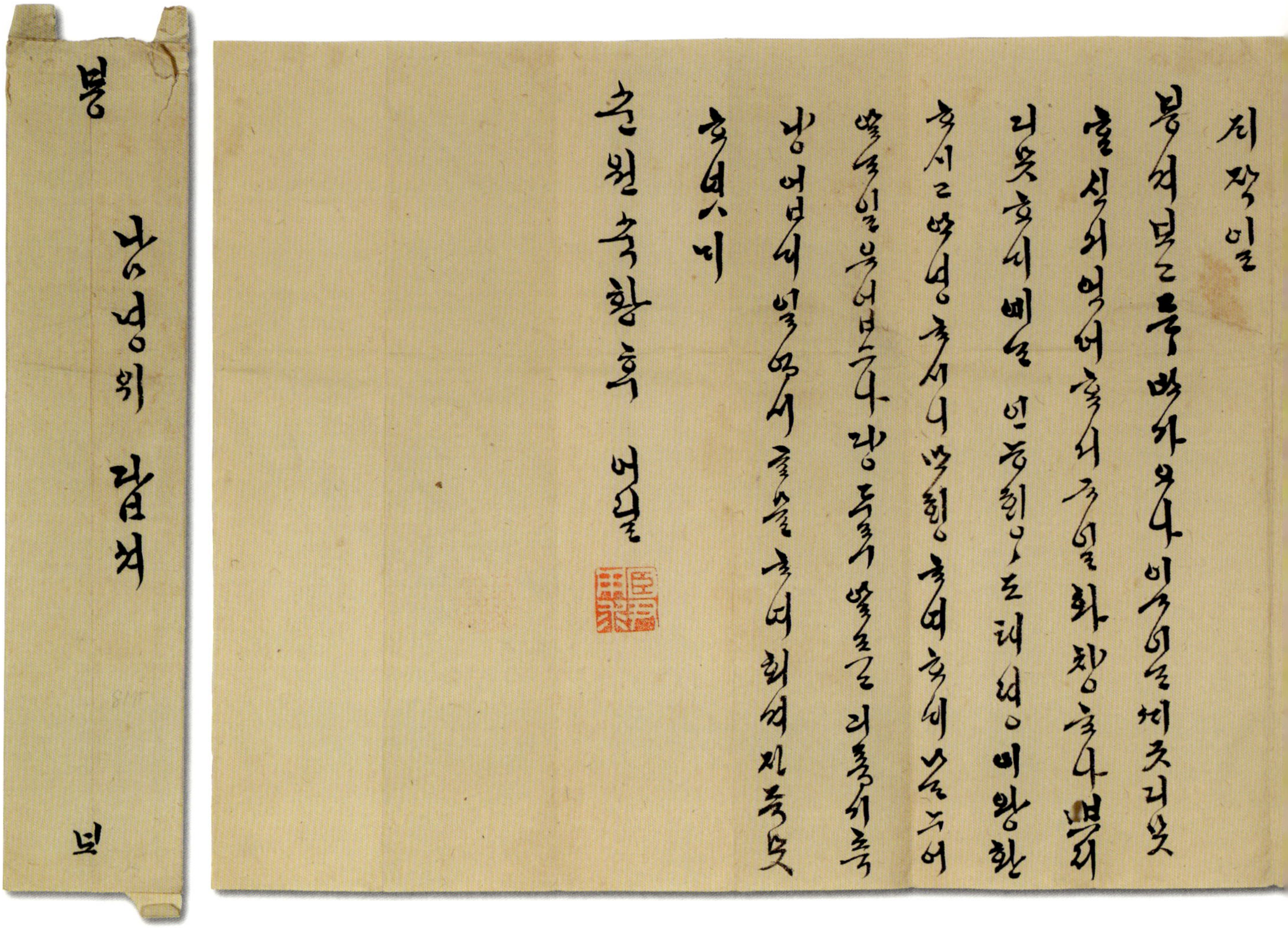

순원숙황후의 어필

A letter written by the Empress Soonwonsuk
(Birth mother of the Princess Deokon), **to her son-in-law, Yun Uiseon**

덕온공주 생모 순원왕후[純元王后, 1789~1857]께서 사위 남녕위(南寧尉, 尹宜善, 1823~1887)에게 보낸 답서이다. 말미에 윤용구가 후손을 위해 편지 유래를 적어 두었다.

【봉투】 봉(封) 남녕위(南寧尉, 尹宜善, ?~1887) 답서(答書) 봉(封)
재작일(再昨日) 봉서(封書) 보고 든 반가오나 이ᄉᆞ이ᄂᆞᆫ 쉬굿디 못ᄒᆞᆫ 신긔(身氣) 엇더ᄒᆞᆫ디 근일(近日) 화챵(和暢)ᄒᆞ나 쁘리디 못ᄒᆞ니
예ᄂᆞᆫ 인능(仁陵, 순조의 묘) 행행(行幸)도 태평이 왕환(往還)ᄒᆞ시고 안녕ᄒᆞ시니 만힝(萬幸)ᄒᆞ여 ᄒᆞ니 나ᄂᆞᆫ 누어 알ᄂᆞᆫ 일은 업ᄉᆞ나 댱(長)
두루 알프고 괴롭기 측냥(測量)업니 일 업시 골몰(汨沒)ᄒᆞ여 회셔(回書) 진즉 못ᄒᆞ엿ᄂᆡ
순원숙황후(純元肅皇后, 1789~1857) 어필(御筆) [印 臣尹用求]

1840년대
No.8175 봉투　길이 24cm 너비 5.3cm
　　　　서간문　길이 39cm 너비 24cm

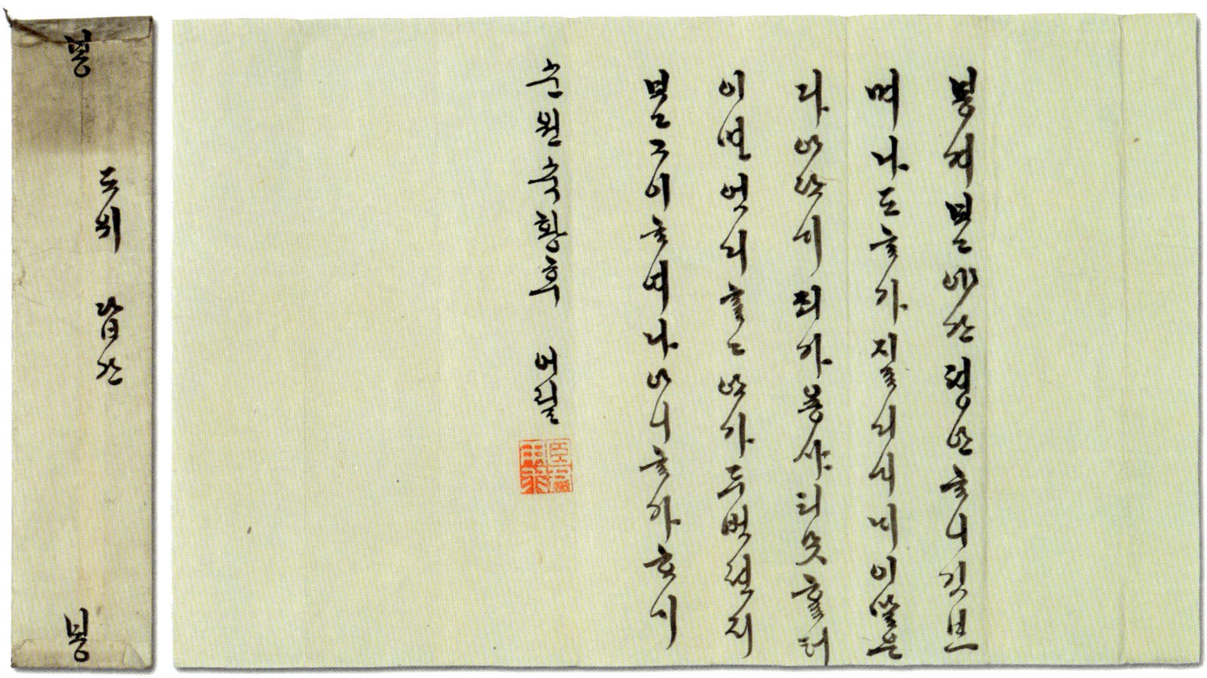

순원숙황후의 어필

순원왕후가 둘째 공주 복온공주의 남편 창녕위 김병주에게 보낸 답서이다. 말미에 윤용구가 후손을 위해 편지 유입 경위를 적어 두었다.

【봉투】봉(封) 도위(都尉. =駙馬都尉. 임금의 사위) 답간(答簡) 봉(封) 봉서(封書) 보고 야간(夜間) 평안ᄒᆞ니 깃브며 나도 ᄒᆞᆫ가지로 디내니이 말은 다 아랏니 죄가 용사(容赦)티 못ᄒᆞᆯ 터이면 엇디 ᄒᆞᆯ고 잇가 두 번 편지 보고 고이ᄒᆞ여니 아니ᄒᆞᆫ가 ᄒᆞ니 순원숙황후 어필(御筆) [印 臣 尹用求]

1840년대

No.8176 봉투 길이 26.7㎝ 너비 5.3㎝

서간문 길이 40.5㎝ 너비 21.5㎝

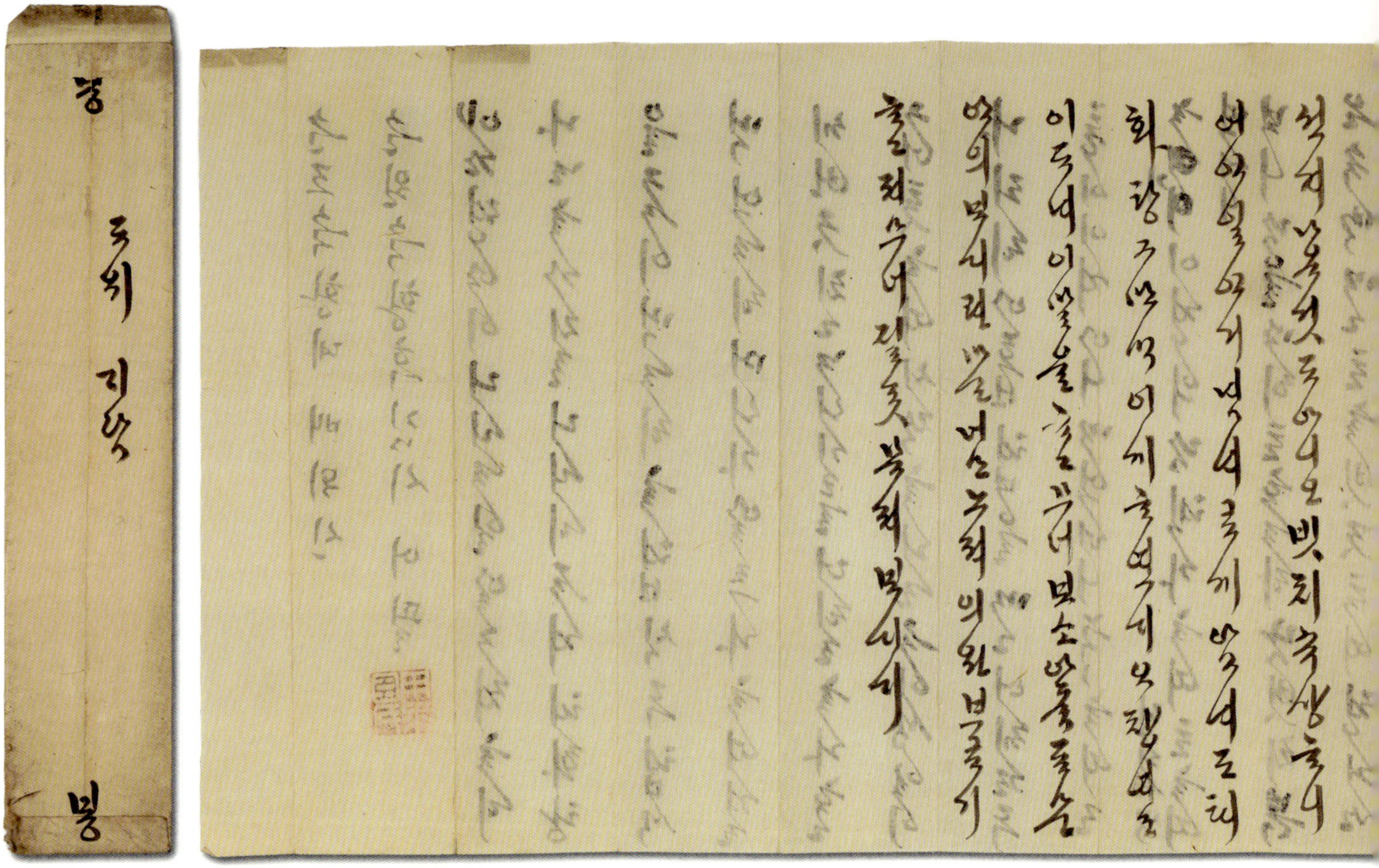

순원숙황후의 어필

순원왕후께서 사위 남녕위 윤의선에게 보낸 답서이다. 뒷면에까지 글이 쓰여 있으며 말미에 윤용구가 후손을 위해 편지 유래를 적어 두었다.

【봉투】봉(封) 도위(都尉, =駙馬都尉, 임금의 사위) 기람(開覽) 봉(封)

야간(夜間) 평안이 디내는 일 일고져 ᄒᆞ니 나는 ᄒᆞᆫ가지로 디내니 근거 태화탕(太和湯)을 그 ᄉᆞ이 먹는ᄃᆡ ᄒᆞᆫ 텹(帖)식 두 텹식 먹엇는ᄃᆡ 머리가 알프다 ᄒᆞ여 거요 세 번 긋치고 ᄃᆞ리기를 더ᄃᆡ로 ᄒᆞᆫ다 ᄒᆞ고 그러틋ᄒᆞ여 시작ᄒᆞ기는 근 이십 일이나 되ᄃᆡ 아홉 텹을 먹고 어제 또 두통이 이셔 아니 먹엇더니 눅눅ᄒᆞ여도 ᄒᆞ기 이경의 담텐가(痰滯가) ᄒᆞ여 정긔산(正氣散) 먹엿더니 토ᄒᆞ여 보니 담을 만히 토ᄒᆞ는ᄃᆡ 담 빗치 븕은 슈박 먹고 토ᄒᆞᆫ 빗 ᄀᆞᆺᄐᆞ 여 졍긔산(正氣散) <뒷면> 석겨 나은 것도 아니오 빗치 슈상ᄒᆞ니 어인 일인ᄃᆡ 념녀로새 아모려도 태화탕 그만 먹이게 ᄒᆞ엿니 오챵열이ᄃᆞ려 이 말을 ᄒᆞ고 므러 보소 아츰 됴문안의 보내련마는 너모 느저 의원 브ᄅᆞ기 ᄒᆞ고 저므러 질돗 몬저 보내니

순조숙황데 배위(配位)신 순원숙황후(純元肅皇后) 김시 어필(御筆) [印 臣 尹用求]

1840년대

No.8173 봉투　길이 23.5cm 너비 5cm

서간문　길이 36.3cm 너비 23.3cm (朝鮮末期)

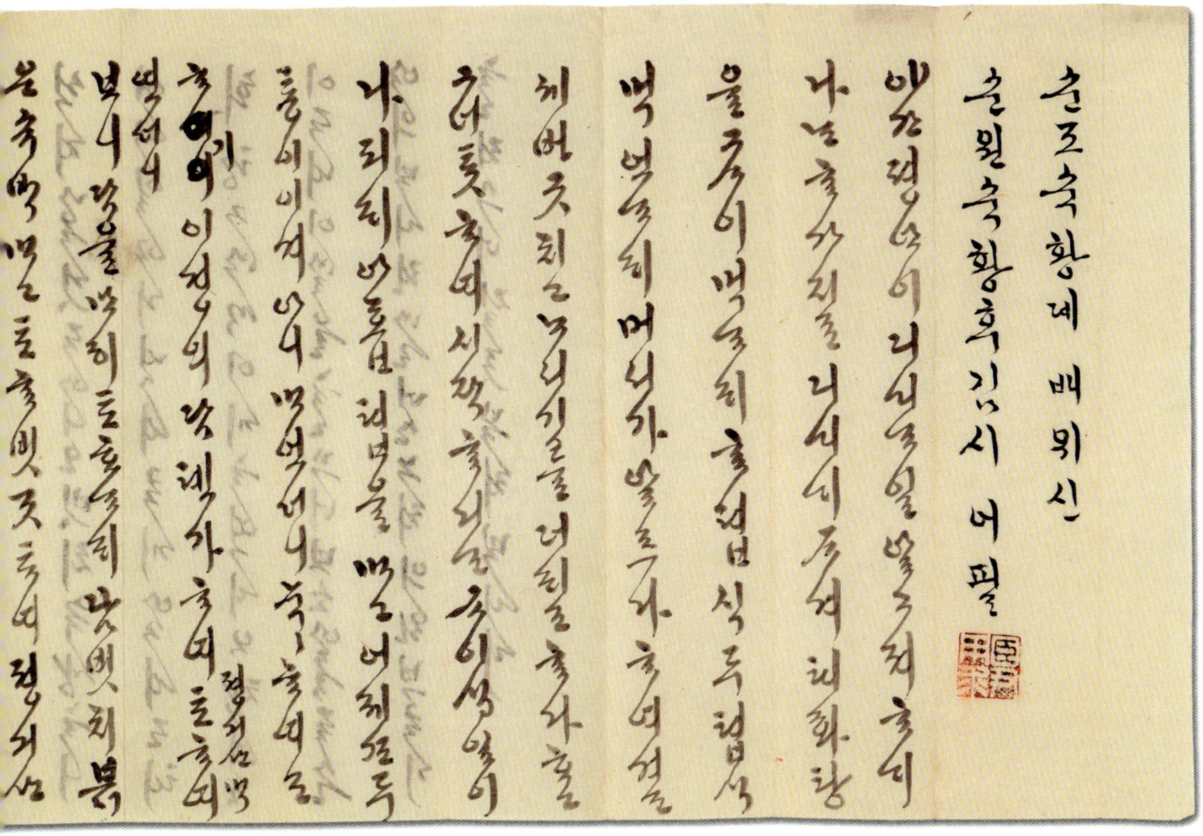

슌조슉황뎨 배위신
순원슉황후김시 어필

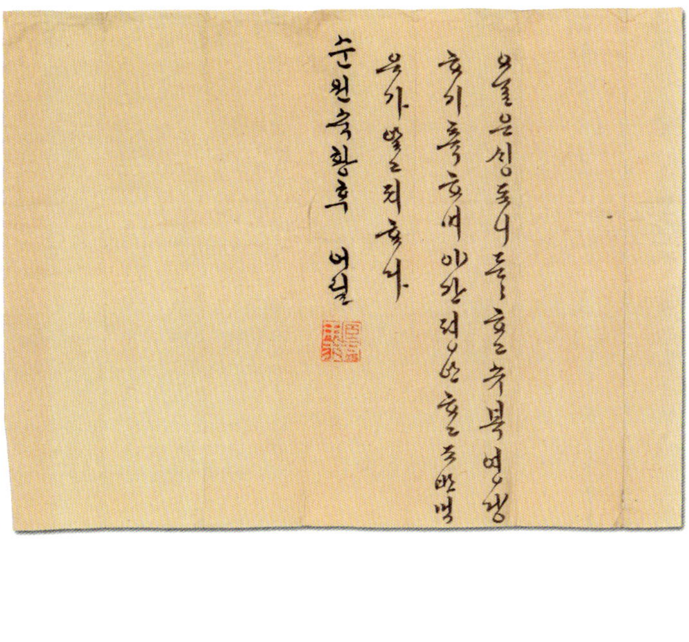

순원슉황후 어필

순원숙황후의 어필

순원왕후께서 사위 남녕위 윤의선에게 보낸 답서이다. 말미에 윤용구가 후손을 위해 편지 유래를 적어 두었다.

1840년대

No.8178 봉투　길이 23.6㎝ 너비 5㎝
서간문　길이 32.5㎝ 너비 23.3㎝

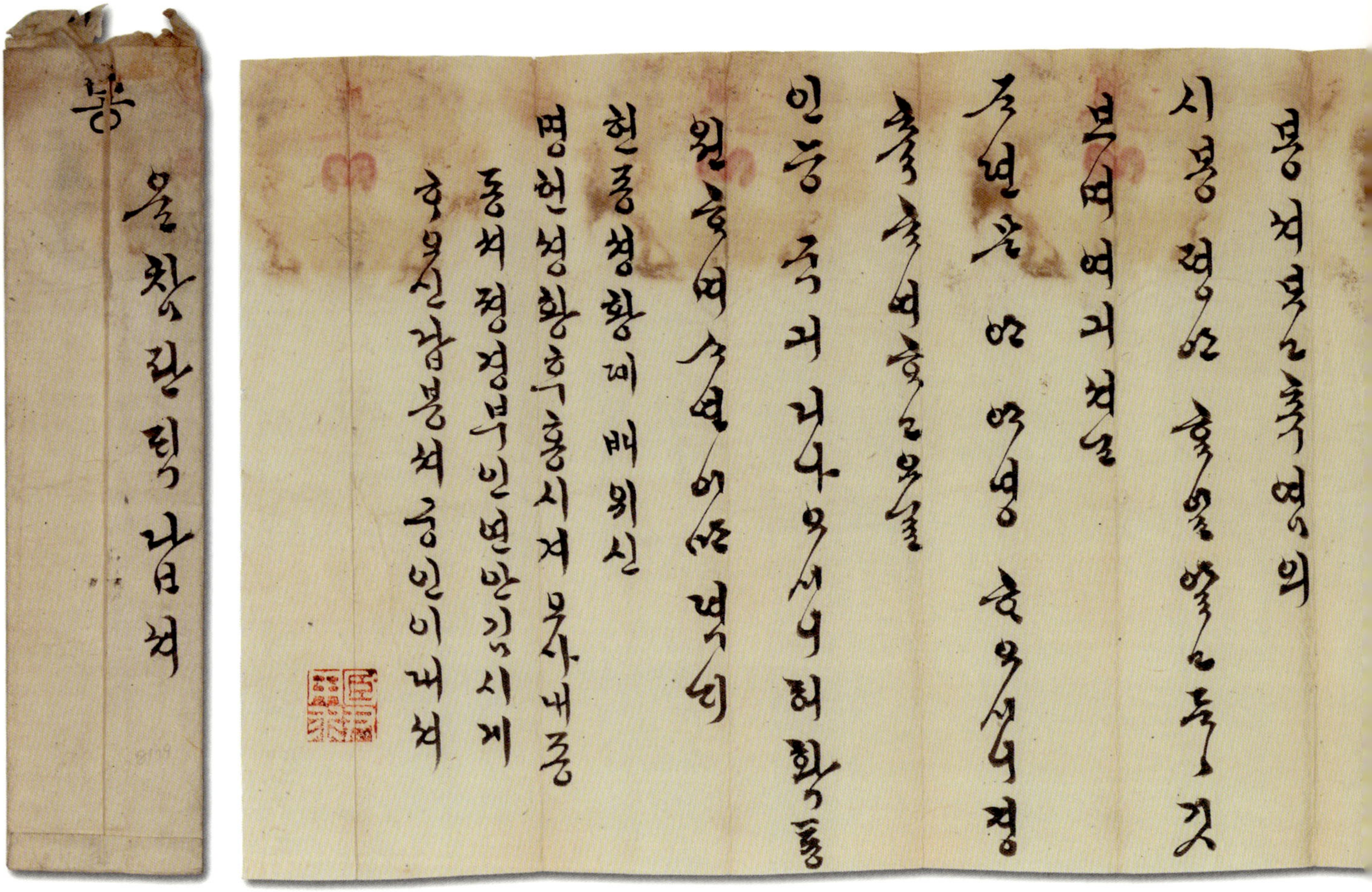

명헌황후의 편지글

헌종비 명헌왕후 홍씨(洪氏, 1831 ~ 1903)께서 정경부인 연안김씨에게 보낸 답서이다. 말미에 윤용구가 후손을 위해 편지 유래를 적어 두었다.

【봉투】봉(封) 윤(尹) 참판덕(參判宅) 답서(答書)

봉서(封書) 보고 츄염의 시봉(侍奉) 평안ᄒᆞᆫ 일 알고 든든 깃브며 여긔서는 ᄌᆞ뎐(慈殿) 문안 안녕ᄒᆞ오시니 경축(慶祝)ᄒᆞ여 ᄒᆞ고 오늘 인능(仁陵, 순조의 묘) 국긔(國忌) 디나오시니 해확통원ᄒᆞ여 ᄉᆞ연 이만 덕니

헌종성황뎨(憲宗成皇帝, 1827 ~ 1849) 배위(配位)신 명헌태후 홍시겨오샤 내종(內從) 동서(同壻) 정경부인(貞敬夫人) 연안(延安) 김시(金氏)게ᄒᆞ오신 답봉서(答封書) 궁인(宮人)이 대서(代書)

[印 臣尹用求]

1840년대

No.8179 봉투　길이 20.7㎝ 너비 5.1㎝

서간문　길이 35.5㎝ 너비 20.7㎝

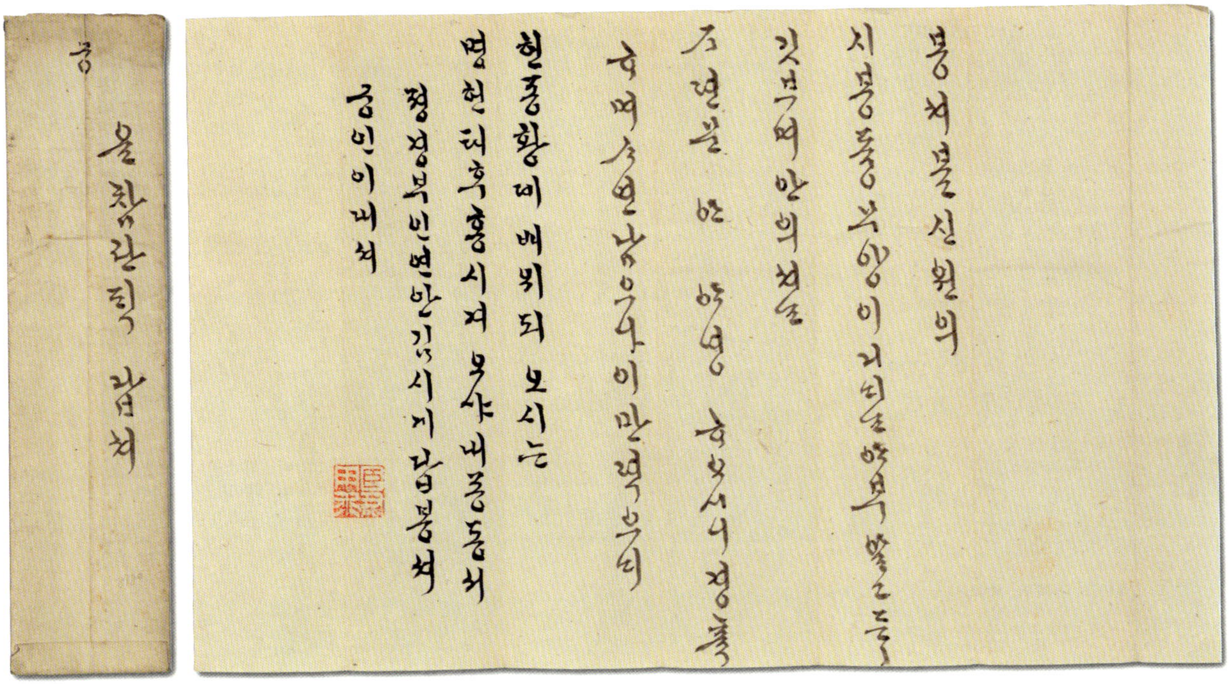

명헌태후 편지글書簡文

헌종비 명헌왕후 홍씨(洪氏, 1831 ~ 1903)께서 정경부인 연안김씨에게 보낸 답서이다. 말미에 윤용구가 후손을 위해 편지 유래를 적어 두었다.

【봉투】봉(封) 윤(尹) 참판댁(參判宅) 답셔(答書)

봉셔(封書) 보고 신원(新元)의 시봉(侍奉) 듕 무양(無恙)이 디내는 일부 알고 든든 깃브며 안의셔는 주뎐(慈殿) 문안 안녕ᄒᆞ오시니 경츅(慶祝)ᄒᆞ며 수연 넘으나 이만 덕으니[頭]헌종셩황뎨 배위(配位) 되오시는 명헌태후 홍시 서오사 내죵 동서 정경부인 연안김시게 답봉셔 궁인이 대서 [印 臣 尹用求]

1840년대

No.8180 봉투 길이 23㎝ 너비 6.7㎝

서간문 길이 40㎝ 너비 23㎝

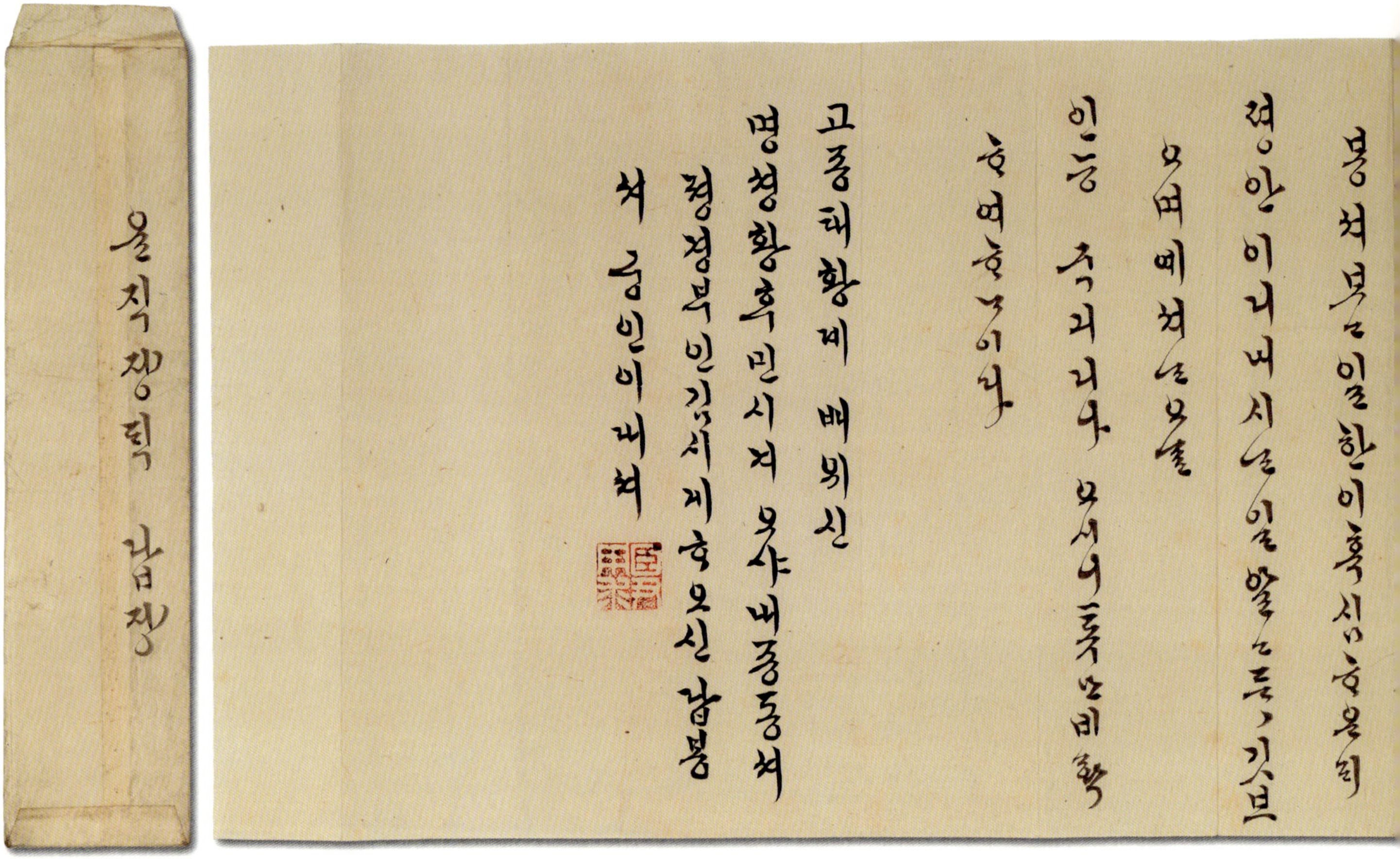

명성황후 편지글

고종황제비 명성황후 민씨(閔氏, 1851 ~ 1895)께서 내종동서 정경부인 연안김씨에게 보낸 답서로 명성황후의 답서를 궁녀가 대필한 것이다. 말미에 윤용구가 후손을 위해 편지 유래를 적어 두었다.

봉투】윤(尹) 직장덕(直長宅) 답장(答狀)

봉서(封書) 보고 일한(日寒)이 혹심(酷甚)ᄒᆞ온디 평안이 디내시는 일 알고 든든 깃브오며 예서는 오늘 인능(仁陵, 순조의 묘) 국긔(國忌) 디나오시니 튜모(追慕) 비확ᄒᆞ여 ᄒᆞᄂᆞ이다 고종태황뎨(高宗太皇帝) 배위(配位)신 명성황후(明成皇后) 민시 겨오샤 내종(內從) 동셔(同壻) 정경부인(貞敬夫人) 김시(金氏)게 ᄒᆞ오신 답봉서(答封書) 궁인(宮人)이 대서(代書)

조선말기

No.8174 봉투 길이 22cm 너비 5cm
서간문 길이 36cm 너비 22cm

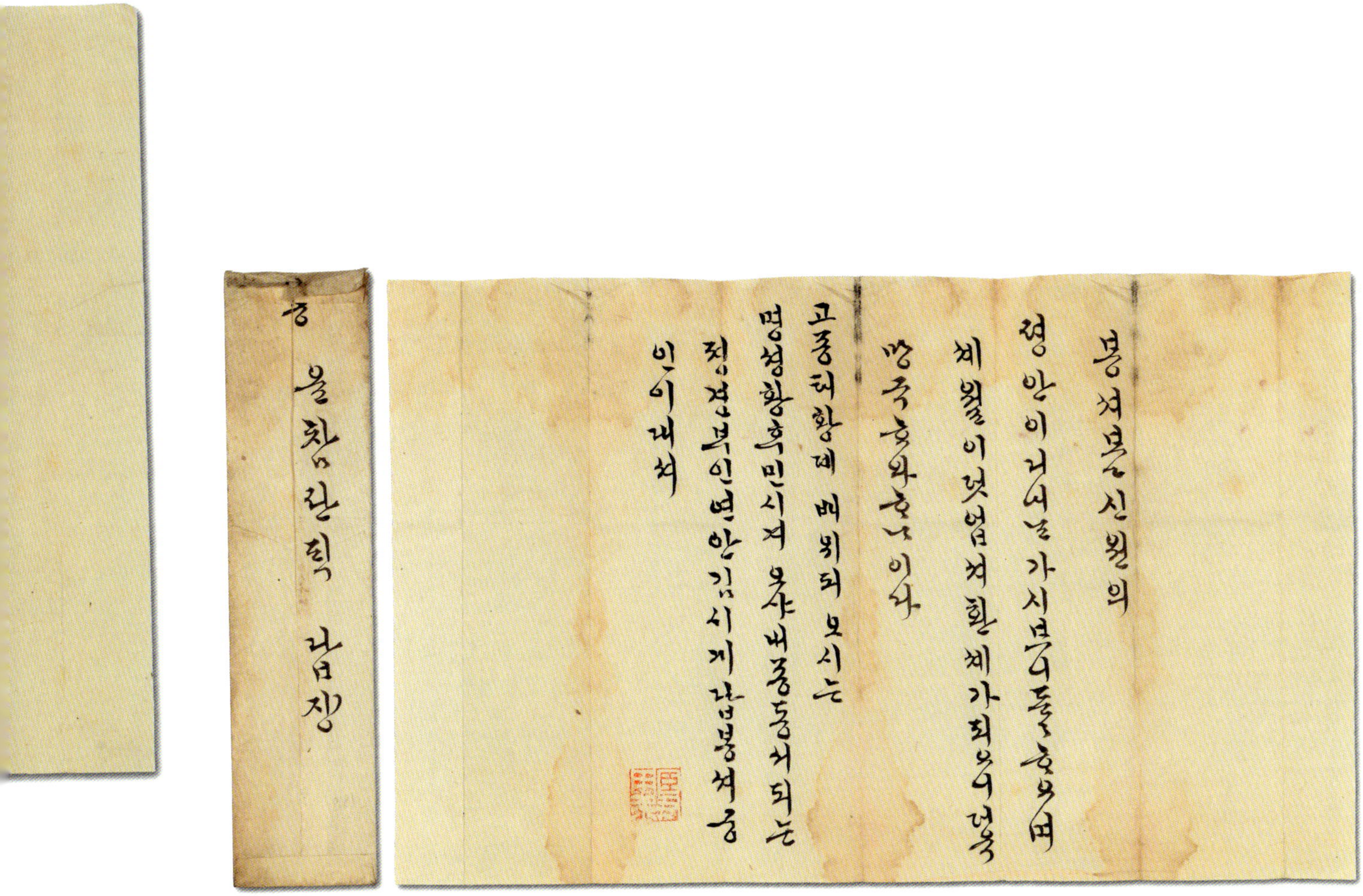

명성황후 편지글

고종황제비 명성황후 민씨(閔氏, 1851 ~ 1895)께서 내종동서 정경부인 연안김씨에게 보낸 답서로 궁녀가 대필한 것이다. 말미에 윤용구가 후손을 위해 편지 유래를 적어 두었다.

【봉투】봉(封) 윤(尹) 참판덕(參判宅) 답장(答狀)

봉셔(封書) 보고 신원(新元)의 평안이 디내는가 시브니 든든ᄒᆞ오며 세월이 덧업서 환세(換歲)가 되오니 더욱 망극ᄒᆞ와 ᄒᆞᄂᆞ이다

고종대황데 배위 되오시는 명셩황후 민시겨오사 내종 동서 되는 졍경부인 연안 김시게 답봉서. 궁인이 대서 [印 臣尹用求]

조선말기

No.8181 봉투　길이 21.5cm 너비 5.1cm

서간문　길이 34.5cm 너비 21cm (朝鮮末期)

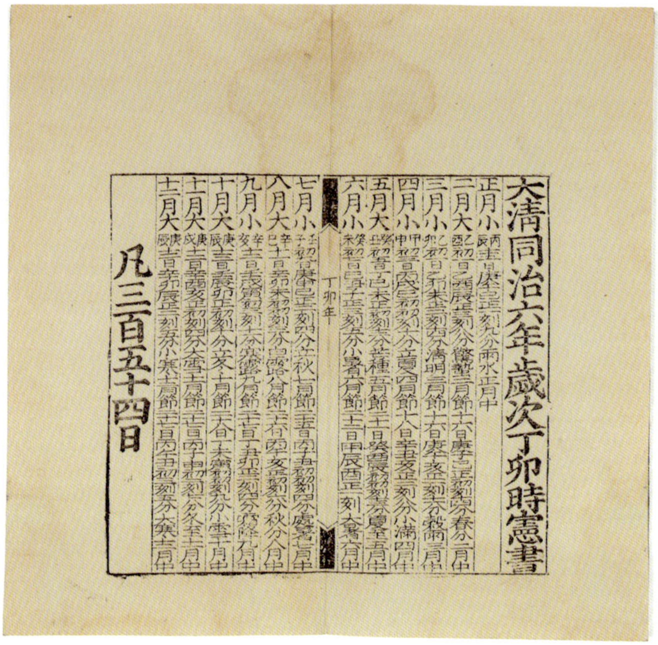

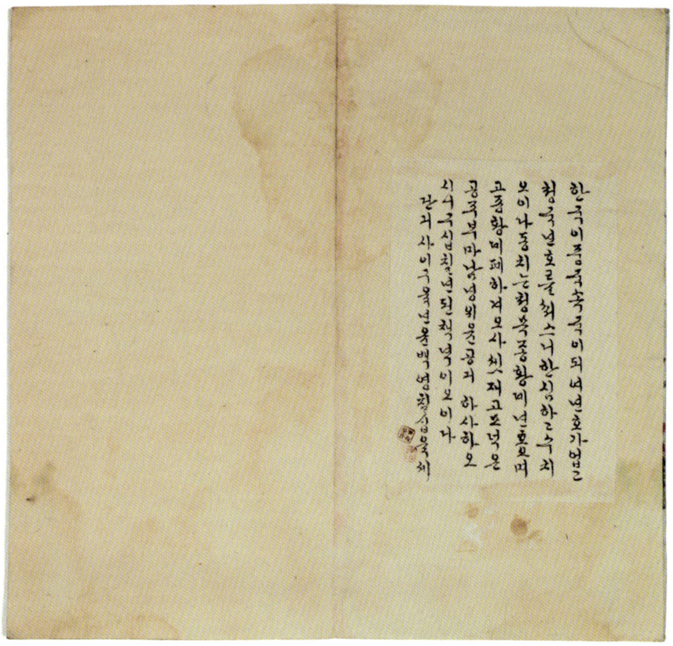

책력冊曆

1867년에, 고종황제(高宗皇帝)께서 부마(駙馬) 남녕위(南寧尉) 윤의선에게 하사(下賜)한 책력이다. 일 년 동안의 월일, 해와 달의 운행, 월식과 일식, 절기, 특별한 기상 변동 따위를 날의 순서에 따라 적었다. 겉표지 안쪽에 유물의 유래를 기록한 윤백령의 한지글을 붙여두었다.

> 한국이 중국 속국(屬國)이 되어 년호(年號)가 업고 청국(淸國) 년호를 써스니 한심하고 수치오이다 동치(同治, 1862 ~ 1874)는 청 목종황뎨(穆宗皇帝) 년호오며 고종황뎨(高宗皇帝) 폐하겨오사 셋재 고모 덕온공주(德溫公主, 1822 ~ 1844) 부마(駙馬) 남녕위(南寧尉) 윤공(尹公, 尹宜善, ? ~ 1887)긔 하사(下賜)하오시니 구십칠 년(1867년) 된 책녁(冊曆)이오이다 단긔(檀紀) 사이구육년(1963년) 윤백영 칠십육세

1867년
No.2494 길이 33㎝ 너비 17.5㎝

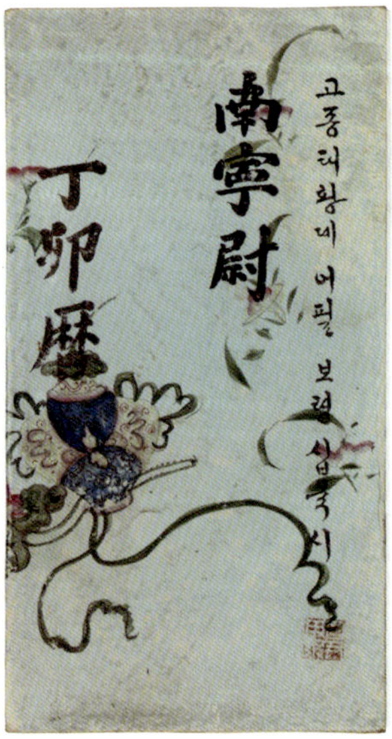

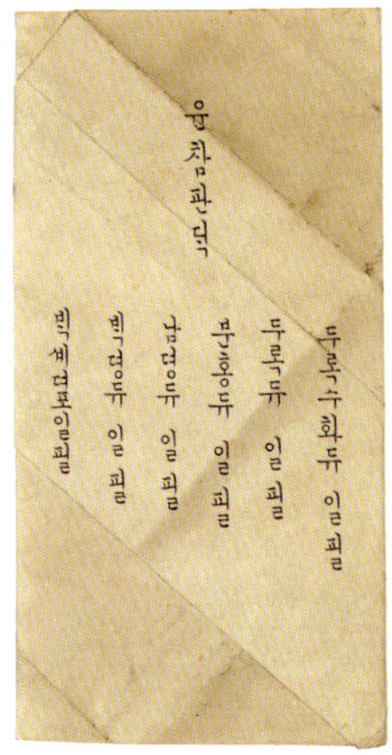

하사물목下賜物目 겉봉

1884년[甲申年]에 익종 배위 신정왕후(1808 ~ 1890) 조씨(趙氏)께서 덕온공주(德溫公主) 자부(子婦) 연안김씨(延安金氏)에게 하사(下賜)하였던 옷감[衣]을 쌌던 겉봉이다. 겉에 옷감 물목이 적혀 있으며 안에는 윤백영이 1963년에 유물의 유래를 기록한 한지 글을 붙여 놓았다.

【겉】윤참판덕. 두록슈화듀 일필 두록듀 일필 분홍듀 일필 남뎡듀 일필 빅뎡듀 일필 빅셰며보 일필

【안】고종태황대 이십일 년, 갑신(甲申, 1884년)의 익조(翼宗, 1809 ~ 1830) 효문황대(孝文皇帝) 배위(配位) 되시는 신뎡황후(神貞皇后, 1808 ~ 1890) 됴시(趙氏) 겨오서 생딜부(甥姪婦) 되는 덕온공주(德溫公主, 1822 ~ 1844) 자부(子婦) 정경부인(貞敬夫人) 연안(延安) 김시(金氏)게 의자(衣次) 하사(下賜)하신 것봉. 지금으로 팔십 년 되니 너관(女官)의 글시 압흐로 업는 명필이오이다 단기(檀紀) 사이구육년(1963년)

1884년

No.2494 가로 33㎝ 세로63.5㎝

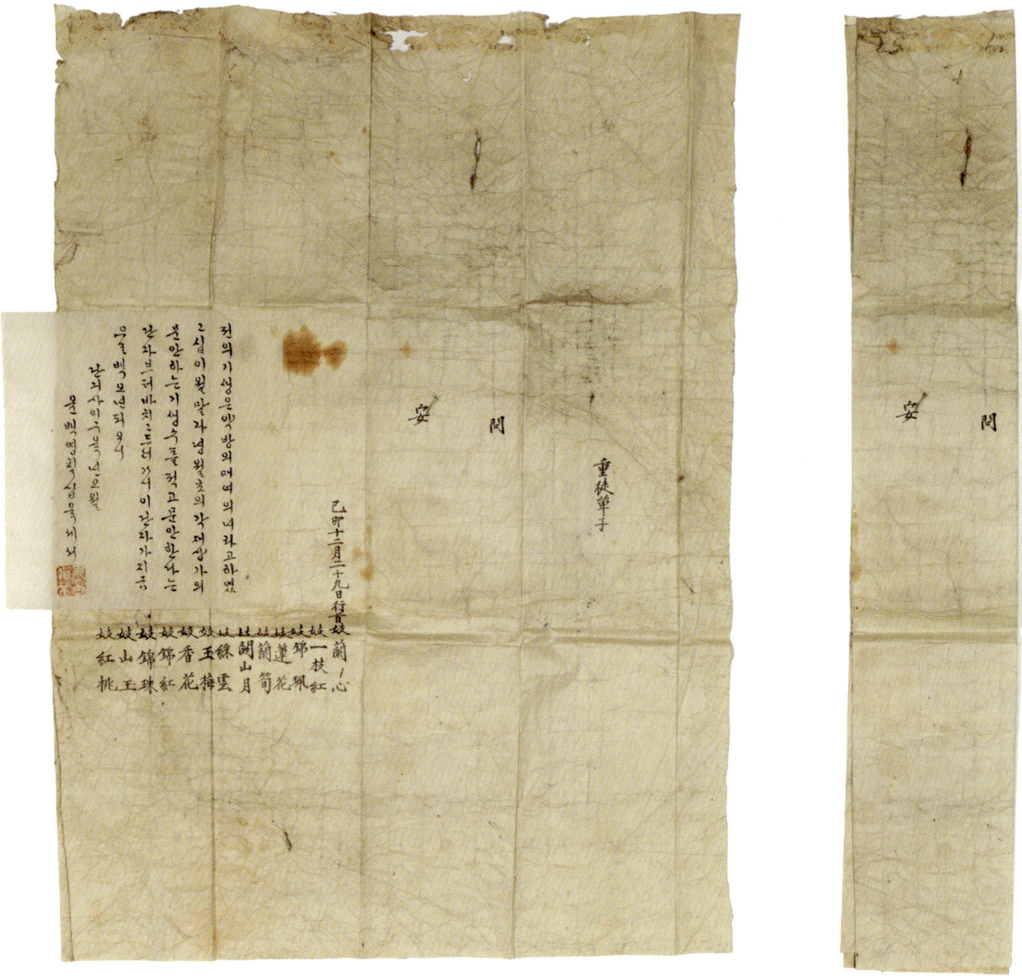

중주단자重徒單子

왕실에 보낸 기생 수가 적힌 단자이다. 정초가 되면 기생들이 재상집에 문안을 드리는데 명단을 먼저 들여보내고 문안드린다.

전(前)의 기생(妓生)은 약방(藥房)의 매여 의녀(醫女)라고 하였고 십이월 말과 명월(正月) 초의 각 재상가(宰相家)의 문안(問安)하는 기생 수를 적고 문안한다는 단자(單子)브터 바치고 드러가니 이 단자가 지금으로 백오 년(1858년) 되오니 단긔(檀紀) 사이구육년(4296년/1963년) 오월 윤백영 칠십육세 서 [印 1개]

1879년

No.3059 길이 67㎝ 너비 49㎝

백봉서지白奉書紙

조선말기
No.8198 봉투) 길이 32cm 너비 6.5cm
백지) 길이 46cm 너비 31.7cm

시전지詩箋紙

글이나 편지를 쓰는 작은 쪽지이다. 문양과 색상이 있는 편지용 종이는 꽃문양이 많아 화전이라고도 하였다. 시를 보낼 때 쓴다하여 시전이라고도 하였다. 청말에 북경이나, 소주, 상해 등지에 시전지를 전문으로 제작, 판매하였던 상점이 있었다. 붓으로 직접 문양을 그린 종이, 금은 등이 화려한 색상을 염색하여 편지나 시를 쓸 수 있도록 만든 색지이다.

1800년대 중반
No.3001 길이 23cm 너비 12.5cm

石宙善紀念博物館

사대부가의 유물

덕온공주 부군 남녕위 윤의선의 집안은 덕온공주와의 혼인으로 조선왕실과 더욱 가까워졌으며, 인연이 해방 이후까지 지속되어 유물 역시 더욱 다양해지고 풍성해질 수 있었다. 특히 학식과 서예가 뛰어났던 윤용구와 윤백영은 일부 중요한 유물에 유입된 유래를 붓글씨로 기록하여 유물의 가치를 더욱 높여주고 있다.

사대부 관련 유물은 석주선기념박물관 유물카드 71점, 덕온공주 집안 유물 중 '반가용'으로 기재된 유물 위주로 선별한 것이다. 사용자는 명확하지 않으나 윤백영 집안에 전해오는 사대부의 유물은 총 70점이다.

Objects from the Sadeabu family(the noble)

The owners of these objects are not known but they had been handed down through the family of Madame Yun Baekyeong. These 71 objects include garments, accessories, and fabrics

05

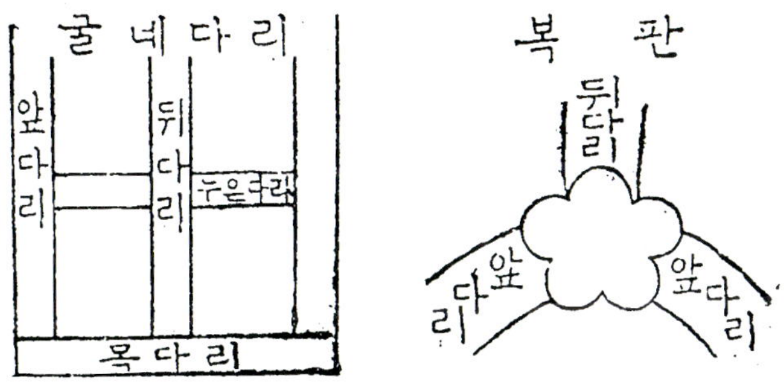

(孫貞圭, 『조선재봉朝鮮裁縫』, 1948, pp.88~89.)

굴레

굴레는 남녀 유아가 방한겸 장식용으로 쓰는 관모(冠帽)이다. 유물은 11가닥의 다리와 목다리, 복판(福板), 귀마개다리, 1쌍 옆드림과 1쌍 고름으로 구성되었다. 검정, 연두, 남색 등 무늬 없는 비단에 평수, 씨앗수, 이음수, 자련수, 솔잎수, 징금수 등의 자수 기법을 이용하여 화려하게 수놓았다. 좌우 앞다리는 연두색 옷감에 연화무늬 등의 수를 놓았고, 중간다리 8가닥은 검은색에 자수가 없다. 뒷다리는 검정과 연두색 옷감에 나비, 연꽃, 호랑이 등의 무늬를 수놓았다. 목다리는 홍색과 남색을 이용하여 십장생 무늬를 수놓았다. 뒷다리에서 앞다리 사이에 연두색 다리가 사선으로 달렸는데, 일반적인 삼각형태의 귀마개다리를 대신한 것으로 여겨진다. 정수리 부분에 부착된 복판은 검정색 꽃잎 형태를 하고 있으며 국화 꼭지가 중심에 달려 있다. 복판의 가장자리 테를 금사로 둘러주고 홍실로 전체를 둘러주어 늘어트렸다. 목다리와 앞다리가 만나는 끝에는 좁은 고름을 달아주고 같은 위치에 넓은 드림을 달아주었다. 굴레의 안감은 다채한 색동 옷감을 이용하여 각 다리마다 별색으로 만들었다.

1800년대 후반
No.327 높이 20cm 둘레 33cm 끈길이 41cm

어른용 굴레

Decorative headdress

어른용 굴레이다. 환갑 날 어린아이처럼 꾸며 연로한 부모 앞에서 재롱을 부리는 풍습의 "노래자반의老萊子斑衣"에 사용한 것이다. 윤백령의 색등거리[No.529]와 한조로 추정된다. 유물은 앞다리, 뒤다리 목다리, 누은다리, 귀마개다리, 복판, 1쌍 고름으로 구성되어 있다. 뒤다리는 명헌황후가 쓰시고 남은 녹금선단[No.2990], 앞다리와 누운다리는 덕온공주의 자적 금선단[No.2501] 홍금선단[No.2500] 옷감과 동일한 것으로 보아 이의 자투리 옷감을 이용하여 만든 것으로 여겨진다.

1930년대
No.157 높이 28㎝ 둘레 32㎝

No.1747　　　　No.242

제비부리댕기

Decorative headdress

여아들이 길게 머리를 땋아 내리거나 양반가 처자가 생머리를 할 때 그 끝에 댕기를 드렸다. 유물은 완자 테두리 안에 화문을 줄줄이 배치하고 양쪽 끝에는 수(壽)와 복(福)자를 배치하는 등 앞뒤에 동일한 무늬로 금박하였다. No.0242는 홍색 본사(本紗)로 안 쪽면 중심부 12㎝ 정도 금박이 생략되어 있다. No.1747은 자적색 영초(玲綃)로 만든 겹댕기인데, 뒷면 중앙 44㎝ 정도 금박이 생략되어 있다. 생머리용 댕기로도 사용된 것으로 추정된다.

1800년대 후반

No.242　길이 165㎝ 너비 6㎝

No.1747　길이 166㎝ 너비 6㎝

새앙머리를 하고 댕기를 맺은 생각시들

[illegible]

얼레빗

Decorated Comb

살구나무로 만든 빗으로 나전, 상아, 먹감나무 등으로 정교하게 상감 장식을 하였다. 현재 한쪽 끝이 파손된 상태로 보존되어있다.

1800년대 중반

No.250　길이 12㎝ 너비 6㎝

솜저고리

Woman's jacket

겉감은 풀 먹여 곱게 다듬이한 홍색의 도련주이고 안감은 면이며 사이에 솜을 두었다. 깃은 당코깃 형이며 소매 끝에는 3.3cm 너비의 남색 끝동을 달았다. 진동 아래 옆선 길이가 0.5cm 정도로 저고리 길이가 짧다. 소매끝과 도련을 세 땀 상침으로 둘러주었다.

1800년대 후반

No.117 앞길이 20cm 뒤길이 18.5cm 화장 63.5cm 품 39 cm 진동 17cm

깨끼저고리

Woman's jacket

고운 명주를 풀먹여 다듬이하여 만든 겹저고리이다. 깃은 당코깃형에 같은 옷감으로 동정이 달렸다. 전체적으로 깨끼 바느질로 되었으며 재봉틀을 이용하였다.

1800년대 후반

No.352 길이 20.5㎝ 화장 64㎝ 품 39㎝ 진동 17.3 ㎝

삼회장저고리

Woman's jacket

고종 말년에 관직자로 활약한 이도재(李道宰, 1848~1908)의 며느리가 입었던 저고리이다. 윤백영과의 친분으로 유입된 것으로 여겨진다. 겉감은 생고사이고 안감은 모시, 안고름은 은조사, 동정은 9족 항라를 사용하였다. 깃, 곁마기, 끝동, 고름은 몸판과 같은 옷감의 붉은 자주색으로 별색을 주었다. 깃은 당코깃형이며 끝동이 2.1㎝ 정도로 좁은 편이다. 섶 모양이 좁고 중심선에서 들여 달려 있어, 펼쳤을 때 중심이 벌어지게 된다. 옷을 여며 주면 앞품이 줄어들면서 소매가 아래로 내려가 입체형이 된다.

1800년내 후반

No.334 길이 21㎝ 화장 69㎝ 품 43㎝ 진동 13.5㎝

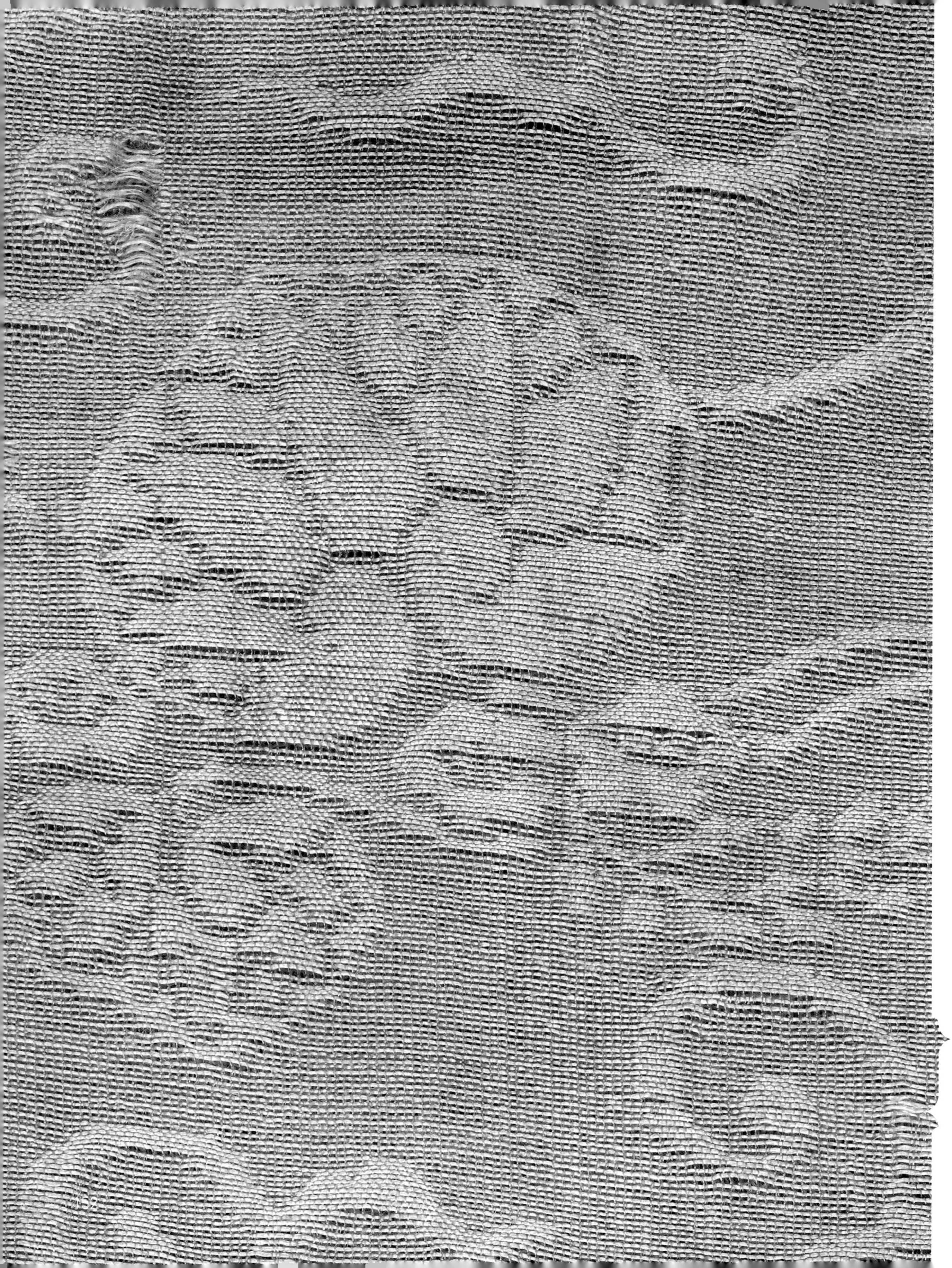

삼회장저고리

Girl's jacket

어린아이용 삼회장 겹 저고리이다. 겉감은 황색이 감도는 화문사[花紋紗:빙사(氷紗)]이고 안감은 연분홍 고운 모시이다. 깃, 곁마기, 끝동 겉고름은 겉감과 동일한 자적색 별색이다. 깃에 을라(乙羅)로 만든 동정을 달았으며 안고름은 홍색 은조사(銀條紗)를 달아주었다. 깃은 당코깃형이며 진동 아래 옆선은 1cm 정도로 짧아 입었을 때 가슴이 드러날 정도의 길이이다. 겉섶은 중심선에서 3cm 들여 달렸으며 안섶은 생략되어 없는 상태이다. 품과 소매 배래를 전체적으로 1~1.5cm 줄여 작게 만든 상태로 어린아이에게 입히기 위해 소매를 줄인 것으로 여겨진다.

1800년대 후반

No.707 길이 13cm 화장 43cm 품 30cm 진동 11cm

조선 말기의 적삼과 치마를 입은
어린이들 모습

적삼赤衫

Girl's single layered jacket

어린아이용 홑적삼이다. 고운 홍색의 모시를 재봉틀로 바느질하여 만들었다. 깃은 당코깃 형에 좁은 동정이 달렸으며 섶 모양이 좁고 짧다. 곱게 맺은 단추가 달려 있다.

1900년대 초반

No.705 길이 17.5cm 화장 49cm 품 32cm 진동 13.5cm

치마
Skirt

평치마보다 길어 입었을 때 바닥면에 길게 끌리는 의례용 치마이다. 겉감은 남색 운문숙사(雲紋熟紗)이고 안감은 곱게 도련한 명주를 사용한 겹치마이다. 약 71.5cm 너비 옷감을 5폭 이어 치마를 만들고 허리를 겉주름 1~1.2 크기로 잘게 잡아주었다. 주름 잡힌 허리에 안감과 동일한 옷감으로 말기를 달고 고름은 길이 89~90cm 너비 4.8cm로 양쪽이 비슷한 길이로 달았다. 치마 안 도련은 5cm 정도의 넓은 별단으로 마무리하였다. 착장 시 신장 160cm를 기준하여 가슴에 둘러주면 치마 밑자락이 약 25cm 정도 바닥에 끌리게 된다. 이러한 모습이 조선 말기 왕실 사진에서 확인되고 있다.

1800년대 후반

No.3147 | 길이 140cm 치마너비 360cm 허리둘레 91.3cm 말기너비 7.5cm

윤황후의 평상복 차림

『사진으로 보는 민족의 사진첩』 서문당. 1987. p.61.

겹저고리

Child's jacket

어린이용 겹저고리이다. 겉감은 곱게 다듬이한 명주이고 안감은 면(綿)으로 만들었다. 깃은 둥그래깃형이며 앞뒤 길이가 동일하고 진동 아래 옆선 길이가 10㎝ 정도로 길게 되어 있어 입었을 때 허리까지 오는 길이임을 알 수 있다. 깃에는 68㎝ 길이의 긴고름이 남아 있는데 뒤로 돌려 앞에서 매어준다. 짧은 고름은 현재 탈락되어 없다. 전체적으로 재봉틀 바느질이며 소매 끝과 도련을 겉에서 눌러 박았다.

1900년대 중반

No.195 길이 23.5㎝ 화장 50㎝ 품 33.5㎝ 진동 10.7㎝

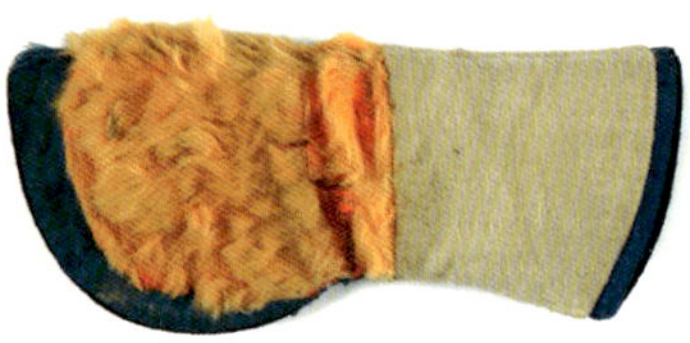

마제굽형 털토수吐手
Horseshoe-shaped wristlet

아래부리가 말굽 형태로 만들어진 털토수이다. 겉감은 양색주(兩色紬)이고 안감은 남색주로 만들었으며 상하 부리를 검정색 옷감으로 눈썹단 테를 둘러주었다. 완성된 토수의 안감에 아래쪽에는 노랑색 토끼털, 위쪽에는 백색 융(絨) 옷감을 덧대어 주어 방한용으로 사용하였다. 현재 외짝으로 남아 있다.

1800년대 후반
No.295 길이 21㎝ 너비 10.5㎝

솜토수吐手

1800년대 후반
No.1331 No.1332
길이 13.5~15㎝
너비 11~11.5㎝

| No.1331 | No.1332 |

토수吐手

1800년대 후반
No.150
길이 13.5~17.5㎝
너비 10~12㎝

| No.2397 | No.150 | No.1728 |

토수吐手

Wristlets

일자형 토수로, 아래부리는 좁고 일자형이며 윗부리로 갈수록 넓어지고 곡선형이다. 때가 타는 것을 방지하기 위하여 아래부리 안감에 3~4㎝ 너비의 안단을 대어주었으며 솜 토수의 경우 부리를 세땀 상침으로 둘러주었다.

행전行纏

putties

남자들이 신분의 구별 없이 기본 복식으로 저고리에 버선을 신은 후 바지를 입고 종아리에 행전을 쳤다. 유물 4점은 원통형의 통행전(筒行纏)이다. 모시와 옥양목을 이용하여 만든 홑 행전이다. 웃부리에 8.5~10㎝ 범위의 트임과 길이 40~44.5㎝ 너비 1.7~3.3㎝의 끈이 달려 있다. 버선을 신고 바지를 입은 후 행전을 신는데, 행전의 웃부리 트임은 뒤쪽으로 가도록 하여, 양쪽의 끈으로 무릎 아래에서 매었다. 빈번하게 세탁하여 사용하는 것이어서 전체적으로 솔기 시접이 푸서 상태로 두었으며 일부는 선단과 끈을 풀칠하여 정리하는 등 간편하게 바느질되어 있다.

옥양목 행전行纏

putties

솔기에만 홈질을 해주고 선단과 끈을 모두 풀칠하였다. 아래 부리에 비하여 윗부리는 종아리가 줄어들 듯이 좁게하여 트임을 주었다.

1800년대 후반
No.223 길이 24㎝ 너비 20㎝

모시 행전行纏
putties

상하 너비가 일정한 원통형으로 선단을 곱게 감침질하였다.

1800년대 후반
No.203 길이 25cm 너비 17.5cm

모시 행전行纏
putties

재봉틀을 이용하여 겉에서 눌러박았다.

1900년대 초반
No.350 길이 25cm 너비 cm

모시 행전行纏
putties

솔기에만 홈질을 해주고 선단과 끈을 모두 풀칠하였다.

1800년대 후반
No.348 길이 25cm 너비 19cm

후수後綬

Embroided Ornament

수(綬)는 조복이나 제복 등에 부가된 장식물로 사대부의 품계(品階)를 나타내는 표식 중의 하나이며 뒤에 늘어뜨린다고 하여 후수(後綬)라고도 부르기도 한다.

유물은 당상관의 것으로 여겨진다. 착용이 간편하도록 ㄇ 형태의 대대에 후수를 고정시킨 형태로 전형적인 조선 말기의 후수 유형이다. 대대의 상부에는 3개의 수단추를 달아 제복이나 조복의 뒷면의 암단추에 끼울 수 있도록 하였다. 후수는 바탕천이 홍색의 무문단을 사용하여 위로는 구름무늬를 연결하고 아래에 타원형을 연결하여 만(卍)자를 넣었으며 밑으로 칸을 나누어 4쌍의 운학(雲鶴)을 수놓았다. 4쌍은 청색, 황색, 옥색, 백색의 순으로 수놓았다. 맨 아래쪽에는 연화문(蓮花紋)을 수놓고 아래쪽으로 청사망(靑絲罔)을 맺었다. 청사망은 9cm 너비로 여러 모양의 망을 맺은 후 끝에 13cm 길이의 술을 부착하여 늘어트렸다. 대대 밑으로 6cm 내려온 지점에 금환 2개가 부착되어 있다.

1800년대 중반

No.037 총길이 68cm 총너비 69.5cm 綬 길이 69cm 너비 27.5cm

후수용 망수網綬

Weaved adornment attached to the bottom of back panel, Husoo(Embroided Ornament), which is put on to decorate a formal gown

백관용 후수의 끝 부분에 늘어트린 청색 망(網)이다. 이 유물은 청색 견사를 합사하여 꼬아 12.5cm 길이로 모양이 서로 다른 5단의 망을 맺은 후, 14.4cm 길이의 술을 만들어 망의 끝 부분에 부착하여 늘어트렸다.

1800년대 중반
No.108 길이 27cm 너비 25cm

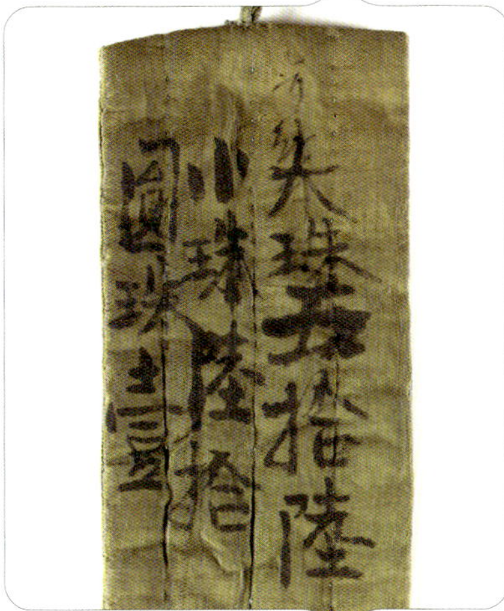

패영집具纓집

갓끈[纓子] 보관집이다. 두록색 명주 옷감을 사용하고 사이에 솜을 넣어 2㎝ 간격으로 누빔하였다. 형태는 직사각형이며 상부에 트임을 주고, 부리에 암단추를 달고 9.5㎝ 내려온 지점에 수단추를 달아서 접으면 뚜껑이 된다. 접었을 때의 길이는 93㎝이다. 겉면 상부에 "大珠五拾陸小珠陸拾圓珠壹(대주오십육, 소주육십, 원주일)이 묵서되어 있어 원래 들어 있던 갓끈의 유형을 짐작할 수 있다. 현재 갓끈은 남아 있지 않다.

1800년대 후반

No.128 총길이 104㎝ 완성길이 93㎝ 너비 7.7㎝

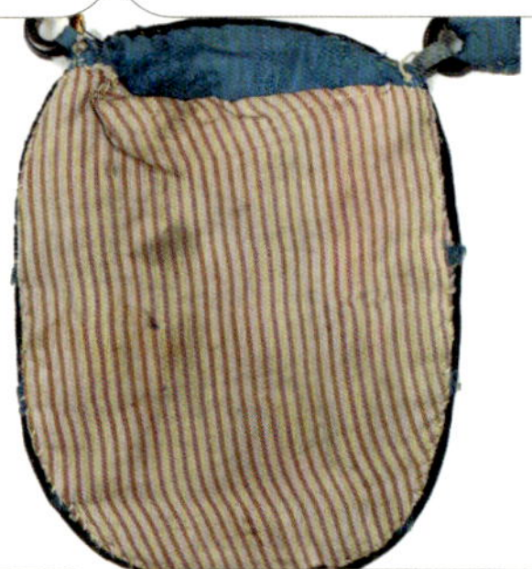

비한臂捍

활을 쏘는 관리나 공연하는 여인[女伶]이 옷 소매 끝을 고정하는 데 사용하는 것이다. 외짝일 경우 남성용이고 한쌍일 경우 춤추는 여인의 것이라 한다. 역대『진찬의궤(進饌儀軌)』에서 비구(臂韝)라 하였다. 유물은 모서리가 굴려진 사각 형태이고 한 모서리에만 끈이 하나 달려 있다. 중앙에는 '囍'자, 구름, 모란꽃을, 가장자리에는 완자 무늬를 수놓아 둘러주었다. 일반적으로 4면 모서리에 단추나 끈을 사용하여 고정하게 되나 이 유물은 현재 끈이 한 개만 남아 있다.

1800년대 초반

No.112 | 길이 12.5cm 너비 10.5cm 끈길이 94cm 너비 3cm

「활공부허고」, 『기산 김준근 조선풍속도』, 숭실대학교 한국기독교박물관, 2008, p.114

수화준노리개繡花樽노리개

Woman's pendant

이 노리개는 술통[樽] 모양을 형상화한 향로형(香爐形) 노리개이다. 홍색 공단에 각색사(各色絲)로 연화무늬 등을 자련수 징금수 씨앗수 등을 이용하여 수(繡)놓아 만들었다. 위쪽에는 나비 형태의 납작 끈목으로 고리를 달고 아래에는 금전과 구슬을 꿴 6줄의 술을 늘어트렸다. 끈목을 제외한 길이는 26cm이다.

1800년대 초반
No.202 길이 37.5cm

수낭繡囊

pouch

주머니는 소품이나 돈 등을 담을 수 있도록 작게 만들어 허리에 차는 것으로 종류로는 귀주머니와 두루주머니 형태가 있다. 이 가운데 귀주머니는 아래 양쪽 모서리가 각진 직사각 형태의 주머니로 부리를 여러번 접고 끈을 달아 봉하여 사용한다. 각진 모서리에 삼각형의 귀가 달린 모양을 몸판과 다른 색상으로 덧붙이거나 수를 놓아 장식성을 더하기도 한다.

유물은 붉은색 모본단에 모란 무늬와 오동꽃 무늬를 수(繡)놓고 부리에 큰 주름을 접어 끈을 꿰었다. 끈에는 국화 매듭과 7봉술을 장식하였다.

1800년대 후반
No.1260 가로 14.5cm 세로 15.5cm

No.168

No.122

귀주머니

pouch

1800년대 후반

No.168 No.122 가로 14cm 세로 15cm

No.168	No.122

오방낭五方囊

오방이란 동서남북 중앙의 다섯 방위를 말하여 각각 청·백·적·흑·황으로 상징된다. 유물은 오방색을 사용하여 만든 두루주머니이다. 중앙에 황색을 넣고 상하 좌우에 흑, 남, 백, 홍색을 배치하였다. 안감은 명주이다. 주름 잡기 전의 크기 가로 14cm, 세로 11.6cm의 직사각 형태를 아래 모서리를 둥글려 주어 형태를 만들고 부리에서 2.7cm 내려와서 맞주름 5개를 접어주고 구멍을 뚫고 끈을 끼워 여밈하도록 하였다.

1800년대 후반
No.156 가로 10.5cm 세로 11cm

두루주머니夾囊

Round-shaped pouch

두루주머니는 협낭(夾囊) 또는 염낭이라고 불린다. 귀주머니와 비슷하나 끝 모양이 둥근 것이 다르다. 부리에서 주름을 잡아 끈을 펜 후 그 끈을 조이면 전체적으로 둥근 모양이 만들어진다.

유물은 앞 뒷면에 꽃무늬 금박을 치고 6개의 주름을 잡아 주었다. 주름 끈은 금실을 감은 국화 매듭의 끈이 달려 있다.

1800년대 후반
가로 10cm 세로 14cm No.2613

배꼽주머니

일명 쑥주머니 라고도 한다. 쪽물로 염색한 청색 무명 주머니 속에 쑥이 들어 있으며 가장자리는 성글게 홈질해 주었다. 쑥은 해독작용과 함께 몸을 따듯하게 해주는 효능이 있다고 하여 탯줄을 땐 배꼽이 아물 때까지 배꼽 위에 얹어 놓고 끈으로 매어 주었다.

1900년대 초반
No.291 가로 8cm 세로 15.8cm

시계時計집

1800년대 중반
No.105 | 가로 8cm 세로 7.5cm

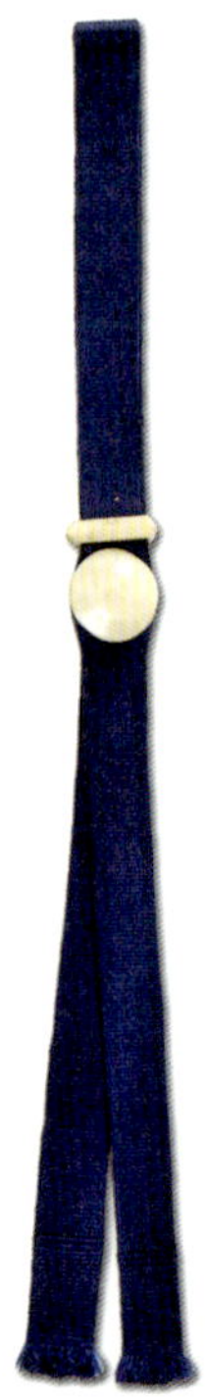

안경眼鏡집속

1800년대 중반
No.1227 No.120 | 길이 13~14.5cm 너비 5.5~7cm

No.127 | No.120

장도끈

1800년대 중반
No.081 | 길이 42cm 너비 1cm

나막신木屐

1900년대 초반

No.513 길이 25cm 발너비 8cm 옆 4cm
뒤 6.5cm 굽높이 5cm

나막신을 사고 파는 장수와 손님들. 1900년대 초반
『사진으로 보는 조선시대 생활과 풍속』 서문당 1987

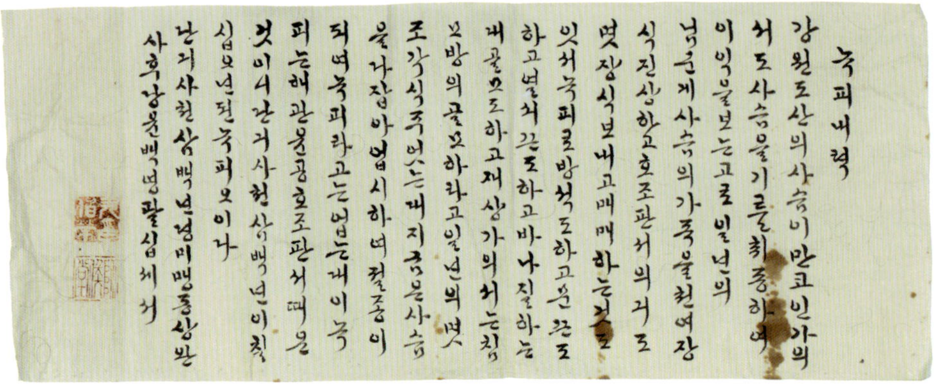

녹피내력
강원도산의사슴이만코인가의
셔도사슴을기를취종하여
이익을보는고로일년의
님군계사슴의가죽을천여장
식진상하고호조판셔의거도
몃장식보내고매매하는것도
잇셔녹피로방셕도하고문끈도
하고열쇠끈도하고바나질하는
대골모도하고재상가의셔는침
모방의골모하라고일년의몃
조각식주엇는대지금은사슴
을다잡아업시하여절종이
되여녹피라고는업는대이녹
피는해관윤공호조판셔때운
것이니단긔사천삼백년이칠
십오년된녹피오이다
단긔사천삼백년뎡미맹동상완
사후당윤백영팔십세서

녹피鹿皮

Deer skin

사슴 가죽이다. 방석, 문끈, 열쇠 끈, 골무 등에 사용하였다. 두께는 0.1~0.4㎝ 정도로 편차가 있다.

강원도 산의 사슴이 만코 인가(人家)의서도 사슴을 기를 취종(取種, 씨를 받음)하여 이익을 보는고로 일 년의 [頭]님군게 사슴의 가죽을 천여 장식 진상(進上)하고 호조판서(戶曹判書)의긔도 몃 장식 보내고 매매하는 것도 잇서 녹피로 방석도 하고 문 끈도 하고 열쇠 끈도 하고 바나질하는 대 골모도 하고 재상가(宰相家)의서는 침모방(針母房)의 골모 하라고 일 년의 몃 조각식 주엇는대 지금은 사슴을 다 잡아 업시하여 절종(絶種)이 되어 녹피라고는 업는대 이 녹피는 해관 윤공(尹公, 윤용구, 1853~1939) 호조판서 때 운 것이니 단긔 사천삼백년이 칠십오 년(1893년) 된 녹피오이다 단긔(檀紀) 사천삼백년(1967년) 뎡미(丁未) 맹동(孟冬) 상왕 사후당(師候堂) 윤백영 팔십세 서(書) [印 2개]

1800년대 후반

No.2496 길이 44㎝ 너비 31(조각)㎝

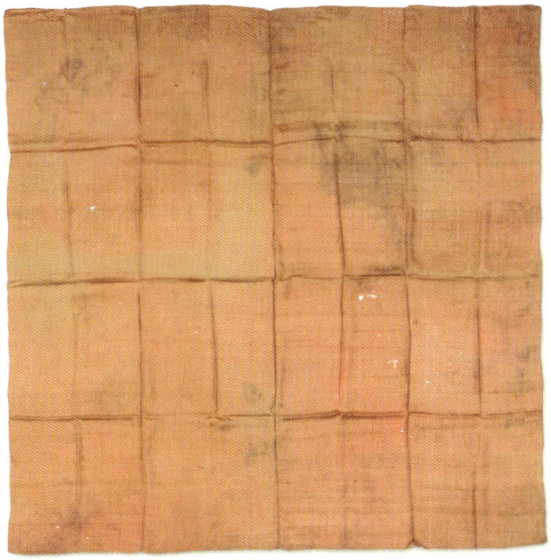

홍화염 명주보자기

1800년대 후반
No.3119 가로 146㎝ 세로 144㎝

자초염명주보자기

1800년대 후반
No.208 가로 세로 107㎝

쪽염삼베보자기

1800년대 후반
No.606 가로 68㎝ 세로 68㎝

삼베麻布

1800년대 후반
No.2995 길이 113cm 너비 37cm

옷감 조각[삼승]

1800년대 후반
No.2497 길이 76cm 너비 13cm

청색 안감용 명주靑色內供紬

경사는 꼰사이고 위사는 푼사로 제직한 평견직물이다.

1800년대 후반
No.2506 | 길이 70cm 너비 11cm (조각)

잔누비 조각

누비옷의 안섶용 조각이다. 겉감은 두록색 명주이고 안감은 분홍색 명주를 사용하였다. 사이에 얇게 솜을 넣어 0.4cm 간격으로 곱게 잔누비하였다.

1800년대 중반
No.2505 길이 31cm 너비 15cm

부싯쇠와 부시쌈지

Flint metal lighter and its pocket

1800년대 중반

No.2277 부싯쇠　가로 2.4 cm 세로 6.7cm
No.351 부시쌈지　가로 7.8 cm 세로 10 cm

재령현감지인載寧縣監之印

1885년

No.2414　가로 7cm 세로 7cm

등차관藤茶罐

1800년대 중반
No.2633 길이 24㎝ 높이 16 ㎝

샷자리
A reed Mat

갈대를 엮어서 만든 자리

1800년대 중반
No.4761 길이 364㎝ 너비 110㎝

붉은 먹朱墨

Red ink stick

1800년대 중반
No.2646 길이 6.5㎝ 너비 1 ㎝

선禩

1800년대 후반
No.2508 길이 1100㎝

투전鬪牋

Gambling cards

1800년대 중반
No.3055 길이 20.5㎝ 너비 0.7 ㎝

주함朱函

1800년대 후반
No.3054 세로 24㎝ 가로 14.5 ㎝

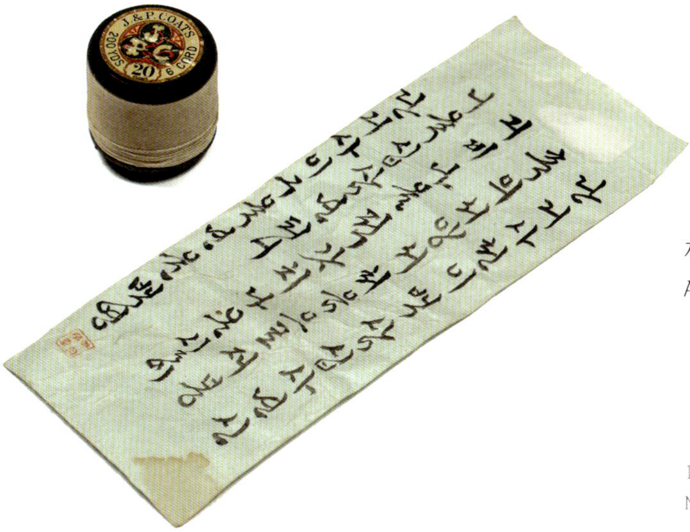

재봉침사裁縫針絲

A reed Mat

단기 사천이백 삼십사년(1901) 신축의 서방석 지음으로 재봉기계 나옴적 갖지 너은 실이니 육십삼년 되니 단기사이구육년(1961) 윤백영

1900년

No.2531 지름 3.5cm

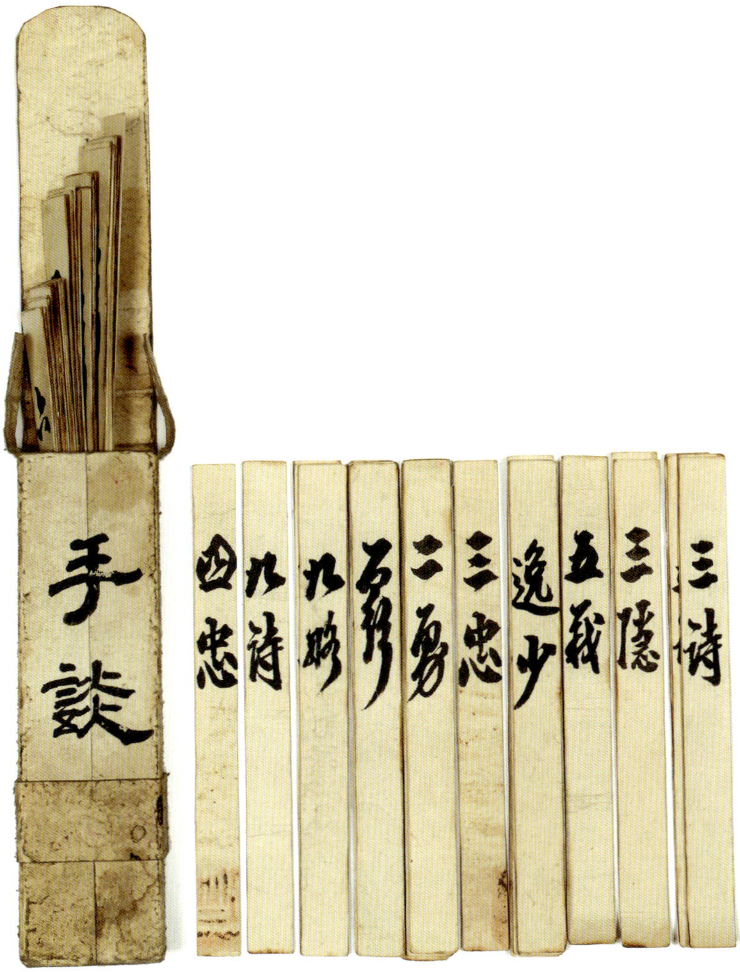

파수罷睡와 파수罷睡집

1850년

No.3056 파수 길이 19.5cm 너비 2cm

No.3057 파수집 길이 20cm 너비 5.5cm

제갈무후마상점諸葛武候馬上占

Divination

신년 재미로 보았던 점괘이다. 위쪽에 각 점괘별로 상중하(上中下) 등급이 매겨져 있다. 상상(上上) 9개, 샹중(上中) 13개, 샹하(上下) 3개, 중중(中中) 1개 , 중하(中下) 1개, 하중(下中) 2개, 하하(下下) 7개가 있다.

제갈무후(諸葛武候) 마상점(馬上占)

상상(上上) 어변성뇽(魚變成龍) 과(卦). 상중(上中) 사병(死病)의 약 어든 과. 상중(上中) 동절(冬節)의 옷 어든 과. 상상(上上) 곡식 싸은 대 간 과. 하하(下下) 흙이 흘너 물의 든 과. 상중(上中) 저어서 간곤한 계집 어든 과. 상상(上上) 밧 갈 제 소 어든 과. 상상(上上) 고기 물 어든 과. 하하(下下) 개 범 맛난 과. 중중(中中) 철죽의 소 탄 신선 맛난 과. 상상(上上) 아비 자식 어든 과. 상중(上中) 굴문 사람이 밥 어든 과. 상상(上上) 신선이 학 어든 과. 하하(下下) 무녀 불길한 방소 어든 과. 상중(上中) 아해 어미 어든 과. 상중(上中) 보행(步行)이 말 어든 과. 상중(上中) 병의 무녀 어든 과. 상하(上下) 고집 가운데 써러진 과. 상중(上中) 빈재(貧者 ㅣ) 보배 어든 과. 상상(上上) 봉접(蜂蝶)이 꼿쇽ㄷ의 안잔 과. 상중(上中) 노인이 막대 어든 과. 하하(下下) 사람이 인중(人衆)의 쓰이지 모한 과. 하하(下下) 물고기 숫태 난 과. 상중(上中) 풍우(風雨)의 명월(明月) 난 과. 듕하(中下) 봉(鳳)의 우리의 닭 어든 과. 하하(下下) 노루가 그믈의 걸닌 과. 하중(下中) 사람이 긔운 업슨 과. 하하(下下) 소리 잇고 얼골 업슨 과. 상하(上下) 구살의 구멍 업슨 과. 상중(上中) 죽은 남긔 꼿핀 과. 상중(上中) 도다지 신선 된 과. 상중(上中) 집 짓고 드러안질 과. 상상(上上) 수변(水邊)의 배 어든 과. 상중(上中) 주린 사람이 주육(酒肉) 어든 과. 상상(上上) 노승(老僧)이 상재 어든 과

상상(上上) 구. 샹중(上中) 십삼. 샹하(上下) 삼. 중중(中中) 일.
중하(中下) 일. 하중 이. 하하 칠 도합 삼십 오과 윤백영 칠십팔세 서

1900년대 초반

No.2806 총길이 18.5㎝ 너비 6.4㎝ 첩길이 14㎝
펼친너비 78.8㎝ 끈길이 5.3㎝

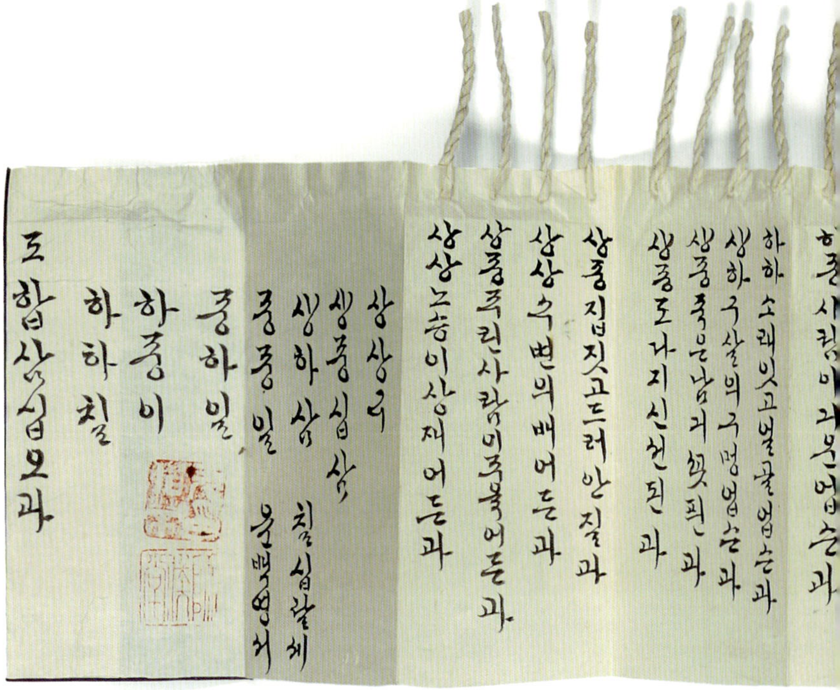

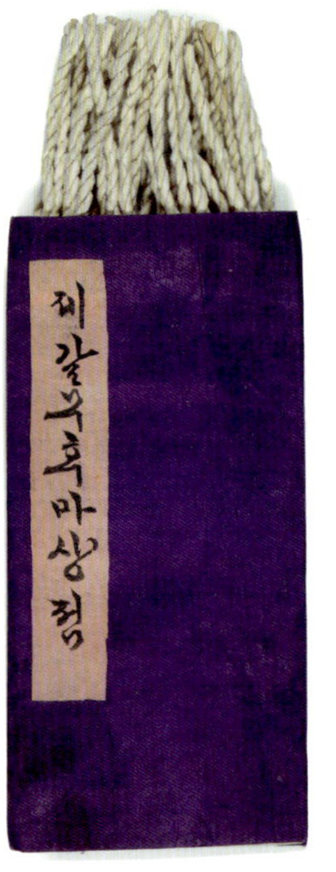

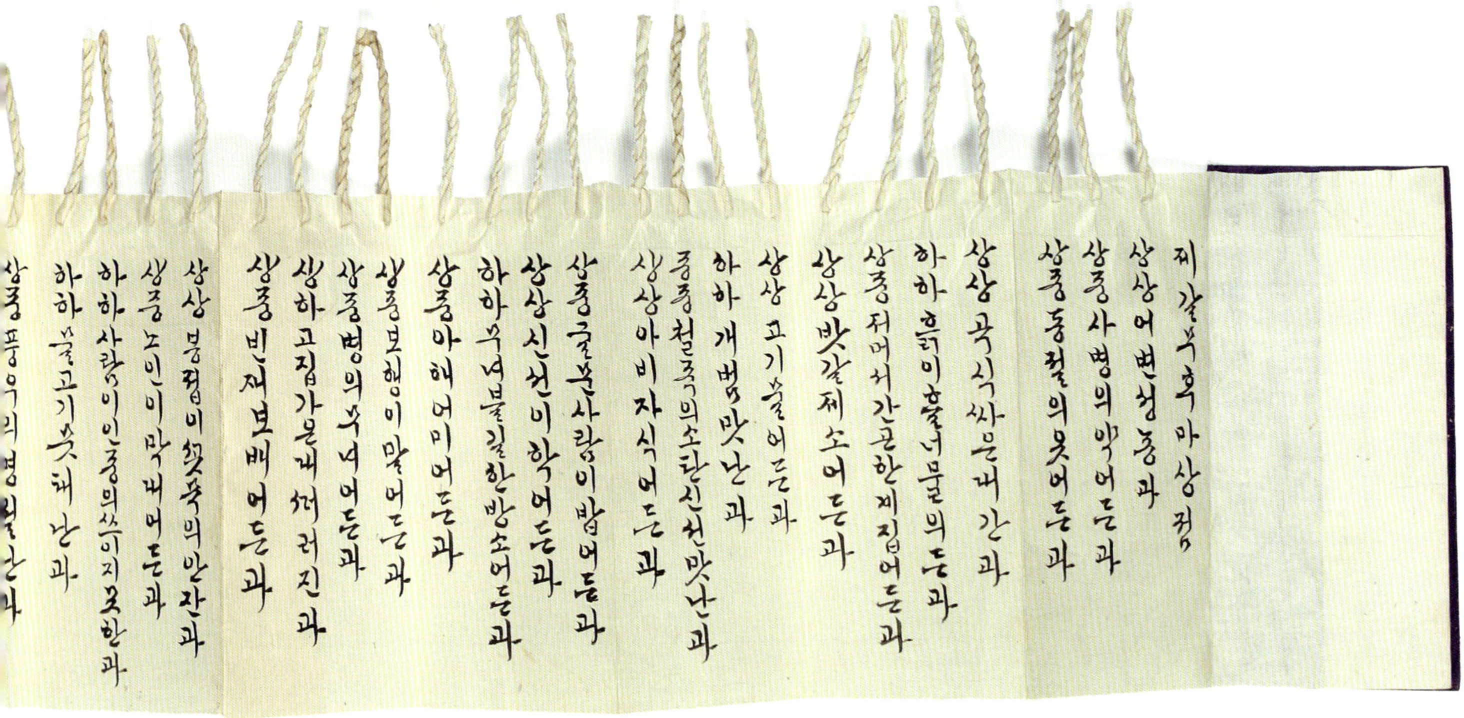
지갈무후마상졈
상상 어변셩룡과
상중 사병의 약어든과
상중 동졀의 옷어든과
상상 곡식싸믄내 간과
하하 흙이 흘너믈의 든과
상중 뒤머서 간곤한제 집어든과
상상 밧갈제 소어든과
상상 고기 술어든과
하하 개범맛난과
중중 쳘쥭의 소란신션맛난과
상상 아비 자식어든과
상중 굴른사람이 밥어든과
상상 신션이 학어든과
하하 무녀 불길한 방소어든과
상중 아해 어미어든과
상중 보행이 말어든과
상중 병의 무너어든과
상하 고집가문내 쎠러진과
상중 빈재 보배어든과
상상 봉졉이 쏫쏙의 안잔과
상중 노인이 막대어든과
하하 사람이 인죵의 쓰이지 못한과
하하 물고기 못해 난과
상중 풍우의 병

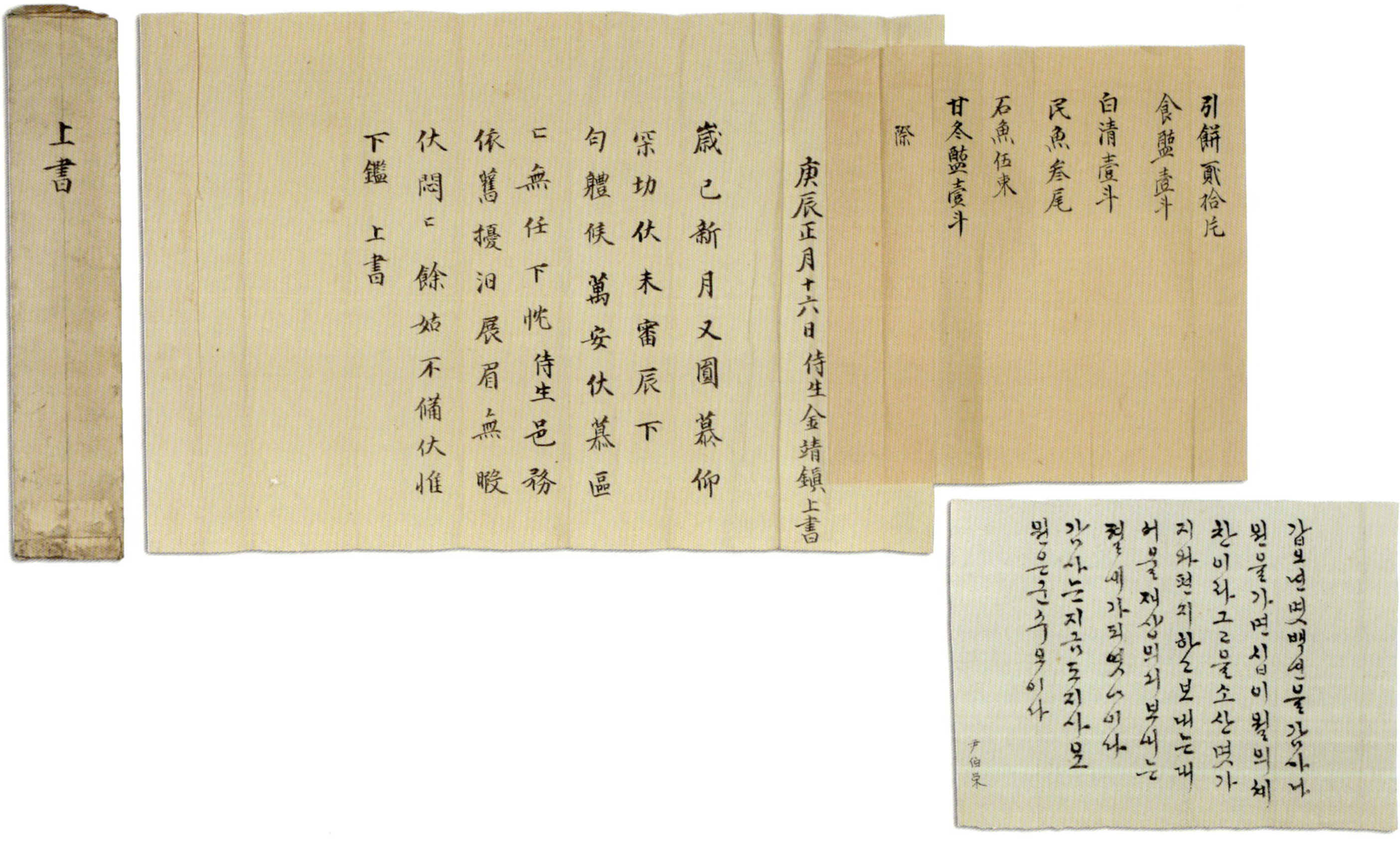

세찬물목歲饌物目

【봉투】上書 [庚辰 正月 十六日 侍生 金靖鎭 上書]

갑오(甲午)년 몃백 년을 감사(監司)나 원을 가면 십이월의 세찬(歲饌)이라 그 고을 소산(所産) 몃 가지와 편지하고 보내는대 서울 재상(宰相)의게 보내는 절네(前例)가 되엿나이다 감사는 지금 도지사(道知事)요 원은 군수(郡守)오이다 尹伯榮

1880년

No.8177 봉투) 길이 24cm 너비 5cm
편지) 길이 40cm 너비 23.8cm

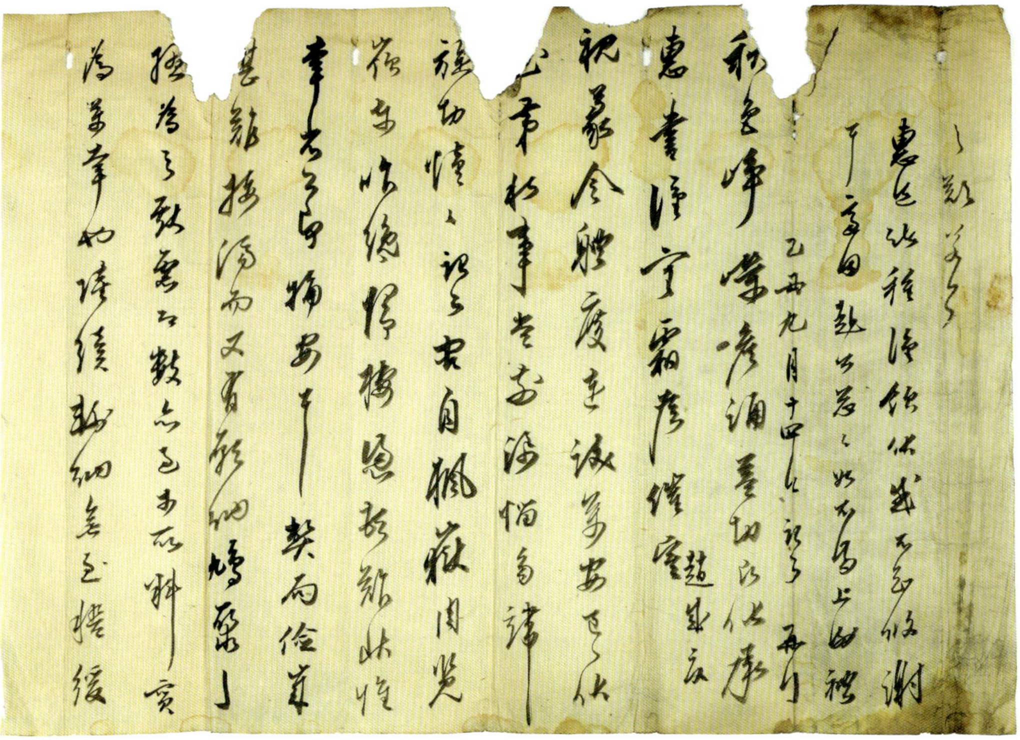

간찰簡札

1865년
No.8197 가로 50.5㎝ 세로 35.5㎝

백첩지白帖紙

접선(摺扇) 형식으로 8번 접혀 있다.

조선말기
No.8185 가로 72.5㎝ 너비 43.2㎝

서예書藝(松齊)

No.8188
가로 62cm 세로 38cm
朝鮮末期

서예書藝

No.8187
가로 55.5cm 세로 37cm
朝鮮末期

서예書藝(松庵)

No.8189
가로 55.5cm 세로 31cm
朝鮮末期

서예書藝(海石)

No.8190
가로 67.5cm 세로 38.5cm
朝鮮末期

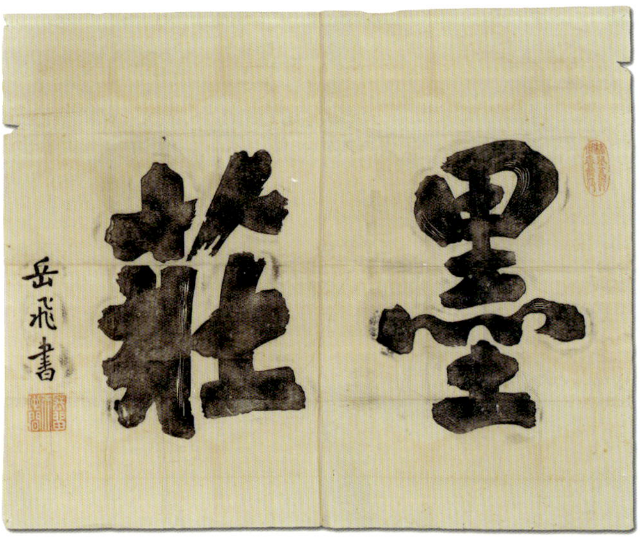

서예書藝(默莊-岳飛書)

No.8192
가로 93.5cm 세로 74.5cm
朝鮮末期

묵서墨書
No.8193
가로 24.5cm 세로 53cm
朝鮮末期

묵서墨書
No.8194
가로 14.2cm 세로 53cm
朝鮮末期

서예書藝(每月)
No.8186
가로 32cm 세로 55cm
朝鮮末期

서예書藝(龍)
No.8191
가로 43.5cm 세로 64.5cm
朝鮮末期

石宙善紀念博物館

복원품

단국대학교 석주선기념박물관 제31회 특별전 '조선 마지막 공주, 덕온가의 유물' 전에는 다양한 복식들이 소개되고 있다. 이 가운데 복식사적으로 중요하다고 여겨지는 유물 7점을 선별하고 원형 크기의 복원품 제작을 실시하였다. 작업은 이 옷이 어떠한 체형에 맞는지를 알아보고자 하는 것이어서 유물에 착장자를 맞추는 역순으로 진행되었다. 착장자 선정 시 유물의 옷길이와 옷품을 기준한 후, 왕실 사진 자료와 조선 말기 풍속화 자료 등을 참조하여 특정 복식을 입었을 때 키와 옷길이의 상관관계를 가늠하였다. 이 기준은 본 작업을 진행한 연구자의 추정적인 판단에 의해 진행되어 학술적인 정확성은 미흡하다. 다만 이러한 작업이 덕온공주 관련 복식 유물의 크기와 착장자를 실증적으로 이해하는 데 도움이 되었으면 하는 바람으로 진행하였다. 복원품 선정 대상 유물은 7점이다.

- 덕온공주 원삼[No.106]
- 덕온공주 장옷[No.116]
- 덕온공주 녹색당의[No.83]
- 자적부금당의
- 녹색부금당의
- 덕온공주 부금견마기[No.1745]
- 어린이용 삼회장저고리[No.707]

06

19세기 여인의 옷차림

『사계풍속도』(19세기, 작자미상) 중 7폭 **「노상풍정」**(국립중앙박물관 소장)

『사계풍속도』(작자미상) 중 2폭 **「화류유희」**(국립중앙박물관 소장)

대상 유물	덕온공주 원삼(No.106)
옷 지은이	김미정
흉배 수놓은이	유미강
머리 만든 이	김민정
원삼감 제직	할머니갑사
옷 입은 이 키	160cm

대상 유물	자적부금당의, 녹당의
옷 지은이	한광순
옷 입은 이 키	135cm, 105cm

대상 유물	덕온공주 녹색부금당의(No.083)
옷 지은이	이순학
옷 입은 이 키	135cm

대상 유물	덕온공주 부금견마기(No.1745) 어린이 삼회장저고리(No.707)
옷 지은이	김지혜, 김영숙
옷 입은 이 키	135cm, 105cm

대상 유물	덕온공주 장옷(No.116)
옷 지은이	정말숙
옷 입은 이 키	163cm

石宙善紀念博物館

EXHIBITION ON COSTUME RELICS OF THE LAST PRINCESS DEOKON AND HER ROYAL FAMILY FROM THE JOSEON DYNASTY

논고

Seok Juseon Memorial Museum
Dankook University

덕온 공주의 일생과 가문

신명호 (부경대 사학과 교수)

목차

Ⅰ. 머리말

단국대학교 석주선기념박물관에는 덕온공주와 관련된 유물 222점이 소장되어 있다. 이 유물들 중에는 국가 지정 중요민속문화재 제1호인 덕온공주 자적당의 1점, 제211호인 덕온공주 의복 6점, 제212호인 덕온공주 유물 33점, 제213호인 항아당의 1점, 제216호인 윤용구 복식 4점 등이 포함되어 있다. 이들 민속자료는 조선왕실의 생활상을 유추해볼 수 있는 중요한 자료로 평가되고 있다.[1]

석주선기념박물관에 소장되어 있는 덕온공주와 관련된 유물 222점은 복식, 서간, 부채, 주방용품 등 그 종류가 다양할 뿐만 아니라 제작 연대도 1780년부터 1964년에 이르기까지 장기간에 걸쳐 있다. 이와 같은 덕온공주와 관련된 유물을 보다 깊이 이해하기 위해서는 각각의 유물 하나하나를 종류별로 그리고 시기별로 엄밀하게 연구할 필요가 있다. 그와 동시에 덕온공주 본인의 일생 및 공주의 가문에 대한 연구도 필수적이다. 덕온공주와 관련된 유물은 대부분이 공주의 삶의 과정 속에서 형성되었고 그 유물의 보존과 전래 및 확장은 공주의 가문을 통해서 이루어졌기 때문이다. 그럼에도 불구하고 현재까지 덕온공주 본인의 일생 및 공주의 가문에 대한 연구는 전혀 없는 실정이다.

순조와 순원왕후 김씨 사이에서 태어난 덕온공주 본인의 일생 및 공주의 가문은 조선시대 공주의 전형적인 삶의 모습과 함께 특수한 삶의 모습을 보여준다. 그것은 덕온공주가 조선시대 공주로서의 일반적인 삶을 살았으면서 동시에 순조와 순원왕후 김씨의 막내공주라는 특수한 삶을 살았기 때문이었다.

조선시대 공주의 삶이 이루어진 공간은 크게 궁궐과 살림집이었다. 출합을 경계로 하여, 공주는 출합 이전에는 궁궐에서 살다가 출합 이후에는 살림집에서 살았기 때문이었다. 따라서 조선시대 공주의 삶을 통합적으로 살펴보기 위해서는 궁궐에서의 삶과 함께 살림집에서의 삶을 두루 살펴볼 필요가 있다.

본 글에서는 덕온공주의 출생과 봉작 그리고 출합과 죽음을 통해 공주의 삶을 통합적으로 살펴보고자 하였다. 이로써 덕온공주 본인의 일생을 이해할 뿐만 아니라 덕온공주와 관련된 유물의 형성과정과 보존과정 그리고 전래과정을 보다 깊이 이해하는 데 조금이라도 도움이 되고자 하였다.

Ⅱ. 덕온공주의 출생과 봉작

1. 덕온공주의 출생과 부모형제

덕온공주는 1822년(순조 22) 6월 10일 묘시(卯時, 아침 5-7시)에 출생했는데 순산이었다.[2] 승정원일기에 의하면 이날 날씨는 맑았고 순조는 창덕궁에 머물렀다.[3] 덕온공주의 생부는 조선의 23대 국왕 순조였고 생모는 순조의 중전 순원왕후(純元王后) 김씨였다. 이런 사실로 미루어보면 덕온공주가 태어난 곳은 창덕궁의 중전인 대조전(大造殿)이었을 가능성이 높다. 왜냐하면 왕비는 원칙적으로 궁중의 시어소(時御所)인 중전에서 해산하는 것이 관행이었기 때문이다.[4]

덕온공주가 순산했다는 사실이 공포되자 약방(藥房)에서는 산실청(産室廳)을 설치하자고 요청하여 허락받았다.[5] 아

[1] 박성실(1991), 「덕온공주유물」, 『한국민족문화대백과사전』, 한국정신문연구원.

[2] "藥房口傳啓曰 卽伏承承傳色口傳下教 則今日卯時 中宮殿 解娩萬安 臣等不勝歡忭之忱" (『승정원일기』순조 22년(1822) 6월 10일(임자)).

[3] "晴 上在昌德宮"(『승정원일기』순조 22년(1822) 6월 10일(임자)).

[4] "産室은 必히 中宮殿下의 時御所로 흠"(『大君公主御誕生의 制』, 장서각 도서분류 2-2625).

[5] "産室依例設廳 臣等自今日 竝直本院之意 敢啓 答曰 知道"(『승정원일기』순조 22년(1822) 6월 10일(임자)).

울러 약방에서는 권초관(捲草官)도 차출하자는 요청을 하여 허락받았다.[6] 산실청 설치 그리고 권초관 차출은 왕비의 출산 때 관행적으로 거행되던 일들이었다. 왕비의 산실청은 출산 3개월 전쯤에 설치되는 것이 관행이었다.[7] 3개월 전쯤에 산실청이 설치되면 그곳에는 약방 관료와 행정 관료는 물론 어의와 의녀 등이 차출되어 왕비의 임신과 출산을 관리하였다.[8] 산실청이 설치되는 당일에는 어의에 의해 공식적으로 진맥이 이루어지고 임신 사실도 공포되었다.[9]

그런데 덕온공주가 출생할 때에는 해산 이후에야 산실청이 설치되었다. 그 이유는 덕온공주가 태어나기 2년 전에 있었던 불행한 사건 때문이었을 것으로 생각된다. 1820년(순조 20) 2월 23일에 순원왕후 김씨는 대군을 해산했다.[10] 당시에 순조는 기왕의 왕실 관행에 따라 해산 1개월 여 전인 1월 19일에 산실청을 설치했다.[11] 하지만 그 대군은 태어난지 석 달 만에 세상을 떠났다. 이런 일을 겪은 후 순원왕후 김씨가 또다시 임신하자 순조는 순원왕후 김씨의 안정을 위해 산실청을 설치하지 않았던 듯하다. 산실청이 설치되면 어의와 의녀가 배속되어 이들이 정기적으로 검진을 해야 하므로 임신부에게는 불안 요인이 될 수 있었기 때문이었다.

덕온공주가 출생한 당일 산실청이 설치되면서 어의와 의녀가 차출되었는데, 어의에 이유택, 김경림, 침의(鍼醫)에 이윤향, 의약동참(醫藥同參)에 이원풍, 김경훈이 차출되었다.[12] 의녀에는 덕애와 복상이 차출되었다.[13] 권초관은 해산 때 이용된 산자리를 걷던 관료였는데, 권초는 해산 후 7일째에 거행되었다. 덕온공주의 권초관에는 박윤수(朴崙壽)가 임명되었다.[14]

덕온공주가 순산하고 이어서 산실청이 설치된 후에는 조선왕실의 관행에 따라 세욕(洗浴), 세태(洗胎), 권초제(捲草祭) 등이 연이어 거행되었다. 세욕은 출산 후 3일째 되는 날 산모와 신생아가 하는 목욕이었다. 왕실의 관행에 의하면 산모의 세욕을 위한 목욕물은 묵은 쑥을 넣어 끓인 쑥탕이었고, 신생아의 목욕물에는 복숭아나무뿌리, 매화뿌리, 오얏뿌리와 호두를 넣고 끓인 후 돼지쓸개를 넣었다. 즉 관행적인 세욕은 목욕물에 온 몸이 들어가는 방식이었던 것이다.

하지만 덕온공주와 순원왕후 김씨의 세욕은 아주 간단히 거행되었다. 즉 수건으로 간단하게 씻는 방식이었던 것이다. 약방에 의하면 덕온공주와 순원왕후 김씨의 세욕이 이렇게 약식으로 거행된 이유는 몸이 힘들고 바람에 상할까 하는 우려 때문이었다.[15] 순원왕후 김씨가 덕온공주를 해산했을 이미 34살이었으므로 이런 우려를 했을 것으로 생각된다.

세태는 해산 후 3일 또는 7일 째에 태를 정결한 물로 씻는 의식이었다. 해산 때 받아두었던 태는 백자 항아리에 넣어 보관하는데, 세태는 산실의 뒤란에서 태를 물로 백 번에 걸쳐 씻은 다음에 또다시 향기로운 술로 한 번 더 씻었다. 씻은

---

6) "(藥房都提調) 韓用龜曰 政官牌招開政 捲草官差出 何如 上曰 依此爲之"(『승정원일기』순조 22년(1822) 6월 10일(임자)).

7) "産室廳<前期三朔>"(『內醫院式例』, 産室廳).

8) 조선시대의 산실청에 관하여는
신명호(2002. 8), 「조선시대 宮中의 出産風俗과 宮中醫學」, 『고문서연구』21, pp.199~226.
김호(2002. 12), 「조선후기 왕실의 出産 풍경」, 『조선의 정치와 사회』-최승희교수 정년기념논문집-, pp.745~770.
김호(2009), 「조선왕실의 출산과정과 『護産廳日記』」『淑嬪崔氏資料集』1-日記, 園誌-, 한국학중앙연구원, pp.21~36.
원진희(2009), 「『護産廳日記』의 한의학적 의의」, 『淑嬪崔氏資料集』1-日記, 園誌-, 한국학중앙연구원, pp.37~47 참조.

9) "産室廳始設之日 每詣中宮殿 診候矣"(『春秋日記』同治 13년(1874) 갑술 1월 초3일, 장서각 도서분류 2-3617).

10) 『순조실록』권 23, 순조 20년(1820) 2월 23일(기유).

11) 『순조실록』권 23, 순조 20년(1820) 1월 19일(병자).

12) "御醫李惟鐸金景琳 鍼醫李允馨 議藥同參李元豐金景勳 別入直差下"(『승정원일기』순조 22년(1822) 6월 10일(임자)).

13) "醫女德愛福祥 依例差下之意 敢啓 傳曰 知道"(『승정원일기』순조 22년(1822) 6월 10일(임자)).

14) "以朴崙壽差捲草官"(『순조실록』권 25, 22년(1822) 6월 10일(임자)).

15) "藥房口傳啓曰 俄間中宮殿氣候 何如 今日乃分娩後 第三日也 洗浴吉時擇入 而不無勞動觸風之慮 似當十分謹愼 只用手巾略拭 恐爲得宜 惶恐敢啓答曰 知道"(『승정원일기』순조 22년(1822) 6월 12일(갑인)).

태는 다시 동전 하나를 넣은 백자 항아리에 담아 입구를 밀봉하고 세태한 날짜와 책임자, 태 주인공의 이름을 종이에 적어서 붙여 두었다. 이 태항아리는 해산 7일 후, 석 달 이내에 길일을 골라 명당으로 옮겨 봉안하였는데 그 곳을 태실(胎室)이라고 하였다. 태항아리는 석함(石函)에 담아 매장하였으며 태실에는 비석도 세웠다. 이 결과 태실 조성은 물론 관리를 위해 비용이 많이 들었으며 그것은 해당 지역의 민폐로 이어졌다.

이에 영조는 동왕 41년(1765) 5월 13일에 명령을 내려 왕자와 왕녀의 태는 태봉이 아닌 궁궐 후원의 정결한 곳에 묻되 석함도 없애고 비석도 없애게 하였다.[16] 이후 왕자나 왕녀의 태는 창덕궁 후원에 묻는 것이 관행으로 굳어졌다. 예컨대 덕온공주 이전에 순원왕후 김씨가 출산한 명온공주와 복온공주의 태 역시 창덕궁 후원에 묻혔다.[17] 덕온공주의 태 역시 명온공주, 복온공주의 태와 마찬가지로 창덕궁 후원에 묻혔는데, 장태가 거행된 시점은 7월 1일이었다.[18] 하지만 덕온공주의 태가 정확히 창덕궁 후원의 어느 곳에 묻혔는지는 확인되지 않는다.

덕온공주를 위한 권초는 기왕의 관행대로 해산 7일째인 6월 16일 거행되었다.[19] 세욕, 세태 그리고 권초제까지 끝남으로써 덕온공주가 출산한 이후 치러야 할 중요한 통과의례는 모두 완료되었다. 이에 6월 16일에 산실청이 해체되었고 신생아 덕온공주는 순원왕후의 거처 즉 창덕궁의 대조전에서 양육되기에 이르렀다.

조선후기에 왕의 자녀들은 아명을 쓰지 않고 단지 아기씨(阿只氏)로 불렸다. 다만 신분과 성별에 따라 원자 아기씨, 남 아기씨, 여 아기씨 또는 대군 아기씨, 왕자 아기씨, 공주 아기씨, 옹주 아기씨 등으로 불렀다. 또한 특별히 순서를 표시할 때는 태어난 순서로 부르기도 하였다. 덕온공주의 경우 셋째 공주였으므로 제삼공주(第三公主)라고도 불렸다.[20]

1822년(순조 22) 6월 10일 묘시(卯時, 아침 5~7시)에 출생한 덕온공주의 부친인 순조는 1790년(정조 14)에 태어나 11세 되던 1800년(정조 24)에 조선의 23대 국왕에 즉위하였다. 따라서 덕온공주가 태어났을 때 순조는 33살이었다.

한편 덕온공주의 모친인 순원왕후 김씨는 1789년(정조 13) 5월에 한양의 양생방에서 출생하였다. 본관은 안동이고 부친은 김조순(金祖淳), 모친은 청송 심씨로서 심건(沈健)의 딸이었다. 순원왕후 김씨는 1800년(정조 24) 봄에 재간택에까지 선발되었으나 삼간택을 앞두고 6월에 정조가 갑자기 세상을 떠나는 바람에 최종 간택이 연기되었다. 그 후 최종 간택을 놓고 노론벽파인 영조의 계비 정순왕후 김씨의 반대가 있었지만 결국 1802년(순조 2) 10월에 삼간택에 선발되어 순조의 왕비가 되었다. 당시 순원왕후 김씨는 14세, 순조는 13세였다. 왕비가 된 지 7년 후인 1809년(순조 9)에 순원왕후 김씨는 첫째 아들을 출산했다. 21세에 본 이 아들이 훗날의 효명세자(추존왕 익종)이었다. 이어서 순원왕후 김씨는 22세 되던 1810년(순조 10)에 첫째 딸 명온공주를 출산했고, 계속하여 30살 되던 1818년(순조 18)에 둘째 딸 복온공주를 출산하였으며, 32살 되던 1820년(순조 20)에는 둘째 아들을 출산하였다. 하지만 둘째아들은 생후 3개월 만에 세상을 떠났다. 둘째 아들이 세상을 떠나고 만 2년여 만에 순원왕후 김씨가 34세의 나이로 출산한 딸이 덕온공주였다. 순원왕후 김씨는 덕온공주 이후에 더 이상 자녀를 출산하지 못했으므로 덕온공주가 막내딸이었다.

덕온공주가 세상에 태어나던 1822년 당시 효명세자는 14살로서 이미 혼인한 상태였다. 효명세자는 11살 되던 1819년

[16] "而此後凡藏胎 必也御苑精潔處藏置 而此石函亦大 況十年之內 爲水以消 不過缸存 不必石函 只以外陶缸埋置事定式" (『승정원일기』영조 41년(1765) 5월 13일 (정해)).

[17] "尹鼎烈 以觀象監提調意啓曰 今此中宮殿新生女阿只氏藏胎 依庚午年例爲之事 命下矣 處所以何處爲之 擇日以何間擇入乎 敢啓 傳曰 藏胎昌德宮後苑爲之 擇日再七日內外擇入"(『승정원일기』순조 18년(1818) 11월 3일 (정유)).

[18] "觀象監啓言 藏胎處 當自本監看審後 備三望受點擧行 而英廟朝乙酉年 有只用外陶缸御苑淨潔處藏置事 定式受敎矣 今番則何以爲之 而擇日以何間擇入乎 敎以依戊寅年例(순조 18년-필자 주)爲之 以七月初一日擇入" (『일성록』순조 22년(1822) 6월 17일).

[19] "藥房口傳啓曰 今日 乃中宮殿解娩後第七日也 捲草祭旣已設行"(『승정원일기』순조 22년(1822) 6월 16일 (무오)).

[20] "第三公主"(『승정원일기』순조 29년(1829) 3월 6일 (경자)).

(순조 19) 10월에 풍양 조씨와 혼인하였다. 반면 13살의 명온공주와 5살의 복온공주는 아직 혼인 이전이었다.

이외에 덕온공주가 태어나던 당시에 배다른 언니가 한 명 또 있었다. 즉 숙의 박씨가 출산한 영온(永溫) 옹주가 그 주인공인데 영온옹주는 1817년(순조 17) 생으로서 덕온공주가 태어나던 1822년에 6살이었다. 덕온공주가 출생하던 당시 효명세자, 명온공주, 복온공주 그리고 영온옹주는 모두 궁궐에서 살고 있었다. 물론 덕온공주의 생부인 순조와 생모인 순원왕후 김씨 그리고 숙의 박씨 역시 궁궐에서 살고 있었다. 이상의 내용을 정리하면 다음과 같다.

<표 1> 덕온공주 출생(1822, 순조 22) 시의 부모형제

대상자	관 계	출생연도	덕온공주 출생시 나이	비 고
순조	생부	1790(정조 14)	33세	
순원왕후 김씨	생모	1789(정조 13)	34세	안동 김조순 녀
효명세자	동복 오빠	1809(순조 9)	14세	1819년 혼인
세자빈 조씨	효명세자빈	1808(순조 8)	15세	풍양 조만영 녀
명온공주	동복 언니	1810(순조 10)	13세	
복온공주	동복 언니	1818(순조 18)	5세	
대군	동복 오빠	1820(순조 20)	생존 시 3세	생후 3개월 만에 사망
숙의 박씨	순조 후궁	미상	미상	
영온공주	이복 언니	1817(순조 17)	6세	숙의 박씨 소생

2. 덕온공주의 봉작과 공주방(公主房)

『경국대전』에 의하면 조선시대의 종친봉작은 다음과 같이 운영되었다. 왕의 본부인인 왕비가 출산한 아들은 대군(大君)이 되었다. 대군을 봉작하는 연한은 따로 없었고 적당한 시기에 봉작하도록 하였다. 이에 비해 왕의 후궁이 낳은 아들은 군(君)이 되었는데, 이들은 7살이 되면 봉작되었다. 공주와 옹주 역시 대군과 마찬가지로 봉작하는 연한이 따로 없었다. 반면 왕손(王孫)과 군주(郡主) 그리고 현주(縣主)는 10살에 봉작되었다.[21] 대군과 공주 그리고 옹주의 봉작 연한을 따로 정하지 않은 것은 이들에 대한 봉작을 신축적으로 운영하기 위해서였다. 하지만 나름대로의 원칙은 있었다. 즉 대군의 봉작은 대체로 왕자군이 봉작되는 7세보다 이른 나이에 이루어졌고, 공주와 옹주의 봉작은 군주와 현주가 봉작되는 10세보다 이른 나이에 이루어졌다.

왕의 자녀가 봉작된다는 것은 공식적으로 관작을 받는 것과 같았다. 즉 대군과 군은 종친부(宗親府)의 관작을 받는 것이었고, 공주와 옹주는 내명부(內命婦)의 관작을 받는 것이었다. 관작을 받으면 그에 상응하는 토지와 녹봉을 받았다. 대군, 군, 공주, 옹주는 무품계(無品階)로서 서열상 영의정이나 좌의정, 우의정보다 높았다. 따라서 대군, 군, 공주, 옹주 등에 봉작되면 삼정승보다 더 많은 토지와 녹봉을 받았다. 이는 덕온공주의 경우에도 마찬가지였다. 덕온공주는 8세 되던 1829년(순조 29) 3월에 정식으로 공주에 봉작되었다. 봉작은 "제삼공주(第三公主)의 작호(爵號)를 덕온(德溫)으로 하고, 공상(供上)과 전결(田結) 등에 관한 일을 전례에 의거해 마련하라."[22]는 순조의 명령으로 거행되었다. 즉 공주의 봉작은 왕의 명령으로 거행되었으며 봉작 명칭 또한 왕이 일방적으로 결정하여 통보했던 것이다.

[21] "大君公翁主 封爵無年限 王子君七歲 王孫<王子之衆子>郡縣主 十歲封爵"(『六典條例』宗親府, 封爵)

[22] "傳于尹聲大曰 第三公主爵號 以德溫爲之 供上及田結等事 依例磨鍊擧行事 分付該曹"(『승정원일기』순조 29년(1829) 3월 6일 (경자)).

정식으로 공주에 봉작되면 임명장인 교지(敎旨)를 받았다. 덕온공주의 경우를 보면, 순조는 덕온공주를 봉작하라는 명령을 내린 직후, 정관(政官)을 패초(牌招)하여 개정(開政)하고 덕온공주를 하비(下批)하라는 명령을 내였는데, 이는 인사담당부서인 이조(吏曹)의 관리들을 불러 덕온공주의 임명장인 교지를 작성하게 하라는 뜻이었다. 따라서 덕온공주는 봉작된 직후에 교지를 받았음을 알 수 있다.

공주나 옹주 또는 대군에 봉작되면 단순히 임명장인 교지만 받는 것으로 끝나는 것이 아니라 그에 수반되는 토지와 녹봉을 받았다. 예컨대 순조는 덕온공주를 봉작하면서 "공상(供上)과 전결(田結) 등에 관한 일을 전례에 의거해 마련하라."고 명령하였는데, 공상과 전결 등이 봉작에 수반되는 녹봉과 토지였다. 봉작이 일종의 관료 임명으로 간주되었다.

따라서 대군이나 공주, 옹주는 비록 어린 나이에 봉작되지만 나이에 관계없이 봉작 이후에는 독립적인 생활단위로 간주되었다. 대군, 군, 공주, 옹주 등의 독립적인 생활단위를 방(房)이라고 하였다. 즉 대군은 대군방, 군은 군방, 공주는 공주방, 옹주는 옹주방이 되는 것이었다. 요컨대 대군, 군, 공주, 옹주 등이 정식으로 봉작된 후 독립적인 생활단위인 방을 구성하면 그에 상응하여 공상과 전결을 지급했다.

조선후기의 공상(供上)이란 정부 재정을 담당한 관아인 호조 및 선혜청이 공물(貢物)의 일부를 왕실재용으로 조달하는 것을 말하며, 전결은 공주방이나 옹주방 또는 대군방 등의 경제적 독립을 위해 지급되는 면세전(免稅田)으로서 이런 전결을 궁방전(宮房田)이라고 하였다. 『속대전(續大典)』에 의하면 대군과 공주가 받는 궁방전의 규모는 850결이었다. 대군이나 공주는 봉작된 후 자신들에게 지급된 궁방전에서 세금을 거두었는데, 이 850결의 궁방전은 어느 정도의 규모일까? 『속대전』에 의하면 궁방전(宮房田)에서 걷는 세금은 1결에서 미(米) 23두(斗)를 넘지 못한다고 규정되어 있다. 이런 규정을 통해 궁방전에서 걷는 세금은 1결당 미 20두 정도는 충분히 되었음을 알 수 있다. 따라서 대군이나 공주에게 배당되는 850결의 토지에서 걷는 세금은 대체로 17,000두 정도에 이르는 어마어마한 양이었음을 추정할 수 있다.

덕온공주 역시 봉작되면서 850결의 전결을 받았다. 그런데 덕온공주가 850결의 전결을 받는 과정에서 많은 논란이 있었다. 덕온공주의 봉작 후, 호조에서는 850결의 전결 중에서 250결은 국가에서 마련해 주고 나머지 600결은 덕온공주방에서 토지를 매득한 후 그것으로 대체하자는 보고를 하였다. 즉 호조에서는 850결 중에서 국가에서는 단지 250결만 새로 마련해 주자고 했던 것이다. 이는 영조의 조치에 입각한 보고였다. 하지만 순조는 덕온공주방에서 언제 600결을 매득할 지 알 수 없으므로 즉시 850결을 마련해 줄 것을 명령하였다. 이 결과 덕온공주는 봉작되면서 850결의 전결을 모두 받을 수 있었다. 여기에 더하여 덕온공주에게는 토지를 마련한다는 명목으로 2,500냥의 거금이 지급되었다. 이 자금으로 덕온공주방에서는 대동강 하류 하중도(河中島)에 1천여 두락지(斗落地)에 달하는 거대한 토지를 매입하였다. 덕온공주방에 소속된 토지는 내수사의 환관들이 관리하였다.

덕온공주는 8살에 봉작되면서 이처럼 막대한 토지를 소유하게 되었지만 아직 어렸기에 공주의 양육은 여전히 궁중 안에서 이루어졌다. 덕온공주방 즉 덕온공주가 사는 장소는 여전히 생모인 순원왕후 김씨의 중궁전 주변에 있었을 것으

"傳于尹聲大曰 政官牌招開政 德溫公主封爵下批"(『승정원일기』순조 29년(1829) 3월 6일 (경자)).

조영준(2008. 8), 「19세기 왕실재정의 운영실태와 변화양상」, 서울대학교 박사학위논문, p.19.

"大君公主八百五十結"(『續大典』戶典, 宮房田).

"朴岐壽 以戶曹言啓曰 傳曰 第三公主爵號 以德溫爲之 供上及田結等事 依例磨鍊擧行事 命下矣 謹考法典 公主房免稅 爲八百五十結 而其中二百五 十結 以元結無土劃送 六百結 以本房買得土田 或量外加耕 有土者免稅矣 今此德溫公主房免稅二百五十結 以元結劃送 待本房望呈 擧行之意 敢啓"(『승정원일기』순조 29년(1829) 3월 6일 (경자)).

"徐英淳 以戶曹言達曰 德溫公主房買土價銀 以錢輸送可也事 令下矣 田畓買得價銀二千五百兩 依下令代錢輸送之意 敢達 令曰 知道" (『승정원일기』 순조 29년(1829) 3월 12일 (병오)).

염정섭(2010. 12), 「조선후기 대동강 하류 河中島의 개간과 宮房田의 성립 및 변천」, 『규장각』제37호, pp.119~125.

로 생각된다. 덕온공주방에서 양육을 담당한 사람들은 유모와 보모 그리고 궁녀들이었다. 『순조빈전혼전도감의궤(純祖殯殿魂殿都監儀軌)』에 의하면 순조가 세상을 떠났을 때, 덕온공주방의 유모 1명, 보모 1명, 수사(水賜) 3명, 각씨(閣氏) 5명이 공식적으로 순조를 위한 상복을 입는 대상으로 기록되어 있다.[29] 순조가 세상을 떠났을 때 덕온공주는 13세로 아직 혼인 전이었다. 따라서 이때의 덕온공주방에 있던 유모 1명, 보모 1명, 수사 3명, 각씨 5명 등 총 10명이 봉작 후부터 덕온공주를 양육하던 사람들이었을 것으로 판단된다. 이 중에서 유모와 보모는 덕온공주가 출생한 직후부터 직접적으로 양육을 담당했던 사람들이었다. 반면 수사 3명과 각씨 5명은 물을 긷거나 빨래 또는 청소 등을 담당했다.

덕온공주방은 기본적으로 주인공인 덕온공주를 포함하여 유모 1명, 보모 1명, 수사 3명, 각씨 5명 등 총 11명으로 구성되었다. 덕온공주의 의식주에 필요한 물자는 앞에서 언급한 대로 봉작 후 지급된 토지 그리고 공상에서 마련되었다. 나머지 10명의 생활에 필요한 물자 역시 공상으로 충당되었다.

『만기요람(萬機要覽)』에 의하면 왕비에게 소속된 아지(阿只), 상궁 등에게 선반(宣飯)과 의전(衣廛) 등이 공상되었는데 그 내용을 살펴보면 중미(中米)가 652석 12두 9승, 포태(泡太)가 328석 13두 6승, 감장(甘醬)이 84석 11두 3승, 간장이 6석 11두 8승, 등법유(燈法油)가 6석 11두 8승, 대구 102마리, 조기 54,363마리 등 일상생활에 필요한 모든 종류의 물자가 포함되었다.[30] 조선시대 왕비에게 배속된 궁녀의 수가 대략 100명 정도였던 사실을 고려하면, 덕온공주방에 배속된 10명의 궁녀들에게 들어간 공상 즉 선반과 의전은 왕비의 아지와 상궁 등에게 들어간 공상의 10분의 1정도쯤 되었을 것으로 생각된다. 덕온공주 본인에게 들어가는 공상 역시 적지 않았다. 덕온공주는 봉작된 후 5년 동안 매년 태(太) 100석과 미(米) 100석에 해당하는 돈을 공급받았다.[31] 태 100석과 미 100석에 해당하는 돈이 바로 덕온공주의 일년 동안 의식주 비용으로 충당되는 공상이었다. 물론 이 외에 온갖 잡물들도 공상으로 충당되었다. 이런 사실로 미루어 보면 덕온공주는 봉작된 이후 공상 이외에도 매년 850결의 전결 그리고 새로 매입한 전결 등에서 들어오는 수입이 줄잡아 1천 석 이상은 되었을 것으로 생각된다. 이런 수입은 계속 축적되면서 급속히 증가했을 것이다. 요컨대 덕온공주는 정식으로 봉작되면서 막대한 토지를 소유하였고 아울러 덕온공주방에 소속된 10명의 궁녀들에 의해 양육되었으며, 덕온공주방에 소속된 모든 사람들의 생활에 필요한 의식주는 공상을 통해 마련되었다. 이런 상황은 덕온공주가 혼인한 후 출합(出閤)할 때까지 계속되었다.

<표 2> 봉작 후 덕온공주방의 구성과 운영

대상자	인 원	처 우
덕온공주	1	전결 850결, 토지매입비 2,500냥 매년 미 100석, 태 100석
유모(乳母)	1	선반(宣飯), 의전(衣廛)
보모(保母)	1	선반(宣飯), 의전(衣廛)
수사(水賜)	3	선반(宣飯), 의전(衣廛)
각씨(閣氏)	5	선반(宣飯), 의전(衣廛)

29) "德溫公主房 乳母一 保母一 水賜三 閣氏五"(『純祖殯殿魂殿都監儀軌』3, 成服諸具, 규장각 도서분류 13672).

30) 『萬機要覽』 財用編, 供上, 中宮殿.

31) "尹聲大 以戶曹言達曰 卽接內需司達下牒呈 則德溫公主房銀子米太木布錢等物 磨鍊劃給事 達下矣 依定式 田土買得價銀二千五百兩輸送 田庄未 備前需用次 本曹太一百石 宣惠廳米一百石 限五年上下 木布錢則本曹旣無已例 置之 何如 令曰 依買土價銀 以錢輸送 可也"(『승정원일기』순조 29년(1829) 3월 12일 (병오)).

Ⅲ. 덕온공주의 혼례와 죽음

1. 덕온공주의 출합(出閤)과 부마(駙馬)

1834년(순조 34)에 순조가 세상을 떠났을 때 덕온공주는 아직 혼인 전이었다. 당시 덕온공주는 13살이었다. 조선시대의 공주나 옹주는 보통 12살을 전후하여 혼인 하였다. 따라서 덕온공주 역시 12살을 전후로 순조와 순원왕후 김씨 사이에서 공주의 혼인문제가 거론되었을 듯하다. 그런데 덕온공주가 13살 되던 1834년 11월에 순조가 세상을 떠남으로써 공주의 혼인은 순조의 3년상 뒤로 늦춰지게 되었다. 순조가 세상을 떠난 후 헌종이 8살의 어린 나이로 왕위에 즉위하자 순원왕후 김씨는 대왕대비로서 수렴청정을 실시하였다.

덕온공주의 혼인은 헌종 3년(1837) 5월 10일에 대왕대비가 14살부터 16살까지의 미혼 남성들을 금혼(禁婚)시키면서 본격화되었다.[32] 당시 덕온공주의 나이가 16살이었는데, 대왕대비는 가능한 공주보다 어린 부마를 들일 생각으로 14살부터 16살까지를 금혼시켰던 것이다. 덕온공주의 혼인은 처음부터 끝까지 대왕대비 즉 공주의 생모가 주도하였다.

금혼령이 공포된 지 16일 후인 5월 26일 진시(辰時, 오전 7~9시)에 초간택(初揀擇)이 거행되었는데, 이때 12명의 후보자가 참여하였다.[33] 장소는 창덕궁의 희정당(熙政堂)이었다. 이날 대왕대비는 수렴(垂簾)한 상태로 헌종과 함께 간택에 참여하였다. 부마 후보자들은 나이순으로 앞으로 나와 성명을 말했다. 이때 대왕대비는 후보자들의 얼굴과 몸가짐, 말투 등을 유심히 살펴 재간택에 참여할 후보자를 골랐다. 이날 대왕대비가 재간택 후보자로 선발한 대상자는 생원 윤치승(尹致承)의 아들 윤인갑(尹寅甲), 유학 서두보(徐斗輔)의 아들 서리윤(徐賚胤), 부호군 오취선(吳取善)의 아들 오흥세(吳興世), 전(前) 현감 홍재과(洪在果)의 아들 홍한종(洪漢鍾), 유학 박제신(朴齊信)의 아들 박쾌열(朴快悅)이었다.[34]

이어서 6월 4일에 재간택이 있었는데 방법은 초간택과 같았다. 재간택에서는 생원 윤치승 (尹致承)의 아들 윤인갑(尹寅甲), 유학 서두보(徐斗輔)의 아들 서리윤(徐賚胤), 부호군 오취선(吳取善)의 아들 오흥세(吳興世) 3명이 삼간택에 올랐다. 그리고 6월 25일의 삼간택에서 생원 윤치승(尹致承)의 아들 윤인갑(尹寅甲)이 최종 부마로 확정되었다. 대왕대비는 형식적으로는 삼간택에서 윤인갑을 부마로 확정했지만 실제는 초간택에서 이미 확정한 상태였다. 대왕대비는 윤인갑의 신체조건과 함께 가문조건을 고려하여 부마로 확정하였다. 이는 6월 4일의 재간택 때 대왕대비와 영돈녕 조만영 사이에 있었던 다음의 대화에서 확인할 수 있다.

> 정유 6월 초4일 오시(午時)에 주상이 희정당에 납셨다. 대왕대비가 수렴하였다. 도승지와 좌부승지가 재간택에 참여한 동몽(童蒙)들을 인솔하였다. (중략) 대왕대비가 하교하기를, "영돈녕은 앞으로 나오시오."라고 하였다. 영돈녕 조만영이 앞으로 나와 엎드렸다. 대왕대비가 하교하기를, "요사이 주상의 몸 상태가 태평하고 매우 다행스럽습니다." 하였다. 조만영이 아뢰기를, "바야흐로 몹시 더운데 주상의 몸 상태가 두루 평안하시다니 저희들은 몹시 기쁩니다." 하였다. 대왕대비가 하교하기를, "초간택에서 수망(首望)한 동몽은 어떻습니까? 경은 노인이고 경력이 많으신데 소견이 어떻습니까?" 하였다. 조만영이 일어났다가 엎드려 아뢰기를, "이 가문은 이전부터 복가(福家)로 전해졌습니다. 고 상신(故相臣) 윤두수는 그 공훈이 사직에 있어서 대대로 명신(名臣)이 되었습니다. 해숭위(海崇尉) 역시 현명한 부마로 칭송되었습니다. 동몽의 할아버

---

[32] "大王大妃殿傳于趙秉憲曰 德溫公主駙馬 今當揀擇 自十四歲至十六歲禁婚 而四祖無顯官者應頃者外捧單 初揀日字 以今月念後擇入"(『승정원일기』 헌종 3년(1837) 5월 10일 (병술)).

[33] 『德溫公主嘉禮謄錄』(한국학중앙연구원 장서각 도서분류 2-2632).

[34] "丁酉五月二十六日辰時 上御熙政堂 大王大妃殿垂簾 都承旨右承旨 率德溫公主駙馬揀擇童蒙 判敦寧同爲入侍時 行都承旨李奎鉉 右承旨趙秉憲 記 事官俞致崇 記注官金熙迪 別兼春秋鄭寂朝 判敦寧府事金逌根 以次進伏 大王大妃殿傳曰 童蒙以年次 次第進前 童蒙等以次進前 奏姓名訖 大王大妃殿命承史權退 少頃 復命入侍 奎鉉等以次進伏 大王大妃殿傳曰 禮判入侍 賤臣承命出傳 仍與禮曹判書朴岐壽 偕入進伏訖 大王大妃殿命岐壽進前 教曰 今當初揀 非不喜幸 而言念昔事 不勝愴感之懷矣 仍命書傳敎曰 生員尹致承子寅甲 幼學徐斗輔子賚胤 副護軍吳取善子興世 前縣監洪在果子漢鍾 幼學朴齊信子快悅 再揀擇入之 其餘竝許婚" (『승정원일기』헌종 3년(1837) 5월 26일 (임인)).

지인 고 참판(故叅判) 윤명렬(尹命烈)은 관직이 아경(亞卿)에 이르렀는데 조정에서 많은 사람들이 복인(福人)이라고 했으며. 그 가문의 후손이 번성하였습니다. 동몽으로 말하면 몹시 정명상길(精明祥吉)합니다." 하였다. 대왕대비가 또 하교하기를, "과연 확실한가요?" 하였다. 조만영이 아뢰기를, "과연 상길(祥吉)합니다." 하였다.[35]

위에서 언급된 윤두수는 선조 때 광국공신(光國功臣) 2등과 호성공신(護聖功臣) 2등에 책봉되었으며 관직은 좌의정에까지 올랐다. 해숭위는 윤두수의 손자로서 선조의 세 번째 옹주인 정혜옹주(貞惠翁主)의 부마였다. 덕온공주의 부마로 결정된 윤인갑은 윤두수의 10대 후손이었다.

뿐만 아니라 윤인갑의 모친은 대왕대비 김씨와 마찬가지로 안동김씨였다.[36] 즉 윤인갑의 모친인 안동김씨의 친정아버지인 김이상(金履祥)과 대왕대비 김씨의 조부인 김이중(金履中)은 모두 김생해(金生海)의 8대 후손이었던 것이다. 윤인갑의 이름은 부마로 확정된 후 의선(宜善)으로 변경되었다. 결국 윤의선은 당시의 국왕인 헌종은 물론 대왕대비 김씨와도 인척관계에 있었던 것이다.

<도 1> 윤의선 가문과 조선왕실[37]

『해평윤씨대동보』에 의하면 윤의선은 1823년(순조 23) 생으로서 덕온공주보다 한 살 어렸다. 그에게 윤종선(尹宗善)이라는 형이 있었던 사실로 미루어 보면 윤갑이라는 이름은 아명이었던 듯하다.

[35] "丁酉六月初四日午時 上御熙政堂 大王大妃殿垂簾 都承旨左副承旨 率再揀擇童蒙 (중략) 大王大妃殿敎曰 領敦寧進前 萬永進伏 大王大妃殿敎曰 近日大殿氣候太平 甚欣幸矣 萬永曰 方當盛熱 聖候諸節安寧 下情欣祝矣 大王大妃殿敎曰 初揀首望童蒙 何如 卿是老人 多有經歷 所見 何如 萬永起伏曰 此家自前以福家傳之 故相臣尹斗壽 功存社稷 爲世名臣 海嵩尉 亦以賢駙馬稱焉 童蒙之祖故叅判尹命烈 官至亞卿 而朝廷多以福人推之 其家後承繁衍 以童蒙言之 極爲精明祥吉矣 又敎曰 果堅固乎 萬永曰 果然祥吉矣" (『승정원일기』헌종 3년(1837) 6월 4일 (경술)).

[36] 해평윤씨대동보간행위원회(2005), 『海平尹氏大同譜』, 가승미디어.

[37] <도 1>은 『돈녕보첩』(한국학중앙연구원 장서각, 2006)과 『海平尹氏大同譜』(해평윤씨대동보간행위원회, 가승미디어, 2005)를 참고하여 작성하였다.

6월 25일의 삼간택에서 윤의선을 부마로 확정한 대왕대비는 그 당일에 명령을 내려 윤의선을 남녕위(南寧尉)에 봉작하게 하였는데, 이는 예외적인 일이었다. 보통은 부마 대상자가 확정되면 예조에서 세 가지 작호(爵號)를 조사하여 보고하게 한 후 그 중에서 하나를 고르곤 했다.[98] 하지만 대왕대비는 이미 초간택에서 윤의선을 부마로 확정하고 작호까지 준비했던 것이다. 이는 하루라도 빨리 덕온공주의 혼례를 거행하기 위해서였다. 물론 덕온공주가 당시로서는 혼기를 놓친 나이였기 때문이었다. 이에 따라 덕온공주의 혼례는 삼간택 이후 빠르게 진행되었다.

조선시대 공주의 혼인절차는 일반적인 혼인절차와는 달랐다. 흔히 시집간다는 말로 표현되듯 사가에서는 신부가 시댁으로 가는 것이 혼인이었다. 따라서 중매를 통해 양가의 혼인이 성사된 후 혼인의식은 신부집과 시댁을 왕래하면서 진행되었다. 신부의 혼인을 주관하는 주혼(主婚)은 물론 신부의 부친이었다. 하지만 공주의 경우는 이렇게 할 수 없었다. 신하의 입장에서 왕에게 중매를 서겠다고 나서는 일 자체가 불가능했다. 또한 국사에 바쁜 국왕이 공주를 혼인시키기 위해 주혼이 될 수도 없었다. 이런 사정으로 부마는 중매가 아닌 간택을 통해 결정되었으며, 주혼 역시 왕이 아닌 종친이 대신하였다. 또한 공주는 혼인 후 시댁으로 가는 것이 아니라 별도로 살림집을 장만하여 그곳으로 갔다. 이 공주방은 혼인이 결정된 후 새로 짓거나 다른 사람의 집을 매입하여 크게 수리하는 것이 관행이었으므로 완성되려면 많은 시간이 필요했다. 덕온공주의 살림집은 저동(苧洞)에 마련되었다. 이렇듯 공주의 혼인의식은 궁궐과 시댁을 왕래하면서 진행되지 않고 별도의 공간에서 진행되었다. 그 공간이 공주방(公主房)과 부마방(駙馬房)이었다. 공주방은 종친 중의 어느 집에, 부마방은 부마집 또는 부마 친족집 중에서 마련되었다. 덕온공주의 경우 공주방은 대왕대비의 친정인 사동본방(寺洞本房)에 마련되었다.[99] 주혼은 완창군(完昌君) 이시인(李時仁)이 맡았고, 부마방은 남녕위 윤의선의 본가에 마련되었다.

덕온공주의 혼인에서 간택, 공주방 마련, 주혼 선정 등을 제외한 나머지 혼인 의식은 유교식 혼례에 따라 치러졌다. 유교식 혼례는 의혼(議婚), 납채(納采), 납폐(納幣), 친영(親迎), 부현구고(婦見舅姑), 묘현(廟見)의 여섯 절차로 이루어졌는데 이를 육례(六禮)라고 하였다. 덕온공주의 혼례도 기본적으로 육례의 절차에 따라 진행되었다.

헌종 3년(1837) 6월 25일에 남녕위 윤의선이 부마로 확정된 다음날, 헌종은 전(錢) 5천 냥과 미 1백석 그리고 목포(木布) 각 1동(同)을 부마의 부친인 윤치승에게 보냈다.[100] 고모인 덕온공주의 혼인을 축하하기 위해서였다. 이어서 7월 4일에는 납채가 거행되었다. 혼인약정서인 채서(采書)는 부마의 부친인 윤치승의 이름으로 보내졌는데 이를 받은 사람은 주혼으로 결정된 완창군 이시인이었다. 채서를 받은 완창군은 곧바로 윤치승에게 답장을 보냈다. 『덕온공주가례등록』에 의하면 완창군이 받은 채서와 그가 윤치승에게 보낸 답장의 형식과 내용은 다음과 같았다.

채서식(采書式)-겉봉투에 '완창군 댁에 글을 올립니다[上狀完昌君宅] 삼가 밀봉합니다[謹封]'라고 쓰고 위에 착압(着押)한다. 내지는 네 등분으로 접는데, 세 번째 면의 마지막 줄에 '승사랑동몽교관(承仕郎童蒙敎官) 윤치승'이라고 쓴다. 네 번째 면의 첫 번째 줄에 '때는 초가을에 대감께서는 다복하신지요? [時惟孟秋 台候多福] 치승의 둘째 아들 의선에게 조정에서 은혜롭게 부인을 내려 주시니[朝恩貺室于致承二子宜善], 삼가 납채의 예를 행합니다[謹行納采之禮] 잘 헤아려 주시기를 바라며 줄입니다[伏惟照鑑 不宣] 정유 10월 초3일'이라고 쓴다.

복서식(復書式)-겉봉투에 '윤교관 댁에 글을 올립니다[上狀尹敎官宅] 삼가 밀봉합니다[謹封]'라고 쓰고 위에 착압(着

[98] "仍敎曰 駙馬爵號 例爲自下擬入 而今番 則特敎以南寧尉擬入"(『승정원일기』헌종 3년(1837) 6월 25일(신미)).
[99] "又敎曰 公主吉禮時奠雁處所 以寺洞本房爲之"(『승정원일기』헌종 3년(1837)6월 25일(신미)).
[100] "傳于金在田曰 德溫公主吉禮已定 慈心悅豫 予小子欣祝之忱 當如何 不可無別般示意之擧 錢伍千兩 米一百石 木布各一同 輸送于駙馬本家事 分付 戶曹"(『승정원일기』헌종 3년(1837)6월 26일(임신)).

押)한다. 내지는 네 등분으로 접는데, 세 번째 면의 마지막 줄에 '완창군(完昌君) 시인(時仁)'이라고 쓴다. 네 번째 면의 첫 번째 줄에 '편지를 받고 납채의 예를 살피게 되었습니다.[奉書得審納采之禮] 덕온공주의 나이가 점점 장성해지는데[德溫公主年漸長成 이제 존명을 받게 되었으니[今承尊命] 감히 공경스럽게 따르지 않겠습니까?[敢不承從] 잘 헤아려 주시기를 바라며 줄입니다.[伏惟照鑑 不宣] 정유 10월 초4일'이라고 쓴다.

납채에 이어 7월 16일에 납폐가 치러졌고 8월 13일에 친영이 거행되었다. 친영은 신랑이 신부를 맞이해가는 의식이므로 덕온공주는 미리 궐밖에 나가 기다려야 했다. 8월 13일 오시(午時)에 덕온공주는 창경궁의 통화문(通化門)을 나와 사동본궁으로 가서 기다렸다. 그 사이 남녕위 윤의선은 공동(公洞)의 본가에서 창덕궁으로 들어가 대왕대비, 왕대비 등에게 인사를 드렸다. 이어서 남녕위 윤의선은 사동본방으로 가서 덕온공주와 함께 전안례(奠雁禮)를 거행하였다. 이후 남녕위 윤의선과 덕온공주는 저동의 살림집으로 갔다. 그곳에서 덕온공주는 동뢰연(同牢宴)을 거행함으로써 신혼 생활을 시작하게 되었다. 이처럼 공주가 혼인과 함께 궁궐 밖으로 나가 사는 것이 출합(出閤)이었다.

덕온공주의 혼례가 진행되는 동안 납채, 납폐, 동뢰 등 각각의 절차에 따라 옷감, 복식 등 예물들이 지급되었다. 이런

<표 3> 덕온공주 출합시 지급물품 [41]

종 류	품목별 수량
곡식류	중미(中米) 50석, 조미(糙米) 60석, 황두(黃豆) 50석, 교맥말(蕎麥末) 1석, 진말(眞末) 1석,
옷감류	면포(綿布) 100필
주방용품 및 생활용품	용단칠저족상(龍丹漆低足床) 10부(部), 흑칠원대반(黑漆圓大盤) 2죽(竹), 흑칠원소반(黑漆圓小盤) 2죽, 목원대반(木圓大盤) 2죽, 유발리개구(鍮鉢里盖具) 3죽, 유시(鍮匙) 3단(丹), 유저(鍮箸) 3단, 유이선(鍮耳鐥) 2좌(坐), 유소(鍮召) 2개(箇), 유소아개구(鍮召兒盖具) 2좌, 유도아(鍮都兒) 3죽, 유평자(鍮平者) 1개, 유중자(鍮中者) 1개, 유소자(鍮小者) 1개, 유주발개구(鍮周鉢盖具) 3죽, 유반합개구(鍮飯盒盖具) 1좌, 유중첩시(鍮中貼匙) 3죽, 주동해개구(鑄東海盖具) 10좌, 주대증개구(鑄大甑盖具) 1좌, 주중증개구((鑄中甑盖具) 1좌, 주소증개구(鑄小甑盖具) 1좌, 주등경(鑄燈檠) 2좌, 주대사요개구(鑄大沙要盖具) 3좌, 주중사요개구(鑄中沙要盖具) 3좌, 주소사요개구(鑄小沙要盖具) 3좌, 동화자(銅味者) 1개, 대정개구(大鼎盖具) 3좌, 중정개구(中鼎盖具) 3좌, 소정개구(小鼎盖具) 3좌, 대부(大釜) 1좌, 중부(中釜) 1좌, 소부(小釜) 1좌, 대두모대구(大豆毛臺具) 2좌, 중두모대구(中豆毛臺具) 2좌, 대장(大欌) 1좌, 중장(中欌) 1좌, 흑칠첩시(黑漆貼匙) 3죽, 목등가(木燈檠) 4좌, 주고조(酒高槽) 1부, 면고조(麵高槽) 1부, 대궤(大櫃) 1부, 중궤(中櫃) 1부, 소궤(小櫃) 1부, 대안판(大案板) 1좌, 중안판(中大板) 1좌, 대석년(大石碾) 1좌, 소석년(소石碾) 1좌, 년판대구(碾板臺具) 1좌, 포판제연구(泡板諸緣具) 2좌, 목두(木斗) 1개, 목승(木升) 1개, 안거리(鞍巨里) 1부, 대상화롱(大床花籠) 1부, 목대첩시(木大貼匙) 3죽, 목중첩시(木中貼匙) 3죽, 목장화로(木長火爐) 2좌, 목구금(木灸金) 2부, 소자금(小灸金) 2부, 철화통(鐵火桶) 1개, 용대약(龍大鑰) 2부, 배화중약(排化中鑰) 8부, 대파조(大把槽) 2부, 중파조(中把槽) 2부, 표자(瓢子) 8개, 상문답석방석(常紋踏席方席) 20립(立)
땔감류	탄(炭) 20석, 소목(燒木) 5천근,
반찬류	염(鹽) 6석, 석수어 200속(束), 대구어 200미(尾), 석어난해(石魚卵醢) 3항(缸), 길경(䓖莄) 30근

[41] 『德溫公主嘉禮謄錄』 事目, 丁酉 6월 25일, 德溫公主出閤時各樣器皿物目, 한국학중앙연구원 장서각 도서분류 2-2632.

예물은 영조 때에 편찬된 『국혼정례(國婚定例)』, 『상방정례 (尙房定例)』 등에 근거하여 지급되었다. 이외에도 덕온공주가 출합할 때 곡식, 옷감, 주방용품, 생활용품, 땔감, 반찬 등 신혼살림에 필요한 수많은 물품들이 지급되었다. 현재 석주선기념박물관에 소장되어 있는 덕온공주의 유물 중 상당 수는 공주의 혼례 때 지급된 것이었다. 『덕온공주가례등록』에 의하면, 덕온공주가 출합할 때에 <표 3>과 같은 물품들이 지급되었다.

덕온공주의 시부모에게는 남녕위 윤의선을 포함하여 2남 5녀가 있었다. 첫째는 윤종선(尹宗善)이었고 남녕위 윤의선은 둘째였다. 윤종선의 부인은 광산 김씨로서 덕온공주보다 5살 이나 아래였는데 그녀가 덕온공주의 손위동서였다. 이외에 덕온공주의 시누이 5명은 각각 이익영(李益永), 이매(李邁), 김재홍(金在鴻), 이인룡(李寅龍), 이용진(李容進)과 혼인하였다. 덕온공주가 하가 후 주로 관련된 시댁 식구들은 이들이 중심이였으며 <표 4>와 같다.

<표 4> 덕온공주의 시댁 식구

관 계	대 상 자	1822년 생인 덕온공주와 나이 차이
시부모	윤치승 안동 김씨	1789년생- 공주보다 34살 위 1786년생- 공주보다 31살 위
시아주버니	윤종선	1821년생- 공주보다 1살 위
손위동서	광산 김씨	1817년생- 공주보다 5살 아래
시누이	이익영의 부인	미상
시누이	이매의 부인	미상
시누이	김재홍의 부인	미상
시누이	이인룡의 부인	미상
시누이	이용진의 부인	미상

2. 덕온공주의 죽음과 후손

조선시대 왕의 자녀들은 출합 후, 공식적인 행사 이외에는 궁궐에 드나들지 못했다. 그 대신 편지를 이용해 소식을 주고받곤 했다. 공주나 옹주 같은 여성들은 한글 편지를 이용했다. 편지가 오고갈 때는 다양한 선물도 오고가곤 했다.

덕온공주는 비록 출합했다고는 해도 당시 수렴청정 중이던 순원왕후 김씨의 막내딸이자 현 국왕인 헌종의 고모였다. 덕온공주는 하가한 이후에도 순원왕후 김씨는 물론 헌종과도 수시로 편지를 주고받았을 것이다. 이런 기회를 이용해 순원왕후 김씨 그리고 헌종은 덕온공주에게 다양한 선물을 주었을 것으로 생각된다.

그러나 덕온공주는 오래 살지 못했다. 하가한 지 7년 되던 헌종 10년(1844)에 23살의 젊은 나이로 세상을 떠났던 것이다. 당시 덕온공주는 한 명의 자녀도 생산하지 못한 상황이었다. 이런 경우 양자가 들어오는 것이 관행이었다. 덕온공주에게는 윤용구(尹用求)가 양자로 결정되었다.

그런데 『해평윤씨대동보』에 의하면 윤용구는 철종 4년(1853) 12월 28일 출생한 것으로 되어 있다. 즉 윤용구는 덕온공주가 세상을 떠나고 9년이나 지난 후 태어났던 것이다. 윤용구가 정확히 어느 시점에 덕온공주의 양자로 결정되었는지는 확인되지 않는다. 하지만 태어나자마자 곧바로 양자로 결정되었다고 보기는 어렵다. 따라서 출생 후 몇 년 쯤 지나 양자가 되었다면 윤용구는 덕온공주가 세상을 떠나고 10여년이 지난 후에야 양자가 된 셈이 된다.

조선시대 공주 또는 옹주가 아들 없이 생존한 상황에서 부마가 세상을 떠나면 왕이 양자를 정해주는 것이 관례였다.

예컨대 영조의 옹주인 화순옹주의 경우, 월성위 김한신이 세상을 떠난 당일에 영조는 김이주를 화순옹주의 양자로 결정했다. 화완옹주의 경우 역시 일성위 정치달이 세상을 떠난 직후 정후겸이 양자로 결정되었다.

반면 부마가 생존한 상황에서 공주 또는 옹주가 아들 없이 세상을 떠났을 경우에는 양자의 결정권이 왕이 아닌 부마에게 있었다. 이는 비록 공주나 옹주가 세상을 떠난 후 부마는 재혼할 수 없다고 해도[42] 양자의 결정권까지 갖지 못하게 하는 것은 지나치다는 판단 때문이었을 것으로 생각된다.

덕온공주가 세상을 떠난 후 남녕위 윤의선이 왜 오래도록 양자를 들이지 않았는지는 분명하지 않다. 다만 덕온공주의 생모인 대왕대비 김씨가 생존한 상황에서 양자를 들이기를 주저한 것이 아니었을까 짐작될 뿐이다. 대왕대비 김씨는 철종 8년(1857)에 세상을 떠났는데, 그보다 4년 전인 철종 4년(1853)에 윤용구가 태어났다. 따라서 남녕위 윤의선은 대왕대비 김씨가 세상을 떠난 직후에 윤용구를 양자로 결정했을 가능성이 높다.

윤용구는 남녕위 윤의선과 마찬가지로 해숭위 윤신지의 후손이었다. 부는 윤회선(尹會善), 조부는 윤치성(尹致性), 증조부는 윤홍렬(尹弘烈), 고조부는 윤익동(尹益東), 5대조는 윤득의(尹得義), 6대조는 윤언명(尹彦明), 7대조는 윤세휴(尹世休), 8대조는 윤구(尹坵), 9대조는 해숭위 윤신지였다. 윤용구와 남녕위 윤의신의 관계를 정리하면 다음과 같다.

<도 2> 윤용구와 남녕위 윤의선의 관계

海崇尉 尹新之 - 坵 - 世休 - 商明 - 得一 - 晃東 - 命烈 - 致承 - 宜善 - 用求(養子)
- 彦明 - 得義 - 益東 - 弘烈 - 致性 - 會善 - 用求(出繼)

덕온공주의 양자가 된 윤용구에게는 형 1명과 여동생 2명이 있었다. 형은 윤정구(尹定求)로서 윤용구보다 12살 위였다. 여동생 2명은 각각 이구응(李龜應)과 서상협(徐相協)과 혼인하였다. 윤용구가 남녕위 윤의선의 양자가 된 이유는 가까운 혈족관계와 함께 둘째 아들이라는 사실이 결정적이었을 것이다.

덕온공주의 양자가 된 윤용구는 고종 대에 승승장구하였다. 윤용구는 19세 되던 고종 8년(1871) 1월 4일에 거행된 성균관 인일제(人日製)에 응시하였는데 그때 명온공주의 손자인 김덕균(金德均)과 함께 직부전시(直赴殿試) 자격을 얻었다.[43] 직부전시는 과거시험의 최종시험인 전시(殿試)에 응시하는 것으로서 사실상 과거시험에 합격한 것이나 마찬가지였다. 고종은 덕온공주의 아들과 명온공주의 손자가 같은 날 과거에 합격하자 크게 기뻐하며 경축하였는데 실록에는 그와 관련된 내용이 다음과 같이 실려 있다.

> 지시하기를, '명온공주의 손자와 덕온공주의 아들이 같은 날 과거에 합격하게 된 것은 매우 희한하고 기쁜 일이다. 합격자를 발표하는 날에 승지를 명온공주 내외의 사당에 보내어 제사를 지낼 것이다.'라고 하였다.
> 또 지시하기를, '직부전시의 자격을 받은 명온공주의 아들 김덕균에게 악공(樂工)을 보내줄 것이다.'라고 하였다. (중략)
> 또 지시하기를, '직부전시의 자격을 받은 덕온공주의 아들 윤용구에게 응당 악공을 보내주어야 하겠지만 남녕위(南寧尉)가 지금 거상(居喪) 중에 있으니 악공을 주는 것은 그만둘 것이다'. 라고 하였다.[44]

윤용구는 1871년 5월에 곧바로 청요직(淸要職)인 홍문과 교리에 임명되었다.[45] 이는 고종이 특별히 덕온공주를 위한

[42] "駙馬不再娶 只令立後"(『增補文獻備考』 禮考, 立後).
[43] 『고종실록』권 8, 8년(1871) 1월 4일(갑오).
[44] 『고종실록』권 8, 8년(1871) 1월 4일(갑오).

임명이었던 듯하다. 고종은 윤용구를 교리로 임명하면서 그가 덕온공주의 무덤을 찾아갈 때 악공을 보내주도록 하였는데[46] 이는 요절한 덕온공주의 혼령을 위로하기 위해서였다. 이후 윤용구는 20대에 사간원 정언, 홍문관 부응교, 승정원 우부승지, 성균관 대사성, 이조참의 등 요직을 두루 거치고 30살 되던 해에는 공조판서에 임명되었다. 이후 이조판서, 궁내부대신, 장례원경(掌禮院卿) 등 고종의 측근으로 활동했다. 윤용구가 35살 되던 고종 24년(1887) 12월 29일에 남녕위 윤의선이 세상을 떠나자 고종은 다음과 같이 예우하였다.

> 남녕위 윤의선이 세상을 떠났다. 지시하기를, '이 도위는 단정한 자태와 조심하는 지조로 나라 일을 걱정하고 임금을 사랑한다는 것을 나는 잘 알고 있다. 막 병을 앓는다는 보고를 들었는데 문득 세상을 떠난 기별이 온 것을 보게 되어 놀랍기 그지없으니 무슨 말을 하겠는가. 지나간 일을 생각하면 더욱 슬픈 생각이 든다. 세상을 떠난 남녕위의 집에 내시를 보내어 호상(護喪)을 서게 하며 우대 규례에 의한 장사를 지내는 등의 절차들을 전례대로 거행하게 할 것이다. 관 1부를 실어 보내고 상복을 입는 날에 승지를 보내서 제사 지내주게 하며 녹봉은 3년을 한정해서 그대로 주도록 하라.'라고 하였다.[47]

대한제국이 일제에 강제 합병된 후 윤용구에게는 조선귀족령(朝鮮貴族令)에 의거해 남작(男爵)이 수여되었지만 그는 사양하고 반납하였다.[48] 고종을 뒤이어 순종 황제 역시 윤용구를 신임하였다. 그 결과 순종 황제가 세상을 떠난 후 황제의 지문(誌文)을 윤용구가 짓게 되었다.[49] 이처럼 윤용구가 고종과 순종의 측근이 된 이유는 물론 그가 덕온공주의 양자였기 때문이었다. 아울러 윤용구가 순종의 두 번째 황후인 순정황후 윤씨와 아주 가까운 친족관계였던 사실도 중요한 요인이었다. 고종 31년(1894)에 출생한 순정황후 윤씨는 윤택영(尹澤榮)의 딸로서 13살 되던 1906년에 태자비가 되었다. 이후 1907년에 순종이 고종의 양위를 받아 황제에 오르면서 황후에 올랐다.

순정황후 윤씨의 부친인 윤택영은 윤치수(尹致秀)의 증손인데 윤치수는 남녕위 윤의선의 부친인 윤치승의 친동생이었다. 윤치수는 후에 윤경렬(尹敬烈)의 양자로 들어갔는데, 윤치수의 아들이 윤용선(尹龍善), 손자가 윤철구(尹徹求), 증손자가 윤택영이었던 것이다. 따라서 윤용구는 혈연적으로 윤택영의 7촌 당숙에 해당했다.

<도 3> 윤용구와 윤택영의 관계

海崇尉 尹新之 - 坵 - 世興 - 商明 - 得一 - 晃東 - 命烈 - 致承 - 宜善 - 用求
- 得寧 - 百東 - 敬烈 - 致秀 - 龍善 - 徹求 - 澤榮

윤용구에게는 두 명의 부인이 있었다. 첫째 부인은 광산 김씨로서 김익(金翼)의 딸이었고 둘째 부인은 연안 김씨로서 김사의(金思儀)의 딸이었다. 윤용구와 첫째 부인인 광산 김씨 사이에는 자녀가 없었지만 둘째 부인인 연안 김씨 사이에는 3명의 자녀가 있었다. 첫째는 1891년에 태어난 윤백영(尹伯榮) 여사였고 둘째는 1893년에 태어난 윤건영(尹建榮), 셋째는 1896년에 태어난 윤헌영(尹獻榮)이었다.

윤용구의 자녀 중에서 첫째인 윤백영 여사는 순종의 둘째 황후 순정황후 윤씨와 절친하였다고 한다. 혈연적으로 보면 윤백영 여사는 순정황후 윤씨의 고모뻘이었다. 윤백영 여사가 성장하였을 때는 이미 식민지 시대였다. 그때 윤백영 여

---

[45] 『고종실록』권 8, 8년(1871) 5월 30(기미).
[46] 『고종실록』권 8, 8년(1871) 5월 30(기미).
[47] 『고종실록』권 24, 24년(1887) 12월 29일(신해).
[48] 『순종실록부록』권 1, 3년(1910) 10월 14일).
[49] 『순종실록부록』권 17, 19년(1926) 6월 11일.

사는 창덕궁의 낙선재에서 쓸쓸히 지내던 순정황후 윤씨를 자주 찾았다고 한다. 1966년에 순정황후 윤씨가 세상을 떠날 때까 지 두 분의 관계는 지속되었다고 한다. 덕온공주의 혼인으로 더욱 가까워진 해평 윤씨와 조선왕실의 인연이 해방 이후까지 지속되면서 덕온공주와 관련된 유물 역시 더욱 다양해지고 풍성해 질 수 있었다. 『조선조 궁중풍속연구』에는 윤백영 여사가 다음과 같이 소개되어 있다.

> 윤백영(尹伯榮) 여사 (1888-1986)[50]
> 순조 3녀 덕온공주의 영손녀(令孫女). 기억력이 장하고 박식하여 근 80까지도 창경궁 장서각에 고서를 열람하러 다닌 단골손님. 부친은 한말청관(韓末淸官) 윤용구씨. 궁중에서는 '저동궁(苧洞宮) 할머니'로 통했는데, 그것은 옛날 윤 여사 친정인 공주궁의 이름. 현 명동 로얄 호텔 근처에서부터 동쪽으로 중앙극장 청계천변까지 그 부근 일대였으며 중앙극장 자리가 사랑채였노라고 술회했었다. 저동궁은 후일 이완용에 의해 몰수당했다고 한다.[51]

Ⅳ. 맺음말

덕온공주는 1822년(순조 22) 6월 10일 묘시(卯時, 아침 5-7시)에 창덕궁 대조전에서 출생하였다. 생부는 조선의 23대 국왕 순조였고 생모는 순조의 왕비 순원왕후 김씨였다. 덕온공주 출산 당시 순조는 33살이었고 순원왕후 김씨는 34살이었다.

덕온공주가 순산하고 이어서 산실청이 설치된 후에는 조선왕실의 관행에 따라 세욕(洗浴), 세태(洗胎), 권초제(捲草祭) 등이 연이어 거행되었다. 세욕은 해산 3일 째에 거행되었고 권초제는 7일 째에 거행되었다. 장태는 7월 1일에 거행되었는데, 이때 덕온공주의 태는 창덕궁 후원에 묻혔다. 덕온공주가 세상에 태어나던 당시 동복 오빠 1명, 동복 언니 1명 그리고 이복 언니 1명이 있었다. 동복 오빠인 효명세자는 이미 혼인한 상태였다.

덕온공주는 8세 되던 1829년(순조 29) 3월에 정식으로 공주에 봉작되었다. 덕온공주는 봉작되면서 임명장인 교지뿐만 아니라 그에 수반되는 전결로서 850결의 전결을 받았다. 덕온공주는 봉작 후 공주방으로 불렸는데, 공주방에는 주인공인 덕온공주를 포함하여 유모 1명, 보모 1명, 수사 3명, 각씨 5명 등 총 11명이 소속되었다.

덕온공주는 16살에 남녕위 윤의선과 혼인하였다. 덕온공주의 혼인은 공주의 생모인 대왕대비 김씨가 주관하였는데, 대비는 남녕위의 신체조건과 함께 가문조건을 고려하여 부마로 확정하였다. 6월 25일의 삼간택에서 윤의선을 부마로 확정한 대왕대비는 그 당일에 명령을 내려 윤의선을 남녕위(南寧尉)에 봉작하게 하였다. 이는 하루라도 빨리 덕온공주의 혼례를 거행하기 위해서였다.

덕온공주의 혼례는 유교의 육례에 따라 7월 4일에는 납채가 거행되었고, 7월 16일에 납폐가 치러졌으며, 8월 13일에 친영이 거행되었다. 사동본궁에서 거행된 친영 이후 덕온공주는 남녕위 윤의선과 함께 살림집으로 갔다. 그곳에서 덕온공주는 동뢰연(同牢宴)을 거행함으로써 신혼 생활을 시작하게 되었다.

덕온공주의 혼례가 진행되는 동안 납채, 납폐, 동뢰 등 각각의 절차에 따라 옷감, 복식 등 예물들이 지급되었다. 이외에도 덕온공주가 출합할 때 곡식, 옷감, 주방용품, 생활용품, 땔감, 반찬 등 신혼살림에 필요한 수많은 물품들이 지급되었다.

---

[50] 윤백영의 생존년도에 대해 김용숙은 저서에서 1891~1982년으로 소개하였으나 석주선기념박물관 소장 유물의 내용 등으로 미루어 1888~1986년이 합당하다.

[51] 김용숙(1987.6), 『조선조궁중풍속연구』, 일지사, 제보자 소개.

덕온공주는 출합한 지 7년 되던 헌종 10년(1844)에 23살의 나이로 자녀 없이 세상을 떠났고 그 결과 윤용구(尹用求)가 양자로 결정되었다. 윤용구에게는 1888년에 태어난 윤백영 여사, 1893년에 태어난 윤건영 그리고 1896년에 태어난 윤헌영의 자녀가 있었다. 이중에서 윤백영 여사는 순종의 둘째 황후 순정황후 윤씨의 고모뻘이었다. 식민지 시대 그리고 해방 이후 윤백영 여사는 창덕궁의 낙선재에서 쓸쓸히 지내던 순정황후 윤씨를 자주 찾았다. 덕온공주의 혼인으로 더욱 가까워진 해평 윤씨와 조선왕실의 인연이 이처럼 해방 이후까지 지속되면서 덕온공주와 관련된 유물 역시 더욱 다양해지고 풍성해질 수 있었다.

참고문헌

원 서

『순조실록』, 『고종실록』, 『순조실록부록』, 『승정원일기』, 『일성록』, 『경국대전』, 『속대전』, 『만기요람』, 『增補文獻備考』, 『內醫院式例』, 『春秋日記』(장서각 도서분류 2-3617), 『大君公主御誕生의 制』(장서각 도서분류 2-2625), 『德溫公主嘉禮謄錄』(한국학중앙연구원 장서각 도서분류 2-2632), 『돈녕보첩』(한국학중앙연구원 장서각, 2006), 『純祖殯殿魂殿都監儀軌』(규장각 도서분류 13672), 『해평윤씨대동보』(해평윤씨대동보간행위원회, 가승미디어, 2005).

논 문

김 호(2002. 12), 「조선후기 왕실의 出産 풍경」, 『조선의 정치와 사회』 -최승희교수 정년기념논문집-.

김 호(2009. ?), 「조선왕실의 출산과정과 『護産廳日記』」, 『淑嬪崔氏資料集』1-日記, 園誌-, 한국학중앙연구원.

박성실(1991. ?), 「덕온공주유물」, 『한국민족문화대백과사전』, 한국정신문연구원.

신명호(2002. 8), 「조선시대 宮中의 出産風俗과 宮中醫學」, 『고문서연구』 21.

염정섭(2010. 12), 「조선후기 대동강 하류 河中島의 개간과 宮房田의 성립 및 변천」, 『규장각』 제37호.

원진희(2009. ?), 「『護産廳日記』의 한의학적 의의」, 『淑嬪崔氏資料集』 1-日記, 園誌-, 한국학중앙연구원.

조영준(2008. 8), 「19세기 왕실재정의 운영실태와 변화양상」, 서울대학교 박사학위논문.

Life of Princess Deokon and Her Family

Shin, Myung-Ho
(Professor of History at Bukyong National University)

Ⅰ. Introduction

The Seok Juseon Memorial Museum at Dankook University owns 222 historical objects related to Princess Deokon. The varied collection includes costumes, letters, fans and kitchen utensils from 1780 to 1964. To understand the pieces in the collection, it is necessary to examine each object by its type and its period. Unfortunately, there have been no studies on the life of Princess Deokon and her family.

This article aims to examine Princess Deokon's life holistically from her birth, to her investiture with the titles of nobility, to her marriage and finally to her death. By doing this, the article will provide in-depth understanding of her life and the process of creation, use and preservation of her personal objects.

Ⅱ. Birth of Princess Deokon and Investiture with the Titles of Nobility

Princess Deokon was born on 10 June 1822 (King Soonjo Year 22), around 5~7am. Her father was King Soonjo, the 23rd King of the Joseon Dynasty, and her birthmother was Queen Soonwon, Mme Kim. When Princess Deokon was born, King Soonjo was 33 years old. Princess Deokon was their last daughter because Queen Soonwon could not give birth again after Princess Deokon.

Once Princess Deokon was born, a special birth room was established as part of Joseon Dynasty custom and Seyock, Setae, Gwonchoje was performed accordingly. Saeyok is a bath for a mother and newborn baby, three days after the birth. The saeyok of Princess Deokon and Queen Soonwon was done in a simple way by washing their bodies with towel. This was because people at the time were worried that Queen Soonwon would feel tired and sick if she had bathed fully, as she was already 34 years old when she gave birth to Princess Deokon.

Setae is a ritual to wash the umbilical cord with pure water, three or seven days after birth. Princess Deokon's umbilical cord was buried in the gardens behind Changdeokgung Palace.

Gwoncho is a ritual to gather a straw mat that was used during birth. Princess Deokon's Gwoncho was done on 16 June, which is seven days after her birth. By completing these three rituals, all three important rites relating to the Princess' birth were concluded.

At the end of Joseon Dynasty, the King's children did not use their childhood name but were called as "Agissi". According to their title and gender, they were called Firstborn son Agissi(Wonja Agissi), Male Agissi, Female Agissi, or Crown Prince Agissi, Prince Agissi, Princess Agissi and so on. In addition, the King's children sometimes were called by their birth order. In case of Princess Deokon, she was called 'the third princess'.

In 1822 when Princess Deokon was born, Crown Prince Hyomyoung, the first son of King Soonjo, was 14 years old and was already married. Of her older sisters, Princess Myoungon was thirteen years old and Princess Bok-on was five years old, both as yet unmarried. In addition to this, Princess Deokon had one half sister, Princess Youngon, who was born by Park from the Sook-Ui clan and was six year old at that time.

When Princess Deokon was born, Crown Prince Hyomyoung, Princess Myoungon, Princess Bokon and Princess Youngon all lived at the Palace.

In 1829 (King Soonjo Year 29) March, Princess Deokon was 8 years old and officially invested with the title of Princess and received an official certificate of appointment. At that time, investiture with the title of Princess was considered similar to appointing officials. Once she received the title as a Princess, not only did she receive the official certificate of appointment, but also land and salary accordingly. Therefore, even if she was appointed as a young child, she was considered as an independent person after appointment regardless her age. Even though Princess Deokon possessed extensive land and property due to her appointment at the age of seven, she was still taken care in the Palace because she was young. At Princess Deokon's resident, 11 people stayed together including one breastfeeding nanny, one babysitting nanny, three maids, five maids of honor in charge of tending on the Princess and the Princess herself. In short, Princess Deokon possessed a huge land upon her appointment, was taken care by ten court ladies, and all necessary food and clothes for the people who belonged to Princess Deokon resident were provided by main Palace. This continued until the Princess got married and left the Palace.

Ⅲ. Marriage and Death of Princess Deokon

1. Marriage of Princess Deokon

During the Joseon Dynasty, a Princess would normally get married around 12 years old. However, on November 1984, when Princess Deokon was 13 years old, King Soonjo passed away. Therefore, her marriage was postponed after a three year period of mourning.

After King Soonjo, King Hunjong took the throne. On 10 May 1837, in the third year of King Hunjong's reign, Queen Soonwon gave an order to prevent marriage of all unmarried men between 14 and 16 years old. Princess Deokon's marriage was led by her birthmother Queen Soonwon from the beginning to the end.

On 26 May, 16 days after the prohibition order of marriage was announced, the first selection process was complete and 12 candidates participated. The venue was Heejungdang at Changdeokgung Palace. On the day, Queen Soonwon covered her face and was joined in the selection process with King Hunjong. Candidates spoke their name one by one, in order of their age. Queen Soonwon closely monitored each candidate's face and attitude, and shortlisted candidates for the second round. On 4 June, the second round was opened and at the final round on 25 June, Yun In-gab, a son of Yun Chi-seung was selected as the husband. The Mother of Yun In-gab was a Kim from Andong clan, which was same as Queen Soonwon, so they were related. Once Yun In-gab was appointed as the husband, his name was changed to Ui-seon.

The marriage process of a Princess during the Joseon Dynasty was different from ordinary people's marriage. At an ordinary marriage, a bride would move into the bridegroom's house, 'Sijib(which has meaning of wedding in Korean)' upon marriage. The wedding process started in the bride's house and ended in the bridegroom's. In this case, the person in charge of wedding ceremony is the father of bride, but in case of a Princess, this was not possible. Therefore, male cousin in the royal family was the person in charge instead of King

The marriage of a princess was conducted in a special venue instead of coming and going between the Palace and the in-law's house. That venue was named as the Princess's residence and son-in-law of the King's residence. The Princess's residence was made in one of her cousins house and son-in-law of the King's residence was made in the in-law's house or cousin of in-law's house. In the case of Princess Deokon, the Princess's Resident was made at Empress Soonwon's parent's home (Sadongbonbang, 寺洞本房). The son-in-law of the King's residence was made at Yun Uiseon's home..

After her marriage, the Princess did not go to the in-law's house but had a separate house, which was called the 'Princess Room'. It took a long time to build 'Princess Room' because it was newly built or renovated once the marriage was decided. Princess Deokon's Princess Room was built in Jeo-dong(苧洞) area, so it was called Jeo-dong Palace.

Apart from selection, preparing the Princess Room, and officiating at the marriage, all other parts of the marriage process was carried out according to the Confucian tradition

On 25 June 1837, when Yun Uiseon was selected as the son-in-law of the King, King Hunjong sent a large sum of treasures to her father-in-law. Wedding proposal on 4 July, and wedding presents on 16 July were sent from the bridegroom's house to the bride's house and on 13 August, Chinyoung was conducted. Chinyoung is a ceremony where the bridegroom greets his bride at her house, so Princess Deokon had to wait for the bridegroom outside the Palace. On 13 August around 1pm, Princess Deokon left Tongwha gate(通化門) at Changdeokgung Palace and went to Sadong(Queen Soonwon's parents' house) Main Palace.

Meanwhile, the bridegroom went into Changdeokgung Palace and greeted the bride's family including the Mother of King and Queen. Then he went back to his house and had bowing ceremony [Jeon-An-Rye(奠雁禮)] with Princess Deokon. After that, bridegroom Yun Uiseon and Princess Deokon went to Princess Room at Jeo-dong. At the Princess Room, they had a ceremony to exchange wine glasses [Dong-Rye-Yeon(同牢宴)] which was the start of their married life. It is called Chool-Hap that the Princess lives outside the Palace upon her marriage.

During Princess Deokon's marriage, wedding presents such as clothes and costumes were provided according to each process. These wedding presents were provided based on "Guk-hon-Jeong-Rye(國婚定例)" and "Sang-Bang-Jeong-Rye(尙房定例)", which were compiled and written during the reign of King Yeongjo (1724-1776). To Princess Deokon, many items were provided including food, clothes, kitchen utensils, household items, woods and so on. It is assumed that most of the objects of Princess Deokon that Seok Juseon Memorial Museum holds were provided at the time of her marriage.

2. Death of Princess Deokon and her descendants

During the Joseon Dynasty period, once sons and daughters of the King got married and lived outside the Palace, they could not make frequent visits to the Palace, except for official functions. Instead, they exchanged news by mail. Princesses and women in the royal family wrote letters in Hangul, the Korean alphabet. Sometimes these letters were accompanied by various gifts. When the letters were exchanged, many gifts were exchanged as well.

Even though Princess Deokon left the Palace, she was the last daughter of Queen Soonwon who did regency by the queen mother and also aunt of King Hungjong. It is speculated that Princess Deokon frequently exchanged letters with Queen Soonwon and King Hunjong even after she left the Palace. We surmise that Queen Soonwon and King Hunjong gave various gifts to Princess Deokon with letters.

Unfortunately, Princess Deokon did not live long. She died in 1844 (King Hunjong Year 10) when she was 23, which is only after 7 years she left the Palace. At that time, Princess Deokon did not have a single child. In this case, it was practice to adopt a child. For Princess Deokon, Yun Yonggu was decided to be a foster son.

Yun Yonggu was born on 28 December 153 (25th King of the Joseon Dynasty King Chuljong Year 4). It means that Yun Yonggu was born 9 years after Princess Deokon deceased. We cannot confirm when Yun Yonggu was decided to be the foster son of Princess Deokon. However, it is hard to say that it was decided right after his birth. Therefore, if it was decided several years after his birth, Yun Yonggu became the foster son, around 10 years after Princess Deokon's death. During the Joseon Dynasty, it was traditional practice that King chooses the foster son for his daughter when the son-in-law passes away without a child. However, it was the son-in-law who decided the foster son if the Princess passes away without a child. After the Princess passed away, the husband couldn't remarry. Therefore, giving a right to choose a foster son for the widower was one way to respect him.

It was not clear why Yun Uiseon did not have a foster son for a long time after Princess Deokon passed away. We can assume that it might be difficult for him to have the foster son while Queen Soonwon, who is the birthmother of Princess Deokon, was still alive. Queen Soonwon passed away in 1857 (King Chuljong Year 8), and Yun Yonggu was born in 1853 (King Chuljong Year 4). Therefore, Yun Uiseon might decide Yun Yonggu as the foster son right after Queen Soonwon deceased.

The main reason why Yun Yonggu became the foster son of Yun Uiseon is because he was the second son of very close relative.

Yun Yonggu who became the foster son of Princess Deokon seized an opportunity during King Gojong's era. He became an important official when he was in his 20s including Saganwon Jungwon, Hongmoongwan, Sengjeongwon, Sungkyungwan and Yeejochamyee. When he was 30 years old, he became Gongjopanseo, a very high official. After that, he closely served King Gojong as Yijopanseo, Goongnaeboo official, and Jangryewonkyung.

Once the Joseon Korea was coercively annexed by Japan, Baron title was given to Yun Yonggu but he refused to receive it. After King Gojong, King Soonjong also trusted Yun Yonggu. As a result, when King Soonjong passed away, Yun Yonggu wrote his gravestone. The reason why Yun Yonggu became very close to King Gojong and King Soonjong was because he was the foster son of Princess Deokon. Also, he was a very close relative to Empress Soonjeong, who was the second Empress of King Soonjong. Yun, Yong-goo had two wives. He did not have any child with Madame Kim from Gwangsan clan but he had three children with Mme Kim from Yeonan clan. The first of those three was Madame Yun Baekyeong.

Madame Yun Baekyeong who was born in 1891 was very close to Empress Soonjeong, the second Empress of King Soonjong. Madam Yun Baekyeong was Empress Soonjeong's aunt. When Madam Yun Baekyeong grew up, it was already the colonial era. At that time, Madame Yun Baekyeong frequently visited Empress Soonjeong who stayed alone at Nakseonjae in the Changdeokgung Palace. Their relationship continued until 1966, when Empress Soonjeong passed away.

Ⅳ. Conclusion

Madame Yun Baekyeong, the granddaughter of Princess Deokon, distinguished herself in studying and after Korea became independent, she continued to study at Jangseogak, the royal library. It was there she met Dr. Seok Juseon who was the first director of the Seok Juseon Memorial Museum. Thanks to that relationship, the objects relating to Princess Deokon were donated to Dr. Seok

The relationship between Yun from Haepyoung clan and the Joseon Dynasty, which became very close through Princess Deokon's marriage, continued even after independence. This is how the objects related to Princess Deokon could be more diverse and rich.

덕온공주가 유물 소장 배경과 유형별 특징

-석주선기념박물관 소장품을 중심으로

박성실 (난사전통복식문화재연구소장)

목차

Ⅰ. 머리말

현재 국립고궁박물관을 제외하고 왕실과 관련된 다양한 유물을 소장하고 있는 곳은 많지 않다. 소장한 경우라도 누대에 결쳐있는 다양한 유물을 만나기는 어려운 실정이다. 이런 의미에서 금번 석주선기념박물관에서 개최되는 덕온공주가의 유물 특별전은 주목되는 행사이다. 본 박물관의 민속유물 가운데는 난사(蘭斯) 고 석주선(石宙善:1911~1996) 관장이 동덕여자대학 교수로 재직(1958~1976) 시에 덕온공주의 손녀이며 순조비 순원왕후(純元王后:1789~1857)의 외증손녀인 사후당(師侯堂) 고 윤백영(尹伯榮:1888~1986) 여사로부터 구입하거나 기증받은 222점의 유물이 소장되어 있다.

덕온공주(1822~1844)는 순조와 순원왕후 사이에 1남[효명세자] 3녀[명온, 복온, 덕온공주] 가운데 막내로 태어나 조선의 마지막 공주가 된 인물이다. 덕온공주의 유물을 중심으로 남편 남녕위(南寧尉) 윤의선(尹宜善: 1823~1887) 생모 순원왕후, 양자인 윤용구(尹用求:1853~1939) 일가, 윤용구의 딸 윤백영 일가의 유물이 주류를 이룬다. 그밖에 정조비 효의왕후(孝懿王后:1753~1821)와 후궁 화빈윤씨(和嬪尹氏:1765~1824), 익종비 신정왕후(神貞王后:1808~1890), 헌종계비 명헌왕후(明憲王后:1831~1903), 순종계비 윤황후(1894~1966) 등 왕실의 유물을 포함하여 대략 2세기에 걸쳐 있다. 복식류를 비롯하여 수식, 화장도구, 장신구, 직물, 주방용구, 왕실에서 받은 서찰을 포함한 다양한 문방구류, 오락 관련 유물을 포함한 기타류에 이르기까지 다양하게 구성되어 있다. 이 유물들은 1976년 석주선 관장이 정년과 함께 단국대학교에 기증한 3,365점 에 포함되어 있다.

윤용구 대감은 고종대부터 순종 승하시까지 요직을 거치면서 왕실행사에 참여하였고 윤백영 여사는 총명다문(聰明多聞)하여 궁중생활사에 식견이 높았고 윤황후와 가까워 해방 이후에도 왕실과의 교류가 지속되었다.

석주선 관장의 덕온공주가 유물 수집은 1958년을 시작으로 1960년대, 1970년대에 집중되어 윤백영 여사와의 사이에 빈번한 교류가 있었음을 시사한다. 유물에 따라서는 윤용구와 윤백영 부녀가 한글로 써놓은 설명글이 남아 있어 소중한 정보를 제공하고 있다. 덕온공주가의 유물을 심도 있게 이해하기 위해서는 석주선 관장과 윤백영 여사의 만남과 수집 과정, 각각의 유물에 대한 종합적인 검토가 이루어져야 할 것이다. 그러나 동덕여대 교수로 재직시 장기간에 걸쳐 개인적으로 수집, 정리된 것이므로 당시의 상황을 알아보는 데 어려움이 많다.

필자는 관장님의 손녀로서 만나는 기회가 많았고 복식사를 전공하면서 가깝게 모시게 되었다. 이러한 특수한 상황에서 이 글을 쓰게 되었으나 본 유물 수집 과정에 직접 간여하지 않아 구체적인 내용은 알지 못한다. 그러나 덕온공주 집안의 유물들은 다양한 구성으로서 공주가의 생활상을 살펴볼 수 있는 귀중한 기회이므로 미력하나마 도움이 되고자 하였다. 이 글은 신당동 자택 시절에 연구 활동을 중심으로 만남을 통해 보고 들은 내용을 진솔하게 밝히고자 한다. 그러나 필자도 종심(從心)을 눈앞에 둔 시점에서 기억력에 한계를 느끼나 남겨진 기록들을 참고하여 작성하고자 한다.

Ⅱ. 나의 할머니 석주선 관장님

공식적으로 필자와의 인척 관계를 언급하는 것은 금번이 처음이다. 관장님은 3남 1녀 가운데 셋째 고명딸로 평양에서 출생하였다. 첫째는 사업가 석주흥(石宙興: 1905~?)님으로 필자의 외조부이다. 장남으로서 월남하지 않았고 둘째는 나비박사 석주명(石宙明: 1908~1950)님, 셋째 석주선 관장님, 넷째는 피부과 의사 석주일(石宙一: ?~1981)님이다.

필자의 모친 석윤복(石允福: 1922生)님은 석주흥의 장녀로 태어났으며 석주선 관장의 조카이며, 필자에게 석주선 관장은 대고모님이 되신다. 필자의 외조모가 모친 6세에 돌아가자 후모(後母) 품에서 자라는 조카딸이 가여워 고모[석주선]가 외할머니 역할을 대신하였다고 한다. 2남 2녀의 장녀로 태어난 필자가 초등학교에 입학할 당시에는 외투며 옷가지와 책가방까지 만들어 보내 주었으며 일부는 필자가 소장하고 있다. 부친이 지방에서 병원을 운영하였기 때문에 1956년 숙명여중에 입학하게 되면서 서울 유학생활이 시작되었다. 동생들은 차례대로 서울에서 초등학교를 다니게 되었다. 숙명여중 근처에 살게 되면서 주말이면 여동생과 함께 신당동 석할머님댁에 가서 맛있는 음식을 먹는 것이 즐거운 행사가 되어 있었다. 1959년 숙명여고에 입학할 즈음에는 우리집도 신당동 자택 근처로 이사하여 더 자주 들리게 되었고 고3때부터 대학 1년(1961~1962) 재학 시에는 할머님 댁에서 함께 지내기도 하였다.

집안에서는 "석할머니"라 호칭하였으나 필자에게는 존경하는 스승이자 무서운 호랑이 할머님이었다. 항상 바쁘게 지내시던 모습만 익숙할 뿐 낮 시간에 눕거나 한가하게 여유를 즐기는 모습은 뵌 적이 없다. 몸이 아파서 쉰다거나 병원에 다니신 기억도 없다. 생전에 말씀 중에 어려서는 너무 몸이 약해서 외동딸로서 부모님께 불효했으나 고생 속에서도 아프지 않고 험한 일을 할 수 있도록 건강해져 내 몸이 재산 1호라고 자랑스럽게 말씀하였다. 주말에 관장님은 유물을 정리하거나 아니면 조그만 밥상을 책상으로 삼아 장서각에서 베껴온 고문헌 내용을 자주색 PARKER 만년필로 정성스럽게 다시 옮겨 적었다. 인쇄를 한 것처럼 정성스럽게 쓰인 노트 여러 권이 박물관에 보관되고 있다. 때문에 집안에서도 석할머님 앞에서는 언제나 긴장되고 어려워서 자상한 할머님의 모습과는 거리가 있었다.

유물은의 수집부터 보관까지 대부분을 혼자의 힘으로 해결해야 하는 상황이었다. 살림을 돕는 학생이 있었으나 심부름을 하는 정도밖에는 도움이 되지 않았다. 유물 구입에 필요한 현금을 마련하는 것으로부터 구입 후에도 오동나무 상자에 보관하기까지 여러 단계의 과정을 자신의 경험으로 쌓아 나갔다. 이 과정은 오빠 석주명의 나비 수집과 보관, 카드 작성 등 대상은 다르지만 독창적으로 해결하는 연구 자세를 보고 있었기에 가능하였던 것으로 보인다. 처음 만든 유물카드는 두세 차례 보완되어 유물에 대한 정보를 기록하고 소장처는 "석주선고전의상실"로 인쇄되어 있었다. 이 유물카드는 단국대학교에서도 동일하게 적용되었다. 카메라의 성능이 좋지 않아 고민하던 중에 거금의 사진기를 구입하고 소녀처럼 좋아시던 모습이 생생하게 기억된다.

헌옷의 가치나 보존처리 등 황무지나 다름없는 상황에서 수집된 유물들은 오염제거→수선→라벨(label) 부착→다림질→사진 촬영→비닐 주머니 밀봉→오동상자 보관 순으로 정리하였다. 이밖에도 유물대장 등록, 유물카드 작성이 동시에 진행되었다. 초보자인 필자가 하는 일이란 유물을 닦거나 다림질, 비닐주머니 만들기, 신문 스크랩 등이었다. 스크랩 정리를 잘못하여 심하게 꾸중받던 기억은 평생 잊지못할 추억으로 남아 있다. 이러한 현실 속에서 관장님은 항상 일과 함께 있었고 간간이 도움을 주는 제자들도 나그네와 같은 존재였다. 1960년대 초반 신당동 자택 안방에서 윤백영 여사를 뵌 적은 있으나 더 이상의 구체적인 기억은 남아 있지 않다.

신당동 자택을 자주 출입하였던 필자의 모친도 여사를 기억하고 있다. 수도여자사범대학(세종대학교 전신)에서 관장님의 제자 손경자 교수(현 한국복식학회 고문)를 만나 한국복식사를 전공하게 되면서 할머님의 호출이 점차 잦아졌다. 특히 방학 기간이나 주말을 이용하여 사진 촬영을 할 때가 많았다. 그동안 모아진 유물은 물론 고증하여 복원한 복식을 모델에 입혀 신당동 자택이나 동덕여자대학, 민속촌, 창경궁, 덕수궁, 단국대학교(1979) 등에서 촬영하였다. 신당동 자택은 대지 99평에 건평 25평 정도의 적산가옥으로 방은 3개이나 유물을 보관하는 방을 제외하면 방 2개에서 비좁게 생활하였다. 유물을 정리하거나 촬영이 있는 날은 온 집안이 일터로 변해 걸어 다닐 틈새도 없었다. 자택에서 촬영할 때에는 앞뜰에 작은 정원을 피해서 대문 안쪽을 배경으로 촬영하였는데 위로 여러 가닥의 전깃줄이 지나가 그림자 때문에 만만치 않은 작업이었다. 이러한 불편을 덜고자 외부에서도 촬영하게 되었으나 이동이나 준비가 만만하지 않아 고생의 연속이었다.

당시의 사진들은『한국복식사』(1972, 보진재)에 수록되어 있다. 당시 고궁에서 촬영한 흑백사진 일부는 상궁이나 후궁의 사진으로 오인되는 경우가 있다. 이러한 작업은 1981년 5월 단국대학교 석주선기념민속박물관이 개관될 때까지 지속되었으며, 이후 박물관은 관장님의 고향과 같은 존재가 되었고 병상에서도 박물관 걱정을 놓지 않으셨다. 본 박물관이 개관되고 얼마 후에는 필자도 모르는 사이 남편과 상의를 마친 석할머님의 부름으로 단국대학교에 함께 근무하게 되었고 공식적인 관계로 이어져 15년간 보좌하게 되었다. 천안 단국대학교 병원에서 임종까지 지켜보게 되었으니 할머님과 필자의 만남은 숙명인가 싶다.

Ⅲ. 덕온공주가 유물 소장 배경

1. 석주선 관장의 연구 동기와 활동 과정

석주선 관장의 경력사항은 출판된 저서나 제자들이 만든 추모집, 회갑기념 민속학논총[1]을 통하여 상세하게 소개되어 있다. 또한 사생활에 관한 내용은 본인이 작성한 글 "내가 걸어온 길"[2] 을 포함하여『우리 옷나라』[3]에도 일부 소개되어 있다. 석주선 관장의 멘토는 오빠 석주명이었다. 당시 비관심 분야였던 전국의 나비를 수집하고 연구하여 국제적으로 활발하게 연구 활동을 하는 모습을 익히 보아왔기 때문이다. "산 공부를 하려면 시간을 아껴야 한다. 토막난 시간, 부스러기 시간을 결코 낭비해서는 안 된다" 는 오빠의 말씀을 평생 실천하며 살았다.[4] 전국을 돌며 나비를 수집하고 지도에 표시한 나비지도는 석주선 관장의 유물수집 지도와 닮은꼴이다. 6.25동란 때 오빠 석주명의 원고와 유품은 여동생 석주선의 노력으로 지켜질 수 있었다. 1996년 3월 석주선 관장 타계 후 사택이었던 강남구 논현동 청학아파트에서 유품을 정리할 때는 석주선 관장의 정신까지 옮긴다는 각오로 침대와 식탁을 제외한 모든 것을 박물관으로 옮겼다. 그 가운데 단단하게 포장된 채로 보관되어 있는 오빠 석주명의 친필 원고와 일부 유품을 확인할 수 있었다. 유품은 석주선기념박물관에 소장품으로 등록하여 보관하고 있다.

1938년 동경제국대학에서 열리는 국제에스페란토 대회에 참가하는 오빠(석주명)를 따라 잠시 다녀온다는 부모님의 허락을 받고 함께 동행한 것이 석주선 박사의 연구 활동에 계기가 되었다. 때마침 동경에서 의학 공부를 하고 있는 동생[石宙一]과 함께 지내게 되었다. 그리고 동생처럼 의학을 공부하고 싶었으나 여의치 않아 어머님의 바느질 솜씨를 닮아 자신이 있는 양재학원에 등록하였다. 1940년 일본고등양재학원을 졸업하고 모교에서 근무하다가 1945년 해방과 함께 귀국하였다. 곧바로 국립과학관 공예학 연구실에 취업하여 주부들을 대상으로 간단한 양장, 한복, 어린이 옷을 만들 수 있는 무료 강습회를 열어 의생활 개혁에 매진하였다. 전시회를 개최하여 작품을 선보임에 따라 호응이 좋아져 지방에서 개최하기도 하였다. 1948년경에는 동아백화점(신세계백화점 전신)에서 작품전시회를 가졌고 전시회장을 방문한 한학자이자 역사학자인 위당 정인보(鄭寅普: 1853~?) 선생을 만나 『(국조)오례의』를 추천받으면서 문헌연구를 병

[1] 난사 석주선 박사 추모사진집 간행위원회(1998. 5).『한국복식학자 고 난사 석주선 박사 추모사진집』. 고려서적.
난사 석주선 박사 추모사진집 간행위원회(2006. 5).『蘭斯 石宙善 관장 10주기 추모집』. 석주선기념박물관.
석주선교수 회갑기념논총 간행위원회(1971. 12).『민속학논총』통문관. pp.3~7.

[2] 석주선(1982. 5).「내가 걸어온 길」.『民俗學論叢 Ⅱ』. 석주선 박사 고희기념논총. pp.17~26.

[3] 석주선(1998. 5).『민속학자 석주선의 우리 옷나라』. 현암사. pp.7~34. 본서는 관장님 사후 생전에 글을 모아 엮은 책이다.
석주선 관장 생존시 발간된 <석주명(1992.5).『과학나라』. 현암사>의 전례를 참고하여 필자가 만들어 헌정하였다.

[4] 석주선, 앞의 책, pp.32~34.

행하는 계기가 되었다. 한복수집가에서 연구가로 발전하게 된 것은 위당 선생님 덕분이라 하였다.[5]

한편 국립과학관 인근에 위치한 서울가정보육사범학교(수도여자사범대학 전신)에서 양재 강사로 출강하게 되어 제자들을 양성하기 시작하였다. 일본 유학은 서구화된 복식문화를 경험하는 계기가 되었고 우리옷의 소중함을 누구보다도 먼저 깨닫게 되는 동기가 되었다. 조상들의 헌옷을 수집하는 한편 이론적인 한복 구성법을 연구하기 시작하였다. 학생들에게 정확한 내용을 전달하기 위해서도 복식유물 수집은 반듯이 선결해야 할 문제로 인식하였다. 해방 이후부터 흉배 한두 점을 시작으로 6.25동란 이전까지 유물을 50여 점 수집하였으나 전쟁으로 모두 유실하였다. 전쟁은 일상생활에도 심각한 후유증을 남겼고 생계를 유지하기 위해 군인 담요로 양복을 만들어 팔기 시작하였다. 1954년에는 구 화신백화점 뒤편에 석주선의복연구실 "小花洋裁店"을 열어 잠시 운영을 하기도 하였다. 그러나 학자로서의 꿈을 키우기 위하여 1955년 수도여자사범대학의 교수가 되었고 제자들에게 양복과 함께 한복도 가르치기 시작하였다.

한편으로 창덕궁에 보관 중이던 50여 점의 왕실 복식들이 심하게 파손되고 있음을 확인하였다. 복원품을 만들기로 작정하고 처음으로 복원한 것은 활옷이었다. 수도여자사범대학 학생 4명이 6개월 동안 자택에서 작업하여 1959년 완성되었다. 필자도 여러 번 복원 현장을 보았으며 당시 식사와 간식 등 여러 가지 애로사항을 겪으면서 완성되었다. 이 활옷 유물은 애석하게도 1960년 6월 6일 창덕궁 재산관리처의 화재로 인하여 소실되고 앞자락 일부만 남아 복원품과 함께 본 박물관에 소장되어 있다. 잿더미 속에서 직접 찾아낸 것이다. 화재로 인하여 소실된 자료가 어느 정도였는지 알 수 없으니 애석한 일이다. 당시 소아용으로 축소하여 제작한 복원품에서 일단을 짐작해 볼 수도 있을 것이다. 경제적인 사정으로 7세 아동 치수로 줄여서 속옷까지 210여 점을 복원하고 1958년 8월 중앙공보관에서 "李朝衣裳展示會"를 성황리에 마쳤다.[6] 고증은 석주선, 제작은 시모님[崔南]과 시누이[沈海鎭]가 담당하였다. 자식이 없이 홀로 활동하였기 때문에 독신으로 알려져 있는 경우가 많지만 관장님의 글 가운데에서도 시어머님의 바느질솜씨를 훌륭하다고 지적하였듯이[7] 결혼이 한국복식 연구의 직접적인 계기가 된 측면도 있다. 중요민속문화재 제2호로 지정된 대사헌 심동신(沈東臣:1824~?)의 금관조복 일습은 심해진 여사 증조부의 유물이다.

1948년경 오빠(석주명)의 소개로 생물학자 심학진(沈鶴鎭)과 결혼하였다.[8] 신당동에서 결혼 생활을 시작하였으나 자식이 없이 6. 25동란으로 생이별을 한 이후에는 집안의 가장이 되어 생계를 책임지게 되었다. "李朝衣裳展示會"는 국내 처음으로 개최된 전시회였고 당시에 제작된 포스터와 현장 사진이 남아 있다. 이는 일반인들이 조상들의 때묻은 옷에 관심을 가지는 계기가 되는 한편 경제적 가치가 생기기 시작하였다. 당시에 제작된 복원품은 필자에게 주었는데 단국대학교 석주선기념민속박물관이 개관된 이후 그동안의 수고를 보답하는 것이라 하였다. 이 내용은 본 박물관 개관시 마네킹의 머리를 담당하여 주었던 한복 디자이너 고 허영씨가 필자보다 먼저 듣고 전해주기도 하였다.

유물 수집과 연구는 계속되어 1961년에는 한복 만들기를 체계적으로 정리한 『우리나라옷』(광문출판사)이 출간되었다. 내용 중에 버선제도는 수백 명의 발을 재어서 실험한 결과물이다. 이 책은 한복구성의 전문서로서 대학교 교재로 활용되었다. 1963년에는 덕수궁 국립박물관에서 그동안 수집된 유물과 창덕궁에 소장된 적의본(중요민속문화재 제67호)을 참고하여 복원한 적의를 포함하여 제2회 "古典衣裳展"을 개최하여 성황리에 마쳤다. 당시 창덕궁의 궁중복

[5] 석주선, 앞의 책, pp.15~16.
[6] 난사 석주선 박사 추모사진집(1998.5), pp.28~29.
1958. 8. 15~8. 22 이조의상전시회 중앙공보관, 후원 동덕여자대학, 조선일보, 공보관.
[7] 석주선(1998. 5), 앞의 책, p.18.
[8] 沈海鎭(1928~) 2012. 3. 8 면담. 오빠 심학진 선생은 경성제국대학 약대학장을 지냈다고 한다.

식 일부는 지하실에 보관되기도 하였다. 경향신문 1963년 8월 6일자에는 창경원 장서각 표본관 지하실에 썩고 있는 의상, 군기, 옥책 등 연구 가치가 많은 유물들이 장화를 신어야 할 정도로 지하수가 침수된 속에서 심하게 부식된 상자 속에 방치되고 있음을 기사화하였다. 석주선 교수 인터뷰에서는 기막힌 현실을 안타까워하면서 형태를 볼 수 있는 일부 유물은 활옷, 원삼, 구군복, 너울 등이라고 하였다. 당시의 유물은 1981년 문화재관리국에서 발간한『朝鮮時代 宮中服飾』에 담겨있다. 1966년 6월에는 신세계화랑에서 개최된 덕온공주의 의복을 포함한 "李朝衣裳遺物展"은 수많은 인파로 성황리에 마무리되었다. 필자도 관람하면서 외국인을 포함한 많은 인파를 보고 놀라웠다. 이어서 1967년 7월에는 "李朝 비녀 뒤꽂이 特別展"이 국립박물관에서 개최되었다. 해외 전시에도 관심을 가지고 1970년에는 동경에서 "韓國古典衣裳 裝身具 特別展"이 있었고 국립박물관에서 귀국전도 병행되었다.

관장님의 유물 수집은 1960년대 절정을 이루었는데 윤백영 여사의 소장품뿐만 아니라 외부 유물도 구입하였다. 당시 재직하고 있던 동덕여자초급대학은 1961년부터 1967년까지 종로구 관훈동에 위치하였고 인사동과 접해 있어 유물들을 쉽게 만날 수 있었다. 통문관 이겸노(1907~2006) 관장도 중요한 정보로 도움을 주신 분 가운데 한 분이었다. 월급날에는 얄팍한 월급봉투를 들고 인사동 골동품 거리를 찾아가 남아 있는 물건값을 갚고 나면 빈털터리가 되어 집에 있는 쌀독이 궁금해졌다고 한다. 현금이 부족할 때에는 동생[石宙一]이나 필자의 부친으로부터 차용하는 경우가 많았다. 1976년 7월에는 동덕여자대학을 정년퇴임하고 소장유물 3,365점을 단국대학교에 기증하였다. 당시 마지막 유물인 3,365번은 필자의 시모님이 혼인 시 착용하였던 반회장저고리이다. 기회가 되면 필자와 며느리의 녹의홍상도 기증할 예정이며 먼 훗날에 3대의 녹의홍상을 감상할 수 있을 것이다.

석주선 관장은 1950년대에 이발소에 가서 짧은 컷트 머리를 하였다. 방학 동안에는 지방으로 민속조사를 위해 여러 날 집을 비웠다. 신당동 자택 뒷편에는 영업용 택시 정차장이 있었다. 새벽에 출발해야 할 때에는 바지와 점퍼로 남자처럼 꾸미고 예약한 택시를 타고 서울역으로 출발하던 모습을 종종 볼 수 있었다. 민속조사를 떠나 유물을 조사할 때에는 예의를 갖추어 진솔한 태도로 후손들과 만났다고 한다. 경제적 가치가 인정되는 옛그림이나 다른 곳에 투자하지 않고 넝마와 다름없는 많은 복식유물을 수집할 수 있었던 배경에는 학문에 대한 열정과 우리 전통문화를 지키려는 집념, 그리고 희생이 있었다.

2. 석주선 관장과 윤백영 여사의 만남과 교류

석주선(1911~1996) 관장이 윤백영(1888~1986) 여사를 처음 만난 시기는 분명하지 않다. 다만 직접 들은 기억도 있고 글에도 소개되어 있듯이 자라줌치에 대한 정보를 수집하고자 할머니들을 찾아다닐 때 우연히 종로구 원서동에서 만났다고 한다. 곧바로 함께 댁으로 가서 유물을 확인하고 집으로 가져와서 손자에게 달아주기 위해 잘랐던 노리개술을 복원하여 원형보다 짧아졌음을 누차 밝힌바 있다.[1] 이 유물은 덕온공주의 자라줌치노리개로서 기증받아 1964년 3월 8일자로 유물카드에 등록되어 있다. 그러나 이 등록 날짜보다 훨씬 이전부터 구입된 유물이 있다. 유물번호 0037인 후수(後綬)는 윤백영 시가(媤家)의 유물로서 1958년 6월 21자로 등록되어 있다. 이는 윤백영 여사로부터 수집된 최초의 자료이다. 따라서 두 분의 만남은 1958년경이나 그 이전으로 보여진다. 윤백영 여사를 만난 원서동은 창경원과 인근 거리이며 당시 창경원 장서각에 소장된 고서를 열람하기 위해 들렀던 차에 만났던 것으로 보인다.

[1]『民俗學論叢 II』, 내가 걸어온 길, pp.20~21.

1963년 8월 제2회 "古典衣裳展" 전시회장에서 촬영된 두 분의 기념사진이 남아 있다. 당시 신당동 자택에서 관장님을 돕고 있던 학생 이원옥(1946~)[10] 님도 어느 해인지 기억나지 않으나 몇 차례 다녀가시고 때로 식사를 하시던 여사를 기억하고 있다. 자택에서 만날 때에는 유물 일부를 가지고 방문하였을 것이다. 유물카드에 기록된 날짜는 신수유물이 정리되어 등록된 날짜이며 유물 상태에 따라 입수 당일일 가능성도 있고 보수나 오염 제거 등으로 정리 기간 이후에 등록되기도 한다. 1959년에는 총 8점이 구입, 기증되었다. 1월 24일에는 덕온공주의 매개댕기 2점, 패물선 1점이 기증되었고 8월 9일에는 덕온공주 당의 2점은 구입되고 색헝겊상자, 장도끈 각 1점은 기증되었다. 1960년부터 1969년까지는 해마다 유물이 입수되어 총 105점에 이른다. 이어서 1970년대에 75점, 1984년에 5점, 1990년대 29점 등 총 222점이 등록되었다. 1984년과 1987년, 1992년과 1995년에 등록된 유물들은 복식유물과 직접적인 관련이 적은 것으로 보관 중에 있다가 후에 등록된 것이다. 유물의 종류는 관류 6점, 수식류 41점, 장신구류 5점, 의류 64점, 대류 2점, 낭류 10점, 신발 1점, 기타류 93점 등으로 구분된다. 1960년대는 가장 많은 수량의 유물이 등록되어 빈번한 교류가 있었음을 시사한다.

당시 윤백영 여사는 70대에 노인이었으며 신당동 사저를 여러 번 방문하였던 것으로 보인다. 1966년 당시 국립민속관(국립민속박물관 전신)에 근무하고 있었던 동덕여자대학 제자 박명자(1944~)님은 윤백영 여사를 만난 적이 있으며 구체적인 내용은 알 수 없으나 유물이 입수 될 때 윤백영 여사에게 대가를 치룬 사실을 기억하고 있다.[11] 석주선 관장 자신도 "남의 물건이면 아무리 사소한 것이라도 그냥 받아오는 일이 없었다. 항상 그렇게 대가를 치르니까 헌 옷도 돈이 된다고 소문이 났는지 물건 수집이 훨씬 수월해졌다."고 하였다.[12] 또한 1960년 전후는 아직 복식 유물의 가치가 널리 알려지지 않은 상황이었다. 석주선 관장은 윤백영 여사를 적극적으로 도와준 은인으로 생각하고 있었다. 본인의 소장품뿐만 아니라 양반가의 유물이 있는 곳을 알려주어 귀한 유물을 소장할 수 있도록 도와주었다. 1964년 신당동을 방문한 윤백영 여사가 어사화가 소장된 장소를 알려주고 직접 안내하여 아궁이에 들어가기 직전의 어사화를 구할 수 있었던 일을[13] 종종 전해주었다. 그밖에도 한말 궁내부 특진관 이도재(李道宰)의 손부 회장저고리도 소장할 수 있었고, 구체적인 기록이 없는 양반가의 유물도 70여 점에 이른다. 여사는 1982년 10월 4일 95세의 고령에도 불구하고 한남동 소재 본 박물관을 방문하였다. 본인이 소장하였던 조상의 유물들이 소중하게 보관되어 있음을 확인하였고 4개의 전시실을 모두 관람하였다. 당시 명성황후 사진에 대한 논란이 있는 상황이어서 필자가 제시한 전(傳) 명성황후 사진을 보시고 명성황후가 아니라고[14] 분명하게 말씀하였다. <표 1>은 유물 소장 과정을 시기별로 정리한 것이다.

[10] 이원옥(현 67세)은 1961년부터 1970년 결혼하기까지 관장님의 생활을 도와주었고 결혼으로 인척이 되었다. 2012. 3. 27 면담.

[11] 박명자 면담, 2012. 3. 27.

[12] 석주선, 앞의 책, p.22.

[13] 『民俗學論叢 Ⅱ』, 내가 걸어온 길, p.21.

[14] 필자가 제시한 사진은 목제 큰머리를 얹고 원삼을 입고 앉아 있는 여인으로 당시 명성황후 여부를 놓고 논란이 진행중에 있었다. 윤백영 여사는 명성황후를 만난 마지막 생존 인물이었다. 사진을 보시자 명성황후는 얼굴이 가름하고 총명하였으며 얼굴이 얽지 않았고 제시한 사진은 아니라고 하셨다. 이 말씀은 1973년 9월 「주간여성」, p.88. 기록과 같은 내용이었다. (출처 金基烈, 「사후당 윤백영 한글의 서예미 연구」, 성균관대학교 유학대학원 석사학위 논문.)

< 표 1> 공주 집안 유물 소장 과정

소장 년 원 일		소장유물 등록 내용	점
1950 년대	'58.06.21.	후수	1
	'59.01.24.	매개댕기(2), 패물선	3
	.08.09.	당의(2), 색헝겊상자, 장도끈	4
	소계		(8)
1960 년대	'60.08.09.	패영집, 매개댕기, 화각참빗((2), 화각빗, 주칠빗(2) 주칠얼개빗, 화각부채빗, 살쩍밀이, 掃子, 비녀함, 노리개보(3), 안경집속, 철릭, 원삼, 장옷, 솜저고리, 누비삼회장저고리, 토수(2), 망수, 비한, 광다회, 각낭, 시계집, 날염보.	29
	.09.16.	분첩(2), 연지첩, 토수(2), 방한토수, 오방낭자	2
	.10.12.	굴레, 배자	2
	'61.05.05.	궁낭	1
	'62.07.10.	매개댕기, 댕기첩, 수화준노리개, 동다리옷, 전복, 겹저고리, 적삼, 행전	8
	.08.10.	세닢보, 떠구지	2
	.10.15.	행전	1
	'63.05.06.	주단척	1
	.06.20.	면경	1
	.06.22.	댕기첩, 제비부리댕기, 떠구지댕기	3
	.06.30.	족두리보, 얼레빗, 탕건	3
	.07.15.	면경, 어깨걸이, 연지곤지찍는 도장, 전복(2), 두루마기, 마제굽토수, 배꼽주머니	8
	.07.17.	마제굽토수	1
	.07.30.	월자(조짐머리), 월자(새앙머리 2),	3
	.08.01.	굴레	1
	.08.09.	주칠빗	1
	.08.28.	팥잎댕기, 관복, 삼회장저고리	3
	.09.15.	전복(2), 깨끼저고리(2), 행전(2), 부시쌈지	7
	'64.03.08.	자라줌치	1
	.07.10.	목극	1
	.07.10.	마고자	1
	.07.10.	아청베보	1
	'65.06.02.	적삼	1
	06.07.	삼회장저고리	1
	09.09.	초충선	1
	09.20.	마고자	1
	11.03.	아청모시보	1
	'66.08.15.	絞帶	1
	'67.01.15.	안경집속	1
	03.24.	수낭	1
	07.20.	토수(2)	2

	11.10.	(항아)당의	1
	12.22.	토수	1
	'68.03.07.	버선, 솜저고리, 치마	3
	'69.06.20.	까치두루마기	1
	07.03.	삼회장저고리, 누비삼회장저고리, 제비부리댕기	3
	소계		(105)
1970 년대	'73.02.10.	부싯쇠	1
	05.01.	마제굽토수, 두가닥댕기	2
	05.06.	제비부리댕기	1
	05.27.	掃子	1
	06.03.	은개구리첩지, 떠구지댕기, 네가닥댕기	3
	07.01.	메뚜기, 재령현감지인, 엇선	3
	08.17.	패물선집	1
	09.03.	스란조각(3), 녹피, 책력, 삼승	6
	09.10.	홍금선단, 자색운문단, 잔누비, 오목누비, 잔누비조각, 靑內供紬,	6
	09.17.	선	1
	09.30.	재봉침사, 화각모필	2
	11.25.	금박댕기, 夾囊	2
	12.03.	메뚜기줄	1
	12.17.	등다권	1
	12.20.	주묵	1
	'74.01.15.	저울, 저울집, 윷판, 윷말주머니	4
	01.20.	버선본, 양념국자, 족박솜, 도련명주, 제갈무후마상점, 대한13도이정표	6
	01.30.	토수(2), 호족반	3
	02.10.	버선본	1
	02.26.	백곡생초, 을라, 관사, 양태문갑사, 녹선금단(2), 자적금선단, 춘사, 마포	9
	03.04.	시전지	1
	04.20.	망수(3), 간지, 오색간지, 색지, 메뚜기줄, 근봉	8
	05.10.	봉서궤, 주함, 투전, 罷睡, 파수집, 중도단자	6
	05.15.	용자창	1
	06.22.	등채끈, 명주보	2
	07.10.	겹저고리, 치마	2
	소계		(102)
1980 년대	'84.05.23.	큰머리상자, 삿자리, 하사물목	3
	'87.05.20.	오색견사, 실방석	2
	소계		(5)
1990 년대	'92.05.07.	굴레, 색동마고자, 버선, 대, 도래자	5
	'95.10.10.	한지(2), 백봉서지, 서간문(8), 간찰, 서예(7), 묵화(2), 윤백영해서, 백첩지, 세찬물목	24
	소계		(29)
총계			**222**

Ⅳ. 소장 유물의 유형별 특징

본 박물관에 소장된 덕온공주 집안의 유물들은 복식을 포함하여 생활소품에 이르기까지 매우 다양하게 구성되어 있다. 덕온공주를 중심으로 생모 순원왕후, 남편 해평윤씨 남녕위 윤의선(尹宜善:1823~1887), 양자인 윤용구(尹用求:1853~1939) 일가, 손녀 윤백영 일가의 유물이 주류를 이룬다. 그밖에 왕실의 유물 일부가 소량으로 포함되어 있다.

덕온공주 집안은 대대로 왕실과 인척관계를 유지한 가문이다. 양아들 윤용구는 고종대, 순종대에 이르기까지 요직을 거치며 신임을 받았다. 또한 순종의 계비 윤황후의 부친인 윤택영의 7촌 당숙이다. 이와 같이 덕온공주와의 혼인으로 더욱 가까워진 해평 윤씨 집안과 조선왕실의 인연이 해방 이후까지 지속되어 덕온공주와 관련된 유물도 다양하고 풍성해질 수 있었다. 또한 윤용구 대감과 덕수궁[고종]의 큰방상궁 서씨와는 의남매를 맺은 사이였다. 두 분 사이에 오고간 편지가 남아 있으며 저자도 가지고 있다[15] 고 하였다. 왕실 유물들은 생활소품 중심으로 한 두 점의 유물이 남아있다. 정조비 효의왕후(孝懿王后:1753~1821)와 후궁 화빈윤씨(和嬪尹氏:1765~1824), 익종비 신정왕후(1808~1890) 헌종계비 명헌왕후(1831~1903), 고종비 명성황후(1851~1895), 순종계비 순정효황후(1894~1966) 등이다. 수량은 미미하나 화장도구, 오락용구, 직물편을 포함하고 있으며 그 외는 대부분은 언간(諺簡)류이다. 유물의 내력을 적은 윤백영 여사의 친필 언간이 남아있어 중요한 정보를 제공한다. 유물에 대한 이해를 위해 유물과 관련된 인물을 중심으로 당시의 상황을 알아보기로 한다.

1. 순원왕후(純元王后)와 덕온공주(德溫公主)

순조(純祖:재1800~1834)비 순원왕후는 안동 김씨 영안부원군 조순(祖淳:1765~1832)의 딸로 정조 24년(1800) 왕세자빈으로 간택되었고 정조(正祖:재1776~1800)의 승하로 인해 대상을 지내고 순조 2년(1802) 왕비로 책봉되었다. 순조가 승하하고 손자인 헌종(憲宗:재 1834~1849)이 8세 어린나이로 즉위하자 순원왕후가 수렴청정이 시작되었다. 이어서 헌종이 후사 없이 승하하고 철종(哲宗:재1849~1863)이 즉위하자 다시 수렴청정을 하게 되었다. 당시 순원왕후는 왕실의 최고 어른으로, 수렴청정을 하는 대왕대비로서 반세기 넘어 권력의 중심에 있었으나 개인적으로는 불행한 여인으로 살았다. 1남 3녀를 두었으나 모두 자신보다 일찍 세상을 떠나보내는 비극의 주인공이었다. 순원왕후는 21세에 효명세자(1809~1830)를 낳았고 다음해에는 첫째딸 명온공주(1810~1832)를 출산하였다. 8년이나 지난 후에 둘째 복온공주(1818~1832)를, 다시 4년 후인 34세에 셋째 덕온공주(1822~1844)를 낳았다. 효명세자는 11살(1819)에 가례를 올리고 19세(1827)에 첫아들[헌종]을 낳았으나 22세(1830)에 훙서(薨逝)하였다. 2년 후인 1832년에는 5월에 복온공주, 6월에 명온공주를 한 달 사이에 잃는 참담한 비극을 맞게 되었다. 따라서 무남독녀가 된 막내딸 덕온공주에 대한 사랑은 특별할 수밖에 없었을 것이다. 더욱이 1837년 공주 가례 시에는 순조마저 승하하여 아버지도 없는 상황에서 가례가 치러졌다. 그럼에도 비극은 끝나지 않아 덕온공주는 1837년 가례를 올린 이후 후사를 두지 못하고 1844년(23세)에 죽음을 맞이하여 순원왕후는 막내딸이자 고명딸마저 잃게 되었다.

덕온공주의 묘자리를 결정할 때 왕기(王氣)가 있어 공주의 묘자리로 불가하다는 말을 전해 듣고 불편한 심기를 토로한 내용이 포함된 "순원왕후 어필"이 서울대학교 규장각에 소장되어 있다. 결국 반대를 무릅쓰고 다른 좋은 곳이 있다 하여도 반드시 이곳에 장사할 것이니 후에 묘을 이장 하던지 알아서 하도록 자신의 결심을 밝히고 있다. 이 모든 논란이 순조와 익종이 계시지 않아 일어난 것이라는 한탄과 함께[16] 비극의 주인공이 되었다. 덕온공주의 일생과 가문에 대

[15] 김용숙(1987. 3), 『조선조 궁중풍속 연구』, 일지사, p.20.

한 별도의 연구[17]가 있으므로 구체적인 내용은 생략한다.

고종 8년에는 명온공주와 덕온공주의 손자와 아들이 같은 날 과거에 합격하자 고종은 매우 기뻐하였고 11년에는 명온, 복온, 덕온공주묘에 내시를 보내어 치제(致祭)토록 하였다.[18] 지속적으로 왕실의 관리를 받고 있었음을 알 수 있다. 고종 24년(1887) 윤의선이 졸하였을 때 고종은 장례절차를 의례대로 행하도록 하고 승지를 보내어 치제하고 3년 동안 녹봉을 지급하도록 하였다.[19]

2. 윤용구(尹用求)와 윤백영(尹伯榮)

석촌 윤용구(石村: 1853-1939)는 덕온공주(1822~1844) 남편인 부마 윤의선(尹宜善: 1823~1887) 의 양자로 출계하였다. 덕온공주가 졸서(卒逝)후 9년 만에 출생하였다. 고종 8년(1871) 정시(庭試) 병과(丙科) 25명 가운데 16위로 합격하였고 직장(直長)으로 문과에 등제되었다.[20] 윤용구 대감의 행력은 과거급제 이후 승승장구하였는데『高宗實錄』과『純宗實錄』,『承政院日記』에 자세하다. 고종대에는 성균관 대사성(14년 12월 11일), 이조 참의(16년 6월 30일), 도승지(19년 7월 25일), 이조 참판(20년 3월 5일), 규장각 직제학(22년 4월 11일), 의정부 좌참판(29년 10월 17일), 이조 판서(30년 2월 24일), 법무아무대신(31년 7월 15일), 궁내부 특진관(32년 7월 23일), 홍문관 학사(34년 6월 18일), 판돈녕원사(39년 12월 28일) 등이 대표적 행력 사항이다. 순종황제의 지문을 찬술할 때는 판돈녕원사 신분이었으며 내용 가운데는 사왕전하(嗣王殿下:순종)께서 윤용구에게 하교하기를 "군(君)은 왕실의 가까운 인척으로서 가까이 출입하여 70여년이라는 오랜 기간을 지냈으니 이번 이 유궁(幽宮)의 지문은 군이 맡도록 하라" 하자 감격하여 노병(老病) 때문에 사양한다는 말을 할 수 없었다.[21] 고 하였다. 순종황제의 지문을 찬술하기 이전에도 왕실의 서사관이나 제술관으로 참여하였다.『純宗實錄』에는 일본 정부에서 종친과 공로자에게 귀족령을 베풀고 남작 벼슬과 위로금을 주면서 거절하지 말고 받도록 하였다. 하지만 당시 작위를 내려준 대상 중에는 윤용구를 포함하여 자결하거나 반납한 명단이 기록되어 있다.[22] 한일합방 이후에는 서화에 집중하여 많은 글과 그림을 남겼다. 화려한 그의 행력과 달리 가족사는 잘 알려져 있지 않으나 미술사나[23] 서예사 분야 연구가[24] 참고 된다.

석촌 윤용구는 1853년 12월 13일 해평 윤씨 회선(尹會善:1801~1861)과 셋째 부인 여흥 민씨(1821~1904) 사이에서 둘째 아들로 태어났다. 부친 윤회선은 군수를 지냈고 작은 아버지이자 양부인 윤의선이 덕온공주와 혼인한 남녕위 윤

[16] 이승희 역주(2010. 12),『순원왕후의 한글편지, 푸른역사, pp.366~375. 본서에는 원문, 현대문, 해설까지 기록되어 있어 관찬사료에서 볼 수 없는 궁중의 일상생활을 참조해 볼 수 있다.

[17] 신명호(2012. 5),「덕온공주의 일생과 가문」,『조선 마지막 공주 덕온가의 유물』, 단국대학교출판부, pp.198~217.

[18]『高宗實錄』8年1月4日, 敎曰: "明溫、德溫兩公主子若孫之同日科聲, 甚是奇喜. 11年8月12日,明溫, 福溫, 德溫公主墓, 遣內侍致 ."

[19]『高宗實錄』高宗 24年 12月29日 傳教 南寧尉尹宜善卒. 敎曰: "此都尉端凝之姿, 謹愼之操, 憂愛向國, 予所深知. 纔聞病患之報, 遽見逝單之至, 驚晝何言? 追念疇昔, 尤增愴廓. 卒南寧尉家, 遣中使護喪, 禮葬等節, 照例擧行. 東園副器一部輸送, 成服日遣承旨致祭, 祿俸限三年仍給."

[20] 한국역대인물종합시스템 인물사전 참조.

[21]『純宗實錄附錄』純宗 19年6月11日, 嗣王殿下又教用求曰: "君以王室近戚, 出入邇密, 爲七十年之久." 今此幽宮之誌, 君其撰之. 今此幽宮之誌, 君其撰之. "用求感激殊渥, 不敢以老病辭."

[22]『純宗實錄附錄』純宗 3年10月14日.

[23] 최열(2011,12),「윤용구, 逍遙와 劍氣의 遊戲空間」,『새터마을 소답꽃집』, 김종영미술관, pp.122~135.
남녕위 출생을 1823년으로 보고되었으나 궁중발기에는 고종 15년 戊寅년(1878) 환갑을 맞은 것으로 되어있다. 따라서 출생은 1817년으로 보여진다.

[24] 김기열(2008),「사후당 윤백영 한글의 서예미 연구」, 성균관대학교 유학대학원 석사학위 논문.

의선(尹宜善: 1818~1887)이다. 조부 윤치성(尹致性:1743~1812)은 예조참판, 증조부 윤홍열(尹弘烈:1725~1798)은 공조판서, 양조부 윤치승(尹致承:1789~1841)은 화성판관, 양증조부 윤명렬(尹命烈:1762-1832)은 이조참판, 오위도총부도총관을 역임하였다. 12대 위의 선조인 12세 윤두수(尹斗壽: 1533~1601), 13세 윤방(尹昉: 1563~1640), 14세 윤리지(尹履之: 1579~1668)는 각각 임진왜란, 정묘호란과 병자호란 때의 호종공신이다. 이러한 명문세가의 직계후손으로 자라면서 14살때인 1867년 이전 남녕위의 양자로 들어갔다.[25] 고 한다. 윤용구 대감에게는 두 명의 부인이 있었다. 첫째 부인은 광산 김씨이며 자녀가 없었고, 둘째 부인 연안 김씨 사이에는 3명의 자녀를 두었고 장녀가 윤백영(1888~1986) 여사이다. 아래로 4살, 6살의 남동생이 있었으나 모두 잃어 외동딸로 자랐다.

윤백영 여사의 어린 시절 고종은 사후당을 소소주(小小主)라 부르며 언제나 반겼다고 하며 명성왕후 민비도 안부 차 자주 만났다고 한다.[26] 윤백영 여사는 유년시절을 거의 내간(內間)에서 글공부와 쓰기, 침선으로 보냈으며 글공부는 당시 석학으로 이름 높던 부친 윤용구로부터 직접 배웠다. 당시 집에는 덕온공주가 시집올 때 가져온 책 수천여 권이 있었다고 하며 많은 책을 읽어서 궁중에도 소문이 나 있었다. 15세 되던 봄철에는 철인왕후가 하명하여 1천여 권의 진귀한 책들을 가지고 가서 해설을 해 주었다고 한다. 1902년 2살 위인 유용준(兪容濬: 1886~1945)과 결혼하였다. 혼례를 앞두고 갖가지 침선을 배우고 마지막 조복까지도 능숙하게 했으나 관대는 완전하게 배우지 못하였다고 한다. 이때 부친으로부터 "사후당(師候堂)"이라는 별호를 받았는데 이는 송나라 명현 정명도(程明道:1032~1085)의 모친이 후(候)씨인데 그 명현의 어머니를 스승처럼 가슴에 간직하고 배우라는 뜻이었다. 19세에 장남 승목(承穆)을 낳고 막내아들 종목은 27세에 출산하였다.[27] 덕온공주가에 소장되었던 장서들은 장서각에 기증하였고, 현재는 한국학중앙연구원 장서각에 소장되어 있다.

윤백영 여사의 장서각 나들이는 일상적인 생활이 되었고 국문학자 고 김용숙(金用淑), 고 김동욱(金東旭), 구황실장서각 관장 고 황경환(黃慶煥), 석주선 관장은 장서각에서 만나는 현직 교수들이었다.[28] 윤백영 여사에게는 저동궁 할머니(덕온공주 궁호), 책 할머니, 궁할머니 등 다양한 별칭으로 호칭되었다. 윤백영 여사는 부친과 남편을 잃고 8.15 해방으로 토지개혁이 되자 여사의 가정생활도 궁핍해지지 않을 수 없었을 것이다. 이어서 발발한 6.25 전란으로 심각한 타격을 받았을 것이며 이러한 상황에서 복식 유물을 수집하는 석주선 관장과의 만남은 운명적으로 이루어진 것 같다. 유물 기록 카드에는 기증과 구입이 구분되어 있으며 주로 복식류나 직물류 외에는 모두 기증으로 정리되어 있다.

3. 유형별 유물 특징

석주선기념박물관에 소장된 민속품은 유물의 성격에 따라 총 9장으로 구분되어 있다. 1장 관립건모류, 2장 수식류, 3장 장신구류, 4장 의복류, 5장 흉배류, 6장 대류, 7장 낭류, 8장 화혜리류, 9장 기타류 등이다. 덕온공주 집안의 유물들은 1장부터 9장까지 모두 포함되어 있다. 유물의 종류는 관류 6, 수식류 41, 장신구류 5, 의류 64, 대류 2, 낭류 10, 신발 1, 기타류 93점 등으로 구분된다. 분류에 따른 유형별 유물의 구성과 특징을 대략적으로 소개한다. 이 내용은 윤백영 여사의 전언(傳言)이 기본이 되어 석주선 관장이 기록한 내용을 정리하면서 부분적으로 최근 연구 성과의 내용, 왕

---

[25] 최열, 앞의 책, pp.123~124.
[26] 김기열, 앞의 책, p.11. 小小主는 小小姐의 오기로 보여진다.
[27] 김기열, 앞의 책, pp.5~7.
[28] 김용숙은 궁중풍속연구가로 교류가 있었고, 김동욱은 황경환 관장에게 "궁중용어"를 국문학회에서 발표하도록 주선하였다. (1963. 5 국어국문학 제26권, pp.269~293.), 황경환은 머리말에서 "윤백영 여사는 금년 73세의 고령이나 聰明多聞하셔서 궁중고사에 대한 필자의 물음에 늘 명쾌한 해답을 주신 것을 감사한다."고 하였다.

실기록을 추가한다.

발간 예정인 도록에 각각의 그림과 함께 상세하게 설명될 것이다.

1) 관(冠), 립(笠), 건(巾), 모(帽)류

탕건(宕巾) 1점, 굴레 3점, 족두리보 1점, 패영(貝纓)집 1점 등 모두 6점이다. 탕건은 조선의 남자들이 상투를 틀고 망건을 두른 다음 위에 덮어 쓰는 관의 일종이다. 집안에서 평상복 차림에 쓰거나, 간편한 외출시 또는 예복을 입을 때 관모의 밑받침용으로 착용한다. 풍속화 가운데 국립중앙박물관에 소장된 김득신(金得臣)의 「兢齋 傳神帖」 중 투전(鬪牋), 강희언(姜熙彦)의 「士人揮毫」 등에 인물들이 탕건을 쓴 모습으로 그려져 있다. 그림 속의 탕건은 말총처럼 부드럽지 않고 사모에 무각 형태와 유사하게 그려져 시대적 특징을 보인다. 조선의 탕건은 당건(唐巾)에서 유래된 것으로 보았다. 『雅言覺非』에서는 "당건을 잘못하여 탕건으로 번역하였는데 중국음이 '唐'을 '탕'으로 발음하기 때문이라고"[29] 하였다. 『五洲衍文長箋散稿』에도 당건과 탕건을 동일시하고 있다. 윤용구 대감이 판서 시절에 사용하던 것으로 말총으로 정교하게 엮어 만들었다. 유물 가운데는 정자관 속에 탕건이 함께 부착된 형태도 보인다.

굴레는 돌을 맞이한 아이를 비롯하여 4-5세까지의 여아들이 많이 썼다. 동절용과 하절용으로 구분되며 오색견사와 구슬로 화려하게 꾸며준다. 굴레는 어머니의 정성과 솜씨로 만들어지기 때문에 화려하게 꾸며진 것이 많다. 그러나 개성지방에는 굴레를 만드는 공장이 따로 있었다고 하며 상부에 천도나 박쥐 모양의 장식과 구슬로 화려하게 꾸며주었고 평양지방은 주로 색실로 만들었는데 해방 무렵에는 겨울에만 주로 사용했다고 한다.[30] 굴레는 여러 가닥의 끈으로 연결되는데 양옆은 앞다리, 뒤는 뒷다리, 가로줄은 누운다리, 목 부분은 목다리로 구분하였다. 동절용은 틈새가 보이지 않고 하절용은 틈새를 주어 바람이 통하도록 만들었다. 1897년 황자아기시 삼칠일의복발기에는 아청색 갑사로 옥판을 갖춘 색단 굴레가 진상되었다. 고종의 왕자 보현당 소생 우(瑀: 八個月 夭折) 의 굴레를 쓴 사진이 전한다.[31] 3점의 굴레 가운데 두 점은 양반가의 전통적인 유물이다. 나머지 어른용 굴레는 1968년 윤백영 여사의 장남 유승목(兪承穆)이 회갑이 되자 아들에게 입히려고 손수 만든 굴레와 색등거리, 허리띠, 버선 일습에 포함된 것이다. 이것은 중국 초나라의 현인(賢人) 노래자(老萊子)가 70세 노령에 부모 앞에서 색동옷을 입고 재롱을 보여서 부모를 즐겁게 하였다는 "老萊子斑衣"풍습에서 유래한 것이다. 효를 중시하는 유교적 가치에 반영되어 왕실과 양반가에서 교훈적으로 활용되었다.

이외에 1963년 중요민속문화재 제212호로 지정된 족두리보와 패영[笠纓: 갓끈]을 보관하였던 주머니 패영(貝纓)집이 남아 있다.

2) 수식류

떠구지 1(댕기부착), 조짐머리 1, 새앙머리 2, 댕기 13, 빗 9, 첩지 1, 화장도구 10, 수부(首部) 5점 등 총 42점이다.

조선의 여인들이 머리를 크고 풍성하기 위해 가체(加髢)를 사용하는 풍습은 국초부터 성행하였는데 영조와 정조대에 이르러 가체의 폐단을 실감하고 나라법으로 금지하였다. 정조 12년(1788) 비변사에서 가체신금절목(加髢申禁節目)을 올려 구체적인 금제 절목을 제시하였다. 그 가운데 얹은머리를 대신하여 쪽머리를 하도록[32] 권장하였다. 떠구지 기록은 「順和宮접초」 명절 복식 기록에서 확인된다.[33] 떠구지는 목제 큰머리에 꽂는 비녀 종류이다. 이를 근거로 김용숙 교수

---

[29] 丁若鏞(1762~1836), 『雅言覺非』 卷2, "唐巾 誤飜爲宕巾 華音唐爲."

[30] 박성실(1998. 12), 『북한지방의 전통복식』, 현암사.

[31] 박성실(2000. 4), 『한국전통 어린이복식』, 「전통아기옷에 관한 실증적 고찰」, 단국대출판부, pp.136~138.

[32] 『正祖實錄』 正祖10年 3日 備邊司進《加髢申禁節目》… 士族妻妾, 閭巷婦女, 凡係編髢加首, 本髮加首之制, 一切禁止士族妻妾….

는 생전에 필자에게 목제 큰머리가 떠구지가 아님을 강조하였다.

조짐머리는 '조진머리', '조지미' 라고도 하며 쪽머리의 일종이다. '조지미'는 허술하지 않도록 단단히 단속하다를 뜻하는 '조지-'에서 파생되었을 것으로 추정된다. 유물은 여러 가닥의 다리로 땋아 쪽을 찌고 첩지머리와 연결시킨 형태이다. 가발처럼 되어 있어 사용하기에 편리하도록 만들어져 있다. 첩지머리에는 은개구리첩지가 부착되어 있고 조짐머리에는 백동민잠(白銅珉簪)과 흑각잠(黑角簪)으로 형태가 고정되어 있다. 평상시에 하는 쪽머리 위에 얹어 사용하여 쪽머리보다는 큰 형태임을 알 수 있으며 혼례와 같은 대사에 성장(盛粧)할 때 사용한 것으로 보인다. 사용 시에는 흑각잠을 빼고 정식 비녀로 대체하였다. 궁중발기 가운데 정미가례시(1847), 병인가례시(1866)와 영왕비 유물 패물 표찰에 등에 조짐가체에 사용되는 패물 기록이 있다. 용잠, 봉잠을 포함하여 여러종류의 파란잠과 도금잠, 반자 등의 기록이 있어 화려하게 성장하였음을 짐작할 수 있다. 궁중풍속에서는 왕비가 합방을 하는 날에 남치마와 분홍 저고리를 입고 조짐머리를 하였다 고도 한다.

새앙머리는 사양계(絲陽髻) 혹은 '생머리'라고도 하며 반가의 미혼녀나 궁중의 나인들의 머리 모양이다. 다래를 두 가닥으로 땋아서 본인 머리와 같이 3-4촌 길이가 되도록 쌍줄로 묶고 그 위에 댕기로 매어 계급을 표시한다. 지밀내인은 네가닥, 도청•침방•수방•고야방 내인은 두 가닥 댕기를 맨다. 머리가 짧은 경우 새앙다리를 사용하여 풍성하게 만들었다. 유물은 새앙머리용 다리(月子) 2꼭지를 말아 올려 접은 후 합쳐서 댕기로 묶어 고정하였다. 상부에는 홍색으로 위를 덮고 검은색으로 싸주어 정리하였다. 양반가에서는 동지나 정조 문안시 입궐할 때에는 새앙머리에 석웅황을 달기도 하였다. 정미년 가례(1847)에서 익종의 후궁 경빈 김씨가 헌종과 함께 야참상(夜餤床)을 받을 때 경빈 김씨는 새앙머리를 하고 견마기에 대란치마를 입은 차림이었다. 또한 혜경궁 홍씨의 관례 60주년을 기념하여 행사한 기록 『己巳進表裏進饌儀軌』(1809)에는 향차비(香差備), 전언(典言), 전빈(典賓) 이 새앙머리와 새앙댕기를 드린 모습이 그려져 있다. 이상의 가체 유물은 착용자를 알 수 없으나 문헌에 보이는 궁중 여인의 머리 형태를 알 수 있는 유일한 자료이다.

댕기는 여자의 머리를 고정하거나 장식하는 데 긴요한 도구로 반상을 가리지 않고 사용되었다. 댕기는 총 13점으로 끝 모양이 뾰족한 제비부리 댕기 3점, 떠구지[목제큰머리] 댕기 2점, 가체를 고정할 때 사용하는 매개댕기4점, 금박댕기 1점, 네가닥 댕기, 두가닥 댕기, 팥잎댕기 각 1점 등이다. 제비부리 댕기는 모두 국화문과 수복자문으로 부금되어 있으며 홍색 한 점, 자적색이 두 점이다. 자적색 한 점은 덕온공주가 7세(1828)에 공주로 봉작(封爵)될 때 사용하였던 것이다. 제비부리 댕기는 국립고궁박물관 소장 영친왕비 댕기와 경운박물관 소장 이혜경(의친왕의 5녀) 여사의 새앙댕기와 진주장식을 제외하고 흡사하다. 궁중발기 중에도 정미가례(1847), 군부인 김씨(의친왕 부인) 길례 시에 새앙댕기의 기록이 있다. 따라서 이들 유물은 새앙머리에 사용하였던 새앙댕기일 가능성이 그다. 떠구지[목제 큰머리] 댕기는 검은색의

김용숙, 앞의 책, pp.284~289. 필자에게 누차 복식학계에서 올바로 정리해야 한다고 강조하였다. 그러나 윤백영 여사의 기중품이 떠구지와 떠구지 댕기라는 명칭으로 기록되어 있다. 윤백영 여사가 출가시 사용한 목제 큰머리와 댕기가 있다.

황문환 외(2010. 12), 『정미가례시일기 주해』, 한국학중앙연구원, p.71.

박혜진(2005), 「조선시대 후기 궁중패물 연구」 단국대학교 석사학위 논문, p.57.

金用淑(1987. 3), 『朝鮮朝 宮中風俗 硏究』, 일지사, pp.183~184.

石宙善(1971. 12), 『韓國服飾史』, 보진재, p.69.

석주선(1993. 6), 『冠帽와 首飾』, 단국대학교 석주선기념민속박물관, p.226.

이명은(2003), 「『궁중불긔』에 나타난 행사 및 복식연구」, 단국대학교대학원 석사학위 논문, p.159.

김태연(2003), 「『己巳進表裏進饌儀軌』에 나타난 복식」, 단국대학교대학원 석사학위 논문, p.88, p.93.

박혜진(2005), 「조선시대 후기 궁중패물 연구」, 단국대학교 석사학위 논문, pp.30~33.

좁고 긴 댕기이다. 매개댕기는 가체를 이용하여 머리를 성장할 때 연결 부위를 단단하게 고정시키는 보조 역할을 한다. 검정색의 부금 댕기는 남아용이다. 궁에서는 신분에 따라 댕기의 종류가 구분되었던 것으로 보이는데 네가닥 댕기는 지밀내인이, 두가닥 댕기는 침방내인이 새앙머리에 하였고 팥잎 댕기는 지체 낮은 무수리나 처자가 낭자머리에 매었다고 한다.[42] 이상은 윤백영 여사의 전언에 따라 기록한 것으로 보인다.

빗[梳子]은 여인의 머리 손질에 필수적 자료이다. 실용성과 함께 소재나 제작에 장식성도 포함되었다. 빗은 모두 9점으로 8점은 덕온공주 유물이다. 4점은 화각빗이며 중심대를 화각으로 만들었다. 나머지 4점은 주칠빗으로 살구나무로 만든 반원형이다. 빗살이 촘촘하며 얼레빗은 다소 성글다. 반가용 얼레빗 1점은 화류이며 상아와 자개로 장식되어 있다. 고려대학교 소장 16세기 파평윤씨 모자미라 출토 유물중에는 여러가닥의 다리[月子]와 함께 빗접과 빗종류가 함께 출토되었다.[43] 빗의 형태는 근대 유물과 유사하다.

화장도구 역시 여인의 필수품으로 다양한 제구들이 있다. 유물은 면경 2, 분첩 2, 연지첩 1, 연지 도장 1, 소자(掃子) 2, 수건 1, 살쩍밀이 1 등이다. 면경은 왕실에서 사용하는 휴대용 손거울이다. 정조 후궁 화빈(和嬪) 윤씨의 경수궁(慶壽宮) 큰방 상궁이 윤용구 대감 부인에게 보내온 면경은 회나무로 만든 것이다. 나머지 면경은 먹감나무 몸판에 참죽나무로 테를 둘렀다. 앞의 면경보다 다소 작게 만들어져 있다. 유물에 따라서는 거울과 나침반을 함께 부착하여 일상생활에서 편리하게 사용하도록 만든 것도 전한다.

분첩은 분을 바를 때 사용하는 것이다. 조선시대 분은 쌀이나 분꽃씨를 가루내어 만든 미분을 사용하였는데 접착력이 떨어져 물에 개어 얼굴에 바른다. 가루 입자가 미세할수록 밀착이 잘 되기 때문에 명주로 바닥을 한 소형의 분채에 걸러 사용하였다. 코리아나 화장박물관에는 다양한 종류의 화장도구들이 전한다.[44] 분첩은 누에고치를 얄팍하게 펴서 풀솜을 싸 준 것이다. 연지첩은 다소 작으며 손잡이용 꼭지가 달려 있다. 연지와 곤지를 찍던 도장은 흑각(黑角)을 조롱박 모양으로 깎아 만든 것이다. 연지는 주사(朱砂)와 홍화로 만든 색조화장품이다. 7.9/5.0㎝의 작은 연지벼루가 화장박물관에 소장되어 있다. 소자는 빗을 청소할 때 사용하였던 빗솔이다. 각(角)으로 조롱박 모양을 깎아서 표면에 주칠을 해주고 수복문을 새겼다. 돼지털로 만든 솔을 달았다. 흰색의 소자는 정조의 서녀 숙선옹주(淑善翁主:1739~1836)의 것으로 상아로 만들었다. 살쩍밀이는 윤용구의 유물로서 잔머리털을 망건 사이로 밀어 넣어 잔털을 정리하는 데 사용하며 대모로 만든 것이다.

그밖에 수식의 부품(部品)으로 덕온공주 관례시(1837) 사용한 비녀상자가 있다. 뚜껑 안쪽에 “뎡유계츄 관례시 됴금용줌일” 묵서되어 용잠을 보관하였던 상자임을 알 수 있다. 이 외에 큰머리를 보관하였던 윤백영 여사의 상자와 댕기첩 2점은 매개댕기와 목제 큰머리에 달린 댕기를 쌌던 것이다. 녹색 한지와 황색 한지로 되어있다.

3) 장신구류

노리개 2점과 노리개보 3점 등 모두 5점에 불과하고 내용도 빈약하다. 그러나 윤백영 여사와의 인연을 맺어준 자라줌치 노리개가 있어 중요한 의미가 있다. 노리개는 중종대에 최세진(崔世珍)이 주해(註解)한 『훈몽자회』에 ‘패(佩)’를 ‘노리개패’라고 주해하여 노리개의 기록을 볼 수 있다. 또한 『朝鮮語辭典』(1938)에는 노리개를 금은주옥으로 만든 여자 패물의 한 종류로 소개되어 있다. ‘궁중발기’에는 임오년(1882) 왕세자 순종의 가례와 헌종 후궁 경빈(慶嬪)의 정미가례일

---

[42] 석주선(1993. 6), 『冠帽와 首飾』, 단국대학교 석주선기념민속박물관, pp.155, 226.
[43] 서정원・이승혜(2003. 11), 「파평윤씨 출토유물 종합목록」, 『파평윤씨 모자미라 종합연구논문집 2』, pp.292~293.
[44] 코리아나 화장박물관(2010), 『한국의 화장도구』, p.27.

기(1847)에서 구체적인 기록이 남아 있다. 1962년 수집 초기 등록된 수화준(繡花樽) 노리개는 다홍색 공단에 오색견사로 자수한 술통 모양의 노리개이다. 전형적인 노리개 형태와 다르다.

자라줌치 노리개는 덕온공주가 장식용으로 찼던 노리개이다. 자라[鼈] 모양의 작은 주머니[줌치]를 다홍색 술에 연결한 노리개이다. 줌치는 소색 공단에 봉황과 보문(寶紋)을 평수, 징금수 기법으로 오색견사로 수놓고 연금사로 테를 둘러주었다. 윤백영 여사가 손주에게 채워주기 위해 술을 잘라 사용하였고 석주선 관장이 남겨진 실로 복원하였다. 이와 별도로 순화궁[경빈 김씨] 접초에 의하면 자라줌치는 유청색은 자주저고리에 차고 백색은 춘추동(春秋冬)에 찼다고 한다.[15]

노리개보 3점은 노리개를 쌌던 겹보자기로서 덕온공주의 유물이다. 노리개는 남아있지 않으나 각각의 보자기의 겉감에 "옥편복일 장진쥬구", "산호화지 공쟉석화지 옥불슈", "니사죠롱일목"의 묵서가 있어 노리개의 종류를 짐작할 수 있다. 노리개는 주로 궁중에서 가례시 사용하였으며 "궁중발기"에는 형태, 소재, 종류에 따르는 다양한 형태의 노리개 기록이 남아 있다.[16]

4) 의복류

의복류는 단령 1, 철릭 1, 동다리 1, 전복 5, 원삼 1, 당의 2, 장옷 1, 두루마기 2, 마고자 3, 배자 1, 저고리류 13, 치마 2, 버선과 버선본 4, 토수 13, 행전 4, 후수 1, 망수 4, 대 1, 비한(臂捍) 1, 등채끈 1, 슬란(膝襴) 조각 1점 등이며 그밖에 본 박물관에서 구입한 항아당의 1점이 포함되어 있는 등 모두 64점이다. 슬란 조각은 기타류 소속 직물편으로 분류되어야 할 유물이다. 유물 가운데 덕온공주의 자적 당의가 중요민속문화재 제1호로 지정(1964.12)되었고 나머지 의복들은 제211호(1987.2), 그 외에 소품들은 212호로 지정(1987.2)되어 있다. 또한 윤용구 대감의 의복은 중요민속문화재 제216호로 지정(1987.3)되어 있다. 그밖에 윤용구 대감 부인, 윤백영 여사 일가의 유물을 비롯하여 반가의 유물이 포함되어 있다. 본 박물관에서 발간 예정인 도록에 구체적인 내용이 설명될 것이므로 개괄적으로 내용을 소개하기로 한다.

단령과 철릭, 동다리는 윤용구 대감의 유물이다. 윤용구 대감의 행력에 비해 의복은 소량이 남아 있다.

단령의 겉감은 북청색의 빙사(氷紗)이고 안은 남색의 빙사로 만든 겹단령이다. 빙사는 은조사와 동일한 조직이다. 소매통이 넓어 갑신년(1884) 의제개혁과 관련없어 보인다. 동일한 시기에 활동하였던 흥선대원군의 형 흥완군(李晸應) 일가(1849-1949)의 복식류(중요민속문화재 제121호) 가운데는 광수(廣袖) 와 착수(窄袖) 단령이 포함되어 있다. 소매배래, 길, 무 등이 안감과 같이 바느질되어 말기의 구성법을 보여준다.

동다리 옷은 동다리와 전복이 합봉된 홑옷으로 말기의 구성을 보이고 있다. 조선 후기 무관(武官)의 군복(軍服) 차림은 전립(戰笠)을 쓰고 금향색(錦香色) 몸판에 붉은 소매가 달린 동다리를 입고 소매 없는 흑색의 전복(戰服)을 덧입는다. 허리에는 넓은 요대(腰帶) 또는 광대를 두르고 남색 전대(戰帶)를 착용하며 수화자(水靴子)를 신는다. 다산시문집 공복의 내용 가운데도 구체적인 기록이 있다. 한편 임오년(1882) 동궁마마 가례시 「궁중불긔」에는 아청색 쾌자(快子)와 금향색 군복을 일작으로 하고 주홍색과 송화색, 남송색 동다리군복을 각각 단독으로 기록하여 구분하였다. 또한 임진년(1892) 의화군 관례 시 의복발기에는 아청 쾌자와 옥색 속옷을 일작으로, 양초록과 두록색 동다리를 단독으로 구분하고 있다. 따라서 유물의 형태를 '동다리군복'으로 명칭하였을 가능성도 있다.

철릭은 조선 후기까지 백관의 융복으로 널리 착용되었으나 점차 군복으로 통일되면서 착용 빈도가 줄어들었기 때문에

---

[15] 김용숙, 앞의 책, pp.315~316.
[16] 박혜진, pp.65~87. 부록으로 제시한 기록에서 궁중패물의 규모를 상상해 볼 수 있다. pp.137~198.

현존 유물이 많지 않다. 철릭은 상의와 하의가 합봉된 형태로 시류에 따른 형태의 변화를 보인다. 유물은 상단하장(上短下長)으로 말기의 양식을 대표한다. 청색의 운보문사로 만든 홑철릭이며 좌측 소매는 단추로 연결된 탈착식으로 만들었다. 진동선 아래 작은 트임이 양쪽 소매에 모두 있다. 활쏘기를 할 때 활통의 끈이 통과하도록 만든 것으로 보이나 통산 한쪽에 두고 좌궁과 우궁을 구분하는데 양쪽에 트임을 주어 특이하다. 이상의 유물들은 다홍색 광다회와 함께 문화재로 지정되었다.

그밖에 소색 마고자가 있다. 가장사리를 검은색 엇선으로 둘러준 세련된 옷이다. 문화재로 지정 가치가 있는 유물이나 누락되어 있는 경우도 있다.

전복으로 등록된 유물은 5점으로 홑옷 4점, 겹옷 1점이다. 깃과 소매가 없으며 양옆과 뒤 중심에 트임이 있다. 앞 중심에 고름이나 단추를 달아 주었다. 이러한 형태는 군복의 일습으로, 또는 두루마기 위에 평상복으로 착용하는 두 종류로 구분된다. 일반적으로 군복에 갖춤은 검은빛이 도는 짙은색과 홍색을 사용하여 겹옷으로 만들었다. 고종 21년 갑신의제 개혁시 유생들 사이에서는 전복보다는 답호가 익숙한 명칭이었다.[17] 청색 빙사로 만든 홑옷은 윤백영 여사 부군 유용준의 유물이다. 쌍용문(일명 別紋紗) 갑사로 만든 두 점과 남색 운문사 한 점은 홑옷이다. 검정색과 홍색의 겹옷은 쌍용문 갑사로 만든 것이며 군복의 일습이었을 가능성이 있다.

원삼과 장옷, 당의 2점과 저고리 3점은 덕온공주의 유물이다. 당의 2점은 1959년 8월, 원삼과 장옷, 옥색 누비삼회장저고리는 1960년 8월 수집품으로 등록되었다. 부금 삼회장저고리와 송화색 누비 삼회장저고리는 1969년 7월에 등록되었다.

원삼의 겉감은 연두색 화접문갑사(花蝶紋甲紗)에 수복(壽福)문자가 전체에 부금되어 있다. 안감과 한삼은 6.25 전쟁 당시 소실되었다. 홍색의 안감이 있었던 흔적만 남아 있다. 현재의 한삼(汗衫)은 소장된 후에 보완된 것이다. 안단에는 남색으로 선단이 둘러져 있다. 넓은 소매 끝에는 홍·황 두 가지 색의 색동이 달렸으며 소매안쪽 끝에도 남색 선단이 둘러져 있다. 고려대학교박물관 소장 영조의 장녀[庶女] 화순옹주(1720~1758)의 녹색 직금단원삼도 동일한 구성을 보여 당시 왕실의 재봉법을 가늠해 볼 수 있다. 전단후장(前短後長) 형태로 뒤가 35cm 정도 길어서 입었을 때 뒤가 끌리도록 되어있다. 오른쪽 가슴 부위에는 연두색 끈목이 달려 있으며 흉배를 고정하기 위한 용도이나 흉배는 남아 있지 않다.

자적 직금 당의는 중요민속문화재 제1호 "덕온공주 당의"로 지정되었다. 16세(1837) 에 남녕위(南寧尉) 윤의선에게 하가(下嫁)한 후 첫 동지 명절에 입었던 겹당의이다. 동지에 먹는 팥죽과 같은 색상으로 지어 입었다고 한다. 겉감은 자적색 도류불수단(桃榴佛手緞)에 수복(壽福) 문자가 직금되어 있다. 안감은 홍색 도련주이며 거들지는 백색 공단, 겉고름은 자적색 공단, 안고름은 자적색 명주로 만들었다. 윤백영 여사는 부친과 함께 고종 황제를 알현하기 위하여 입궐하였을 때 커서 줄여서 입었다고 회고하였다. 두록색 도류사 홑 당의는 하절용으로 옷 전체에 수복(壽福) 문자가 부금되어 있다. 전반적인 형태는 자적 당의와 흡사하다. 그밖에 항아당의 1점이 있다. 흑자색과 다갈색 명주로 된 겹당의로서 '뎡유뎡츄길례시뎌동궁고간이뉴구' 명문이 있어 덕온공주 길례시 항아가 착용하였던 것을 알 수 있다. 중요민속문화재 제213호로 지정되었다.

장옷[長衣]은 국초부터 후기까지 외출용 겉옷으로 착용하였다. 덕온공주의 장옷은 겉고름과 안고름에 동일한 크기의

[17] 『高宗實錄』, 高宗 21年 6月 20日 敎曰: "今之戰服之制, 卽古之半臂衣, 或稱綽子, 又稱搭護. 唐時士人所競服, 而我國朝官, 亦曾着於章服之內者. 向日傳敎, 爲其易曉而稱俗名, 聞多以戰陣之服疑之云. 此雖由於不考古之致, 而俗名旣不雅, 節目中以搭護改付標."

길고 넓은 고름이 달려 있다. 외출용 겉옷과 쓰개용 두 가지 용도로 입었던 전형적인 19세기 양식의 겹옷이다. 겉감은 녹색 경광주이며 깃, 고름은 명주를 사용하였다. 안감은 옅은 분홍색 모시를, 거들지와 동정은 도련주로 하였다. 겉깃과 안깃 모두 들여달린 목판깃이며 좌우 대칭을 이루는 특징을 보인다.

원삼과 당의가 가례 시 착용한 의복이라는 것은 손녀인 윤백영 여사의 전언으로 알려진 사실이다. 이를 문헌과 비교해 볼수 있는 왕실 기록이 있다. 덕온공주 가례 당시의 기록인 장서각 소장『德溫公主嘉禮謄錄』(1837) 이 그것이다. 이에 대해서는 별도의 연구가 발표될 예정이나[48] 확인을 위해 간략하게 비교해 보고자 한다. 공주의복 일습 가운데 수식류와 대 등의 부속품을 제외한 의복은 대홍광적단노의(大紅廣的單露衣) 1, 대홍광적겹장삼(長衫) 1, 백초활삼아(白綃闊衫兒) 2, 백릉단말군(白綾單襪裙) 1, 초록주유저고리(草綠紬襦赤古里) 2, 남주겹저고리(藍紬裌赤古里) 1, 초록주유호수(草綠紬襦胡袖) 2, 백정주겹리의(白鼎紬裌裏衣) 1, 백정주단리의(單裏衣) 1, 백정주유개오(襦蓋襖) 2, 백정주삼아(衫兒) 2, 남주유치마(藍紬襦赤亇) 2, 남주겹치마 2 등이다.[49] 기록 중에 녹색 원삼이나 당의는 보이지 않는다. 노의는 청연군주의 출토 유물이 있고[50] 홍장삼과 활옷의 도안 일부도 남아 있다.[51] 복온공주 후손 가문에서 소장하고 있는 활옷은 홍장삼이라 할 수 있다. 등록에 기록된 공주 가례 의복은 모두 20여 점에 불과하여 사가 (私家)의 혼수품에도 미치 못하는 초라한 구성이다. 명온공주와 복온공주 가례의복 내용도 동일하다. 이 내용은『尙方定例』(1752)[52], 『國婚定例』(1749) [53] 의 공주가례 의복 내용을 동일하게 적용한 것이다. 역대『嘉禮都監儀軌』(1627-1906) 왕비, 세자빈의 복식 내용도 소략하기는 마찬가지이다. 임오년(1882) 가례시 는 의궤와 궁중발기가 함께 전하고 있으며 내용이 현저하게 다르다. 상당한 수량의 복식 기록이 있는 궁중발기의 내용이 설득력을 가진다.[54] 왕실의 기록이라도 문헌마다 차이를 보여 왕실복식을 연구하면서 고심되는 부분이다. 반면 명온공주는 가례의복과 상장례의복 기록이 함께 남아 있다.『明溫公主房喪葬禮謄錄』(1832)[55] 가운데 소렴제구(小殮諸具) 일습은 가례시 의복보다 더욱 화려한 구성을 보인다.『明溫公主嘉禮謄錄』(1823) 공주의복 기록과 차이가 있다. 소렴제구는

"草綠織金緞圓衫 眞紅雲紋大緞內的, 鳳金繡胸背, 眞紅別紋大緞蔽膝, 眞紅別紋大緞佩玉, 眞紅大緞鳳金繡後垂, 藍別紋緞大帶, 藍別紋緞犀帶, 草綠緞金壽福字唐衣服 眞紅大貢緞內拱, 荳綠桃榴緞赤古里 白貢緞內拱, 玉色桃榴緞赤古里 白貢緞內拱, 甫羅桃榴緞赤古里白貢緞內拱, 白貢緞赤衫, 眞紅桃榴緞裳 白貢緞內拱 膝按具, 藍桃榴緞裳 白貢緞內拱 膝按具, 藍桃榴緞上裳 膝按具, 白貢緞廣袴 白禾紬內拱, 白貢緞袴 白禾紬內拱, 白貢緞單袴...." 등이다.[56]

초록직금단원삼[안감: 진홍대단]에 금수봉흉배를 달고 진홍 폐슬, 패옥, 후수, 대대, 서대를 대례복으로 갖추었다. 대

[48] 이은주, 「<덕온공주 가례등록>을 통해 본 덕온공주 가례 복식」, 2012. 5. 11 단국대학교 석주선기념박물관.

[49] 『德溫公主嘉禮謄錄』(1837), 한국학중앙연구원 장서각도서관.

[50] 이성희(2003), 「조선후기 노의에 관한 연구」, 단국대학교대학원, 석사학위 논문.

[51] 石宙善, 『한국복식사』(1971.12), pp.145~146, p.490, p.672. 1963년 10월 경기도 광주에서 출토된 사도세자 1녀 청연군주묘에서 출토된 복식 가운데 노의가 있다. 당시는 원삼이라 기록하였으나 노의로 수정하였다.
홍장삼은 창경원에 소장될 당시 '홍쟝삼슈초 져동궁'라 묵서된 수본과 '밧ᄃᆞᆨ활옷슈초'라 묵서된 도안도 함께 실려 있다. 옛 언문으로 쓰인 명문은 모두 석주선관장 친필로 원문대로 옮겨 적은 것이다.

[52] 『尙方定例』(1752), 권 3, 別例 下, 公主嘉禮衣服.

[53] 『國婚定例』(1749), 권 7, 公主嘉禮.

[54] 안애영(2009.12), 「임오년 가례 왕세자 왕세자빈 복식연구」, 단국대학교 대학원 박사학위 논문.

[55] 『明溫公主嘉禮謄錄』(1823), 한국학중앙연구원 장서각. 『덕온공주가례등록』, 공주의복과 동일한 내용이다.

[56] 『明溫公主房喪葬禮謄錄』(1833), 서울대학교 규장각한국학연구원.

례복 속에 입는 평상복은 초록수복자 겹당의, 두록도류단 겹저고리, 옥색도류단 겹저고리, 보라도류단 겹저고리를 일작으로 구성한 저고리 삼작과 백공단 적삼, 진홍도류단 스란치마, 남도류단 스란치마, 남도류단 스란웃치마, 백공단 겹너른바지, 백공단 겹바지, 백공단 홑바지가 일습으로 구성되어 있다. 가례의복에 보이는 다홍색 노의와 장삼은 없으나 덕온공주 유물에서 보이는 초록 원삼과 당의가 포함되어 있다. 소렴시의 의복 구성이 가례시 부속제구까지 갖춘 대례복 일습의 구성을 보이고 있다. 『朝鮮女俗考』에는 사람이 일생을 살아가면서 두 번 성장하는데 혼인할 때와 죽을 때라고 하였듯이[57] 수의는 혼례복과 동일한 수준으로 보았다. 출토복식에서 조선후기 여자의 원삼이 출토되는 것은 이를 반영한 것이다. 한편 헌종의 후궁 경빈 김씨의 『뎡미가례시일긔』(1847)에는 의식에 따라 착용한 예복의 명칭이 기록되어 있다. 책빈(冊嬪)일과 조현례(朝見禮)에는 '슈식 직금원삼 패옥 슈졍딕 청옥규' 차림새로, 가례일 입궐시에는 'ᄀᆞᄅᆞ마리 노의 봉딕', 동뢰연(同牢宴)에는 '슈식 직금홍당삼 패옥 슈졍딕 청옥규' 일습으로 행례하였다.[58] 신분은 다르지만 이를 참고한다면 노의, 장삼, 원삼은 모두 가례의복으로 착용한 것으로 보인다. 따라서 덕온공주의 부금 원삼과 당의는 가례시에 착용하였던 유물로 확인된다.

저고리류는 모두 13점으로 덕온공주 유물 삼회장저고리 3점을 포함하여 솜저고리 2, 겹저고리 2, 깨깨저고리 2, 삼회장저고리 2, 적삼 2 등이다. 덕온공주 저고리는 옥색과 송화색 누비삼회장 저고리와 부금 삼회장 저고리이다. 누비 삼회장 저고리는 덕온공주가 가례 시 자장(資裝) 하였던 것이다. 당코깃, 곁마기, 끝동, 겉고름이 자주색으로 되어있는 삼회장형이다. 옥색 누비저고리는 겉감 설한단(雪寒緞) 안감 고운 명주의 겹옷으로 0.3cm 간격으로 정교하게 오목누비로 만들었다. 송화색 누비저고리는 겉감 도류사 안감 모시의 겹옷으로 0.25cm 간격으로 누벼주었다. 나머지 두록색 부금 삼회장저고리는 화장이 12㎝로 짧은 소아용이다. 겉감은 두록색 도류사이고 안감은 다듬이한 모시를 이용하여 만든 겹옷이며 깃 곁마기 끝동 겉고름을 자적색으로 하였다. 끝동을 제외한 겉감 전체에 수복문자가 금박되어 있다. 궁중발기에는 수복문자를 부금한 견마기 기록이 다수 확인되어 '부금견마기' 로 명칭하였다. 견마기는 독립된 저고리 명칭이며 저고리를 세 벌 갖추어 성장 할 때 가장 위에 입는다. 흰색 거들지를 달아 의례적인 기능을 하였다. 한국학중앙연구원 장서각에는 이 유물과 거의 동일한 형태의 한지 저고리본이 소장되어 있다.[59]

나머지 저고리 10점은 삼회장저고리 2, 솜저고리 2, 겹저고리 2, 깨끼저고리 2, 적삼 2점 등이다. 윤황후의 솜저고리, 윤백영 여사의 깨끼저고리가 포함되어 있다. 삼회장저고리 한 점은 길이 13㎝, 화장 43㎝의 소형 저고리이다. 보존상태가 좋지 않으나 화문이 있는 송화색 빙사에 모시로 안을 넣었다. 소형의 삼회장저고리는 왕녀가 입었을 가능성이 있다. 궁내부 특진관 이도재(李道宰:1848~1909) 손부(孫婦) 저고리는 송화색 생고사에 자색 생고사로 회장을 해 주었다. 20세기 초반의 특징을 보인다. 솜저고리 한 점은 꽃분홍색 명주에 남색 끝동을 단 속저고리용이다. 배래와 도련이 거의 일직선형인 말기의 유물이다. 또 한 점의 솜저고리는 회색 양단으로 만든 윤황후의 유물로 1966년 승하 후 대상을 치루고 친척들에게 반사한 것이다. 깨끼저고리는 모시로 만든 윤백영 여사의 유물과 왜사(倭紗)로 지은 유물이며 모두 길이가 짧은 20세기 초반의 유물이다. 적삼은 백저로 만든 윤백영 여사 시조모의 유물과 홍저로 만들고 동정과 적삼단추가 달려 있는 20세기 초의 반가용 유물이 있다.

치마 2점은 윤황후의 유물로 화섬으로 된 흰색치마 이다. 저고리와 함께 윤황후 대상 이후 반사된 것이다. 나머지 남색 운문사 치마는 모시로 안은 넣은 겹치마로 길이가 길고(140㎝) 폭이 넓은(360㎝) 예복용 치마이다.

---

[57] 李能和(소화 2년 6월), 『朝鮮女俗考』, 東洋書院, p.59, 東廂記 …俗談에 生前에 好事 一番이오 死後에 好事 一番이라… 영인본.

[58] 이명은, 앞의 논문, pp.158~159. 최근 황문환 외(2010. 12), 『정미가례시일기 주해』(한국학중앙연구원 출판부) 본이 출간되어 상세한 정보가 추가되어 있다.

[59] 『조선왕실의 여성』(2005.10), 한국학중앙연구원 장서각 2005 장서각 특별전.

토수는 총 13건이 있다. 한 짝만 남아 있는 것도 3건이 있다. 하절용 토수는 없고 모두 비단으로 만들어져 있다. 겹, 누비, 솜, 털토수 등이 있으며 말발굽모양의 마제굽토수가 포함되어 있다. 이외에 벙어리 장갑 모양의 방한 토수가 있다. 윤용구 대감과 부인 연안김씨의 토수가 7건 있다. 행전은 모두 4쌍이며 모시와 옥양목으로 되어 있다. 길이 24~25cm, 너비 14~20cm이다. 토수와 행전은 '궁중발기'에도 많은 수량으로 기록되어 있다. 경빈 정미년 가례(1847)에서 자적단 흑모피 덧토수가 포함되어 있고 임오년(1847) 가례시 동궁마마 의대발기 중에는 각색의 토수가 2竹 있었고 잔누비, 양초록, 분홍, 홍화색, 일남, 다홍 등의 색단 토수가 기록되었다. 행전은 갑사, 생화주, 세저로 여러 벌 준비되었다.[60]

의부(衣部)에는 망수(網綬) 4, 대 1, 버선본 2, 비한(臂捍) 1, 등채끈 2, 슬란 조각 1, 후수 1 등이 있다. 망수 4점 중에 2점은 오색견사로, 2점은 청색견사로 된 망수이다. 청색견사 망수 한점을 제외하고 모두 덕온공주의 유물이다. 오색견사 망수는 홍, 청, 흑, 백, 녹의 오색사로 제직되었다. 길이 20cm, 너비 24, 8.0cm이며 후수와 패옥에 달리는 망수이다. 오색견사는 망수는 영조 22년 면복(冕服)의 제도를 개정할 당시 후수의 제도를 적, 청, 현, 표, 녹색의 오색으로 제직하여 사용토록 한 것에서 시작하였다.[61] 이는 왕실에서만 사용할 수 있는 제도로서 효명세자 예진에서 확인된다. 따라서 오색견사 망수 2점은 덕온공주 가례시 대례복과 관련 있는 유물일 가능성이 있다. 청색견사 망수는 조복이나 제복 후수에 부착하는 것이다.

등채는 조선 후기 무관이 군복을 입을 때 등채에 달리는 끈이다. 백색 영초(英綃) 등채끈은 철종 승하 시 윤용구 대감이 사용하였던 것이다. 일상의 등채끈은 색상이 있는 끈을 달아 화려하게 장식하였다. 비한은 비구(臂韝) 라고도 한다. 융복을 갖출 때 사용한다. 소매 끝에 매어주어서 활동에 지장이 없도록 하였다. 국립중앙박물관에 소장된 단원풍속화첩 중에 활쏘기 장면에는 오른쪽 손목에만 둘러져 있다. 활쏘기에는 한쪽만 착용하지만 악공인이나 춘앵전 정재 시에는 양쪽에 끼우고 사용하였다. 『樂學軌範』 관복도설에는 아악의 순(錞) 탁(鐲) 독(纛)을 드는 공인들이 착용하는 홍금비구(紅錦臂韝)가 그림과 함께 제시되어 있다.[63] 무신년(1848) 『진찬의궤』와 진찬도병에는 광수(廣袖)의 황초삼을 입고 비구를 착용한 여령의 그림이 있다. 또한 『진찬의궤』악기풍물(樂器風物)에는 비구 한 쌍 감으로 겉감[外拱] 홍공단, 안감[內拱] 남대단, 수화(繡畵)차로 초록, 남, 백공단, 영자(纓子)감으로 남다회 2건이 있다.[64] 내용으로 보아 화려하게 꾸민 것을 알 수 있다. 본 유물은 옅은 두록색 문단에 오색 견사와 금사로 쌍희(囍)자를 중앙에 배치하고 구름과 화문을 자수하였다. 대모 고리와 청색의 비단으로 넓고 긴 끈 하나가 달려 있다. 끈과 고리 일부가 탈락된 상태이다. 따라서 본 유물은 정재용일 가능성이 있다. 한편 영조대 『大射禮儀軌』에는 왕의 '어습(御拾)'이라 그려져 있다. 길이가 6치(28cm)로[65] 유물과 차이가 있다. 태지(苔紙)로 만든 버선본, 덕온공주의 청색 금선단 스란조각, 윤백영 여사의 시가(媤家) 유물인 온전한 형태의 후수(後綬) 1점이 있다. 이 후수는 1958년 여사로부터 수집된 첫 번째 유물이다. 이상이 의부에 소속된 유물들이다.

---

[60] 안애영, 앞의 논문, p.123, p.134.
[61] 『英祖實錄』, 英祖 19年 4月 14日.
[62] 丁若鏞, 『茶山詩文集』 제9권 議 公服.
[63] 『進饌儀軌』(1848), 진찬도병.
『樂學軌範』 9권, 관복도설 홍금비구(紅錦臂韝).
[64] 박성실(2005. 4), 「조선후기 진작의궤 진찬의궤류의 복식 연구」, 『조선후기 궁중연향문화』, 한국학중앙연구원, p.418, p.448.
[65] 이은주(2006. 10), 「대사례 행사 차여자의 복식 제작을 위한 고찰」, 조선 영조대 대사례의 학술세미나, p.44.

5) 대(帶)

윤용구의 광다회 1점과 교대(絞帶)용 색사 1점이다. 색사는 오색견사로 된 길이 360㎝의 유물로 철종 국상 시 사용된 유래가 윤백영의 친필 글로 남아 있다.

6) 낭(囊)

전통 한복에는 주머니가 달려 있지 않아 다양한 종류의 주머니가 발달하였으며 다회로 매듭을 하고 금박이나 자수로 꾸며주어 실용성과 장식성을 함께 보여준다. 낭류는 다양한 종류의 유물 9점과 낭부(囊部) 2점이 있다. 귀주머니 형태의 각낭(角囊)과 궁낭(宮囊), 자수낭(繡囊), 두루주머니 형태의 엽낭(夾囊), 오방낭자(五方囊子) 등이다. 오방낭자는 오색의 공단으로 만들었는데 중앙에 황색을 중심으로 위에 백과 흑, 아래에 홍과 청색의 오방색을 배열하였다. 음양 사상과 벽사의 의미를 포함하고 있다. 청색의 면포로 만든 배꼽주머니, 낭부에 속한 유물은 덕온공주의 패물선을 보관하였던 황색 비단의 패물선집, 안경을 보호하기 위하여 안경집 안에 넣어두는 안경집속이 있다. 궁중발기 중에는 을묘(1915) 해낭(亥囊) 발기를 포함하여[66] 발기가 남아 있다.

7) 신발

화(靴) 혜(鞋) 리(履)로 분류되는 신발은 1점이 소장되어 있다. 목극(木屐)이라 불리는 나막신이다. 신코가 뾰족하게 돌출된 여성용으로 길이는 25㎝이다.

8) 기타류

기타류에 소속된 유물은 매우 다양한 특징을 보인다. 분류에 오기가 있는 부분도 일부 확인된다. 분류된 내용은 유물의 성격상 총 26개 분야로 분류하고 다시 소분류 되는 형식을 취하고 있다. 1鍵으로 시작하여 28腹에 이르기까지 매우 다양하다.[67] 금번에 해당하는 부분은 5屏 1점, 6褓 9점, 7縫 3점, 10書 33점, 11扇 2점, 13食 7점, 15煙 3점, 16娛 5점, 18印 1점, 19資 23점, 20 粧 1점, 21占 1점, 23枕 1점, 26雜 6점 27通 2점 등 93점이다.

Ⅴ. 학술적 가치 및 제언

단국대학교 석주선기념박물관이 소장하고 있는 민속품 가운데 덕온공주가의 유물은 총 222점이다. 이것은 덕온공주의 손녀인 윤백영 여사와 전통복식의 개척자인 석주선 관장의 집념과 희생으로 이루어진 결과물이다. 덕온공주는 조선의 마지막 공주이며 윤백영 여사는 직계 후손으로서 명성황후를 마지막으로 대면한 인물이다. 또한 총명다문하고 기억력이 뛰어나 비록 한말의 궁중생활이지만 궁중예법에 대한 글을 남겼다. 따라서 윤백영 여사는 조선왕조 궁중전고(宮中典故)의 최후의 증인이라 할 수 있다. 여사가 보관하였던 유물들은 복식을 포함하여 생활소품까지 다양하여 궁중생활의 면모를 이해하는 데 중요한 자료이다. 특히 해평윤씨 집안은 덕온공주와의 혼인으로 왕실과의 인연이 해방 이후까지 지속되어 관련 유물이 더욱 다양하고 풍성해 질수 있었고 친필로 적은 내용이 함께 전하고 있어 유물에 대한 이해도를 높이고 있다.

---

[66] 김용숙, 앞의 책, pp.311~317.

[67] 『석주선기념민속박물관 소장목록』 Ⅰ(1978), Ⅱ(1994), 단국대학교 부설 민속학연구소 참조.

덕온공주의 유물은 이미 중요민속문화재로 지정되었다. 가례의복 일부를 포함하여 생활소품에 이르는 다양한 유물들은 조선 마지막 공주의 삶을 이해하는 데 중요한 자료이다. 가례 당시의 문헌기록인『덕온공주가례등록』이 남아 있어 문헌과 비교해 볼 수 있는 점도 본 유물의 가치를 높이는 부분이다. 다만 왕실 기록의 한계를 보이고 있으나 기타 자료와의 비교 검토가 이루어진다면 보다 설득력있는 결과를 기대할 수 있을 것이다. 그밖에 양자 윤용구 대감의 유물들도 중요민속문화재로 지정받은 관복은 국말의 제도를 연구하는 데 중요한 자료이다. 그밖에 지정에서 제외된 유물들도 주목되는 자료가 포함되어 있다. 특히 공주의 수명발원을 기원하여 만든 실 방석, 오색견사 다발을 포함하여 직물류, 비녀함, 오색견사 망수, 간지 등도 궁중생활 문화를 볼 수 있는 연구 자료이다. 또한 조짐머리, 새앙머리, 댕기류는 문헌 기록과 비교해 볼 수 있는 유일한 왕실 수식류 자료이다.

이상의 자료들은 조선 마지막 공주 집안의 관련 유물로서 궁중과 양반가의 생활상을 검토해 볼 수 있는 유물이다. 궁중생활사, 복식사, 서예사, 풍속사 연구에 긴요한 자료가 될 것이다. 그러나 윤백영 개인의 소장품과 기억력에 의존한 자료이기 때문에 한계가 따른다. 앞으로 가능하면 타 기관의 자료를 조사 비교하고 문헌과 비교 검토하는 지속적인 후속 연구가 필요하다.

Ⅵ. 맺음말

석주선 관장과 윤백영 여사는 "자라줌치노리개"가 인연이 되어 1950년대 중반부터 만나기 시작하여 1970년대까지 빈번하게 교류하였다. 1982년 95세의 고령으로 단국대학교 한남동 석주선기념민속박물관을 방문할 때까지 반세기 가까운 세월을 함께 하면서 사사로운 교류 차원을 넘어 궁중문화의 전도사로서 후학들에게 소중한 문화유산을 남겨 주었다.

덕온공주는 16세(1837)에 남녕위 윤의선과 가례를 올렸다. 가례 당시 공주는 생부인 순조가 승하하고 오빠[효명세자]와 두 언니[명온,복온공주]가 모두 세상을 떠나 외동딸로 남겨져 생모인 순원왕후의 각별한 사랑과 관심 속에 있었다. 그러나 공주는 23세 젊은 나이에 후사 없이 요절하였다. 부마 윤의선은 공주와의 혼인으로 왕실과 인맥을 쌓았고 환갑날에는 궁에서 의류와 백미, 땔감이 하사되었다. 출계한 양자 윤용구는 서화에 능통한 문신으로 고종의 신임을 받아 중책을 맡고 보좌하였다. 순종 계비 윤황후와는 인척관계로 맺어져 순종의 지문을 쓰기도 하였다. 윤백영은 생부 윤용구와 연안김씨 사이에 장녀로 태어났으나 동생들이 요절하여 외동딸로 자랐다. 윤백영 여사는 결혼 이후에도 선대부터 내려오는 공주가의 유물들을 보관할 수 있는 환경에 있었다. 기억력이 뛰어나고 박학다식한 여사는 일부 유물에 내력을 친필로 적어 놓았고 저술한 책과 함께 궁중생활사 연구 자료를 남겼다.

석주선 관장은 3남 1녀 가운데 셋째 고명딸로 1911년 평양에서 출생하였다. 석주선 관장의 멘토는 나비박사로 알려진 작은오빠 석주명이었다. 1938년 동경에서 열리는 국제 학술회의에 참석하는 오빠를 따라 동경에 간 것이 계기가 되어 서양의복을 공부하고 해방과 함께 귀국하였다. 이러한 경험은 일찍이 우리옷의 소중함을 깨닫게 되었고 국립과학관 공예실에 근무하면서 주부를 대상으로 무료 강습을 실시하는 것으로 사회생활을 시작하였다. 1948년경 주부들의 작품을 전시하는 전시장에서 만난 위당 정인보 선생의 지도로 문헌 연구와 유물 수집을 병행하였다. 1958년, 1963년, 1966년 등의 전시회를 거듭하면서 조상들의 때묻은 옷이 경제적인 가치로 인정받는 계기가 되었다.

1960년대는 신당동 자택을 방문하거나 국립민속관, 전시회장에 참석하는 등 만남이 계속되었다. 필자와 필자의 모친도 신당동 자택에서 만난 기억이 있다. 1958년 수집된 시가(媤家)의 유물 후수(後綬)를 시작으로 1960년대부터 1970년대에 집중되었다. 1976년 정년과 함께 그동안 수집된 유물 3,365점과 도서 3,000여 권이 단국대학교에 기증되었고 1981년 5월 한남동 캠퍼스에 석주선기념민속박물관이 개관되었다. 금번 전시되는 유물 222점은 몇몇 점을 제외하고 3,365점에 포함된 유물이다. 조선의 마지막 공주 집안의 유물들은 대략 2세기에 걸친 궁중과 사대부가의 복식과 다양한 생활소품 자료이다.

금번 기회를 통하여 중요민속문화재로 지정된 덕온공주, 윤용구 유물에서 누락된 자료들이 확인되고 그간의 연구 성과로 인하여 보완되어야 할 부분도 있다. 후속 연구로 보완되어서 조선 마지막 공주가의 생활상이 성공적으로 마무리되기를 기대한다. 1998년 말 필자가 문화관광부의 지원을 받아 개최하였던 "북한지방의 전통복식 특별전"을 준비하면서 관장님 생전에 기획하지 못한 것을 심각하게 후회한 경험이 있다. 금번에도 또 다시 반성과 후회 속에 글을 마감하게 되어 아쉬움이 남는다.

참고문헌

『高宗實錄』, 『國婚定例』 卷7, 『茶山詩文集』 卷9, 『德溫公主嘉禮謄錄』, 『明溫公主嘉禮謄錄』, 『明溫公主房喪葬禮謄錄』, 『尙方定例』 卷3, 『純宗實錄附錄』, 『雅言覺非』 卷2, 『樂學軌範』 卷9, 『英祖實錄』, 『正祖實錄』, 『朝鮮女俗考』, 『進饌儀軌』.

김기열(2008), 「사후당 윤백영 한글의 서예미 연구」, 성균관대학교 유학대학원 석사학위논문.

김용숙(1987), 『朝鮮朝 宮中風俗 硏究』, 일지사.

김태연(2003) 「『己巳進表裏進饌儀軌』에 나타난 복식」, 단국대학교대학원 석사학위논문.

난사 석주선 박사 추모사진집 간행위원회(1998. 5),『한국복식학자 고 난사 석주선 박사 추모사진집』, 고려서적.

난사 석주선 박사 추모사진집 간행위원회(2006. 5),『蘭斯 石宙善 관장 10주기 추모집』, 석주선기념박물관.

단국대학교 부설 민속학연구소(1978), 『석주선기념민속박물관 소장목록』 Ⅰ.

______________________(1994), 『석주선기념민속박물관 소장목록』 Ⅱ.

박성실(1998), 『북한지방의 전통복식』, 현암사.

______(2000), 『한국전통 어린이복식』,「전통아기옷에 관한 실증적 고찰」, 단국대학교 출판부.

______(2005),「조선후기 진작의궤 진찬의궤류의 복식 연구 」,『조선후기 궁중연향문화』, 한국학중앙연구원.

박혜진(2005), 「조선시대 후기 궁중패물 연구」, 단국대학교 석사학위 논문.

서정원.이승혜(2003.11), 「파평윤씨 출토유물 종합목록」, 『파평윤씨 모자미라 종합연구논문집』 2.

석주선(1971), 『韓國服飾史』, 보진재.

______(1982),「내가 걸어온 길」, 『民俗學論叢 Ⅱ』, 석주선 박사 고희기념논총.

______(1993) 『冠帽와 首飾』, 단국대학교 석주선기념민속박물관.

______(1998),『민속학자 석주선의 우리 옷나라』, 현암사.

석주선교수 회갑기념논총 간행위원회(1971. 12), 『민속학논총』, 통문관.

신명호(2012.5), 「덕온공주의 일생과 가문」, 단국대학교 석주선기념박물관.

안애영(2009), 「임오년 가례 왕세자 왕세자빈 복식연구」, 단국대학교대학원 박사학위논문.

이명은(2003), 「『궁중발긔』에 나타난 행사 및 복식연구」, 단국대학교대학원 석사학위논문.

이성희(2003),「조선후기 노의에 관한 연구」, 단국대학교대학원 석사학위논문.

이승희 역주(2010), 『순원왕후의 한글편지』, 푸른역사.

이은주(2006.10), 「대사례 행사 차여자의 복식 제작을 위한 고찰」, 조선 영조대 대사례의 학술세미나.

이은주(2012. 5), 「<덕온공주 가례등록>을 통해 본 덕온공주 가례 복식」, 단국대학교 석주선기념박물관.

장서각편(1994. 5), 『고문서집성』十二, 한국정신문화연구원.

최열(2011. 12), 「윤용구, 逍遙와 劍氣의 遊戱空間」, 『새터마을 소답꽃집』, 김종영미술관.

코리아나 화장박물관(2010), 『한국의 화장도구』.

한국학중앙연구원 장서각(2005), 『조선왕실의 여성』.

황문환 外(2010. 12), 『정미가례시일기 주해』, 한국학중앙연구원.

황문환(2012. 5), 「덕온공주 집안의 유물 중 한글 자료에 대하여」, 단국대학교 석주선기념박물관.

한국역대인물종합시스템 인물사전.

『덕온공주가례등록』을 통해 본 덕온공주 가례 절차

이 욱 (한국학중앙연구원 장서각 선임연구원)

목차

Ⅰ. 서론

남자와 여자가 결합하여 가정을 이루는 것을 혼인이라 한다. 혼례는 이러한 혼인의 만남을 드러내어 공표하고 사회적으로 인정받는 의식이다. 왕실에서 이 혼례를 지칭하는 용어는 다양하다.『국조오례의』에 실린 가례(嘉禮)의 다양한 의식 중에서 혼례와 관련된 것으로 '납비의(納妃儀)', '왕세자납빈의(王世子納嬪儀)', '왕자혼례(王子昏禮)', '왕녀하가의(王女下嫁儀)', '종친문무관일품이하혼례의(宗親文武官一品以下昏禮儀)' 등이 있다. 이러한 의주들은 그 호칭에서 알 수 있듯이 혼례 당사자들의 신분에 따라 혼례 의식을 달리 불렀음을 알려준다. 왕과 왕세자의 혼례는 '납비(納妃)'와 '납빈(納嬪)'이란 표현이 보여주는 것 같이 한 여인을 '비(妃)'와 '빈(嬪)'이란 사회적 지위를 부여하는 것에 치중되어 있다. 그리하여 그들의 혼례식에는 다른 곳에서 볼 수 없는 '책비(冊妃)'와 '책빈(冊嬪)'의 의식이 포함되어 있다.

그러나 왕자와 공주의 혼례에서 이러한 책례는 보이지 않는다. 즉, 왕위 계승과 관련된 비와 빈 외에는 지위의 수여와 무관하게 혼례가 진행되는 것이다. 그러나 왕가의 자녀와 사대부가의 자녀 사이에 이루어지는 혼사에서 신분의 불평등은 여전히 보인다. 그러한 불평등을 압축적으로 보여주는 것이 '왕녀하가의'이다. 공주, 옹주, 군주, 현주 등 왕녀(王女)의 혼례는 지위가 낮은 사람에게 시집가는 것임을 함축하고 있기 때문이다. 그런 의미에서 공주의 혼례는 사회적 지위를 버리고 부부(夫婦), 고부(姑婦)와 같은 가족의 지위를 새롭게 부여받는 과정이라 할 수 있다.

왕실 혼례의 기본 절차가 유교의『의례』나『주문공가례』에 기초하고 있으며, 공주의 혼례 역시 마찬가지이다. 그럼에도 불구하고 공주의 혼례가 지닌 매력은 왕실가의 딸과 평민의 아들 사이에서 생기는 불평등이 주는 긴장감이다. 본고에서는 이러한 차이가 보여주는 여러 양상들을 덕온공주(德溫公主)의 혼례 절차를 따라가며 살펴보고자 한다.

Ⅱ. 덕온공주와 부마 윤의선

덕온공주(1822~1844)는 순조와 순원왕후(純元王后) 김씨(1789~1857) 사이에서 셋째딸로 태어났다. 순조와 순원왕후 사이에는 2남 3녀의 자녀가 있었는데 장남은 효명세자(孝明世子, 1809~1830)이고, 차남은 일찍 죽었다. 장녀인 명온공주(明溫公主)는 효명세자보다 한 살 어리다. 동녕위(東寧尉) 김현근(金賢根)과 결혼하였다. 차녀는 복온공주(福溫公主)인데 창녕위(昌寧尉) 김병주(金炳疇)와 혼인하였다. 그 다음이 막내딸 덕온공주이다. 8세가 되는 1829년(순조 29)에 '덕온'이란 공주의 작호를 받았다. 공주가 13살 때에 아버지 순조가 승하하였는데 이때에 그녀는 결혼하기 전이었다. 1837년(헌종 3)에 남녕위(南寧尉) 윤의선(尹宜善)에게 하가(下嫁)하였는데 이때 공주의 나이는 16세였다. 부마 윤의선(미상~1887)은 해평 윤씨로 윤치승(尹致承)의 아들이다.[1)]

덕온공주가 혼례를 치를 때 국왕은 헌종이다. 효명세자의 아들인 헌종은 덕온 공주에게 조카에 해당한다.『주자가례』에 의하면 관례, 혼례를 주관하는 주인은 신랑, 신부의 친부모가 아니고 각 집안의 종자(宗子)이어야 한다. 그러므로 덕온공주의 경우 헌종이 신부집의 주인으로 혼례에 적극 나서야 할 위치이다. 그러나 공주의 하가(下嫁)에서 국왕은 의례(儀禮)의 표면에 나오지 않는다. 종친 중 덕망 있는 사람을 국왕 대신으로 주인의 일을 맡기기 때문이다. 덕온공주의 혼례 때 주혼자(主婚者)는 완창군(完昌君) 이시인(李時仁, 1805~1843)이었다. 공주 가례에서 국왕이 의례의 현장에 나아가지 않지만 일의 진행을 결정하고 행사가 끝날 때마다 보고를 받으며 선온(宣醞)을 내려주는 등 매우 깊게 개입하고 있다. 헌종 역시 그 역할을 소홀히 하지 않았을 것이다. 그러나 의례의 실질적인 주관은 순원왕후였다. 순조의 비 순원왕후는 순조가 승하한 후 왕위에 오른 손자를 대신하여 수렴청정을 하고 있었기 때문이다.

1) 덕온공주는 결혼 후 1844년(헌종 10) 5월 24일에 사망하였다. 이날은 헌종의 간택일이었는데, 둘째 아기를 배어 무거운 몸으로 경사에 참석하였다가 급체를 하는 바람에 죽었다고 한다.

Ⅲ.『덕온공주가례등록(德溫公主嘉禮謄錄)』

한국학중앙연구원 장서각에는 덕온공주의 혼례식에 관한 기록으로 2종의『덕온공주가례등록』이 있다. 두 책은 모두 덕온공주의 혼례식을 다루고 있는데 대부분 유사하다. 곽이 없고 괘선이 없는『덕온공주가례등록』(장2-2632)는 초고본에 해당하는 반면 사주단변(四周單邊)에 오사란(烏絲欄)이 있는『덕온공주가례등록』(장2-2631)은 이를 바탕으로 만들어진 것이다.[2]

본고에서는 이 책을 중심으로 논의를 진행할 것이다. '등록'이란 일반적으로 각 관서에서 오고간 문서들을 베껴 기록한 책을 가리킨다. 조선시대 공문서는 원본 서류들보다 이런 등록이 남아 있는 경우가 많으며 가장 1차적인 자료의 성격을 지닌다. 그러나 국가 왕실의 혼례에 등장하는 등록 중에는 의궤와 유사한 형태의 등록이 여러 종 있다. 즉, 행사 관련 부서에서 오고간 서류를 순서대로 등사하여 보관한 자료라기보다 의궤와 같이 행사가 끝난 후 필요한 서류들을 재정리하여 편집한 기록물이라는 성격이 더 강하다. 이때 의궤와 등록은 신분의 차이로 인해 발생하는 것이다. 왕비와 세자의 혼례는 도감에서 주도하며 행사가 끝나면 의궤가 만들어진다. 반면 대군, 왕자의 혼례는 도감이 아닌 청(廳)에서 일을 주관하고 일을 마친 후에는 등록을 제작하였다. 현재 공주, 옹주, 군주, 현주 등 왕녀(王女)의 혼례 등록으로 규장각과 장서각에 20종이 소장되어 있다.[3]

『덕온공주가례등록』은 본청등록과 별공작등록을 합쳐 한 책으로 만든 것이다. 등록의 전체 목록은 아래 <표 1>과 같다.

<표 1>『덕온공주가례등록』 목차

揀擇-擇日 - 事目 - 座目 - 傳敎 - 啓辭 - 駙馬冠禮儀 - 納采 - 納幣 - 命服內出 - 親迎 - 公主詣駙馬房儀 - 同牢宴 - 賞典 - 移文 - 來關 - 甘結 - 各司所掌物目 - 別工作

표에서 알 수 있는 것처럼 등록의 전체적인 흐름은 전교, 계사, (의주), 이문, 내관, 감결 등과 같이 문서의 성격에 따라 묶어서 보여주고 있다. 이 중에서 왕녀 혼례 등록의 특색을 잘 보여주는 것은 의주에 관한 부분이다. 위에 보이는 <부마관례의(駙馬冠禮儀) -납채(納采)-납폐(納幣) -명복내출(命服內出)-친영(親迎) -공주예부마방(公主詣駙馬房儀) -동뢰연(同牢宴)> 부분은 혼례의 각 절차를 기록한 것이다. 그런데 이 절차의 기술은 다른 의궤의 「의주」에서 의주만을 기록한 것과 다른 방식을 보인다. 여기서는 납채, 납폐, 명복내출, 친영 등 각 절차마다 그에 해당하는 서식(書式), 물목(物目), 의주(儀註), 홀기(笏記) 등을 기록하였다. 그리하여 각 절차를 종합적으로 이해할 수 있도록 하였다. 특히, '의(儀)'와 '홀기(笏記)'가 함께 있다는 점 역시 매우 독특하다. 이 둘의 구분이 명확한 것은 아니다. 예를 들면 '납채의'와 '납채홀기'가 함께 있다. 홀기는 의례의 진행에서 집례가 창하는 절차를 기록한 일종의 순서지이다. '의(儀)' 역시 이러한 성격을 지닌다.『國朝五禮儀(국조오례의)』에 실린 대부분의 내용은 의식의 절차를 가리킨다. 이 등록에 실린 '의'는 바로『국조오례의』에 실린 것들을 옮긴 것이다. 마치『춘관통고』에서 '원의(原儀)'와 비슷한 것이다. 이에 비해 홀기는 보다 자세한 서술일 수밖에 없다. 그러나 소략하고 세밀하다는 차이가 아니라 홀기는 당시 의식의 절차를 기록하고 있다는 점에서 중요한 의미를 지닌다.

한편, 왕녀 혼례에서 이렇게 의주, 홀기, 서식 등을 함께 서술한 것은 순조대에 들어와 정착된 양식이다. 이전에는 홀기별, 의주별, 서식별로 제시하고 있을 뿐이었는데 1804년에 있었던『숙선옹주가례등록』에서부터 이들이 의례별로 함께 묶어서 기록되었다.

[2] 한국정신문화연구원(2002),『장서각소장등록해제』, p.147.

[3] 김문식(2011),「1823년 명온공주의 가례절차」,『조선시대사학보』 56, p.158.

Ⅳ. 부마의 간택과 관례

등록에 의하면 공주 혼례는 1837년(헌종 3) 5월 10일 대왕대비전의 전교로부터 시작하였다. 당시 대왕대비였던 순원왕후는 공주 부마의 간택을 위하여 14세부터 16세의 남자에 대한 금혼을 지시하였다. 다만 국성(國姓), 관적(貫籍)이 다른 이씨(李氏), 당대의 성(姓)이 다른 8촌 친척, 과부의 자식, 아비만 있는자, 몸에 질병이 있는자, 출계자로 이미 입안을 제출한 자 등 7조에 해당하는 자는 혼인을 금하지 않았다.[4]

금혼과 더불어 연령에 해당하는 자식이 있는 경우 올리는 간택단자의 규식을 지방에 알렸다. 간택단자는 3첩(貼)으로 되어 있는데 초첩(初貼)에는 첫 줄에 "某道某邑駙馬揀擇單子(모도모읍부마간택단자)"라고 쓰고, 재첩(再貼)에는 첫 줄에 간택인의 "姓名, 生年月日時, 性本(성명, 생년월일시, 성본)"을 쓰고, 다음 열에 차례로 4조(祖)의 이름을 쓴다. 4조는 부(父), 조부, 증조부, 외조(外祖)를 가리킨다. 3첩에는 가운데에 "大年號月日(대연호월일)"을 적고 아래에 가장(家長)이 직함을 모두 쓴 다음에 수결을 썼다.

전국에 단자를 올릴 것을 하명하였으나 실제 간택의 후보자 명단을 올린 곳은 한성부밖에 없었다. 초간택은 5월 26일 희정당(熙政堂)에서 거행하였는데 12명의 후보자가 참여하였다.[5] 앞서 언급하였듯이 1837년 당시에는 헌종이 즉위하였으나 대왕대비인 순원왕후가 수렴청정하던 시기였다. 그리고 덕온공주의 혼사는 자신의 사위를 선택하는 것이었다. 그러므로 혼사의 시작이나 간택 과정에 순원왕후는 매우 적극적으로 개입하였다.

> 상이 희정당에 나아갔다. 대왕대비전이 수렴하였다. 도승지, 우승지가 덕온공주의 부마(駙馬) 간택에 참여하는 동몽(童蒙)들을 인솔하였다. …
> 대왕대비전이 전하여 말하였다. "동몽들은 나이순으로 차례로 앞으로 나오라." 동몽들이 차례로 앞으로 나와 자기 성명을 올렸다. 대왕대비전이 승지와 사관을 명하여 물러나게 하였다. 조금 지난 후 들어오라고 명하였다. 이규현 등이 차례로 들어왔다. … 대왕대비전이 박기수에게 앞으로 나올 것을 명하고, 전교하였다. "지금 초간택을 당하니 기쁘지 아니한 것은 아니지만 지난 일을 생각하니 슬픈 마음을 이길 수 없다." 이에 전교를 쓰게 하였다. "생원 윤치승(尹致承) 아들 인갑(寅甲), 유학 서두보(徐斗輔) 아들 뇌윤(賚胤), 부호군 오취선(吳取善)의 아들 흥세(興世), 전현감 홍재과(洪在果)의 아들 한종(漢鍾), 유학 박제신(朴齊信)의 아들 쾌열(快悅)은 재간택에 들이고 나머지는 혼인을 허락한다." 또 전교를 쓰게 하였다. "부마의 재택일은 6월 초순 전에 들이고, 삼간택은 같은 달 20일 이후에 택일하여 들을 것을 예조에 분부하라." 이에 물러가길 명하니 제신들이 차례로 나갔다.[6]

순원왕후는 딸의 결혼을 당하여 기뻐하면서도 남편인 순조를 생각하여 슬픈 마음을 감추지 않았다. 그리고 5명의 후보자를 뽑고 재간택을 명하였다. 재간택은 6월 4일에 있었는데 5명의 참석자 중 3명이 뽑혀 삼간택에 나아갔다. 마지막 삼간택에서 생원 윤치승(尹致承)의 아들인 인갑(寅甲)이 부마로 정해졌다.

순원왕후는 삼간택을 마치고 그날 곧바로 부마가 될 사람에게 '남녕위(南寧尉)'라는 작위를 곧바로 내렸다. 대개 아래에서 의망을 올려 정하지만 특교로 곧바로 거행한 것이다.[7] 그리고 길례 전안(奠雁)의 장소를 사동본방(寺洞本房)으로 정하였다. 전안의 장소라 신랑이 기러기를 가져와 신부집 주인에게 바치는 것을 가리킨다.

한 달여 동안의 간택을 마쳐 부마가 결정되었으므로 이제 혼례를 거행할 일만 남았다. 그러나 다른 혼례와 달리 『덕

4) 『덕온공주가례등록』(장2-2631), 揀擇, 정유 5월 초10일.

5) 단자를 올린 사람은 전체 13명이었다. 그 중 한명인 金胤根의 子 炳素는 痁疾이 심하여 참여하지 못하였다. 병이 나은 후 재간택부터 참여할 것을 청하여 허락을 받았지만 이후 재간택에서도 명단이 보이지 않는다.

6) 『승정원일기』 2342책, 헌종 3년 5월 26일(임인).

7) 『승정원일기』 2343책, 헌종 3년 6월 25일(신미).

온공주가례등록』에는 부마의 관례 의식이 실려 있다. 조선시대 대표적인 평생의례인 관례, 혼례, 상례, 제례 중에서 관례의 시행은 상대적으로 미비했다. 그리고 관례가 독자적인 자기 자리를 차지하지 못한 것은 혼례와 연동되어 거행되었기 때문이다. 대개 혼례를 성인이 되는 기준으로 여기든지 아니면 혼례를 위해 간략히 하고 넘어가는 것이다. 관례와 혼례는 독자적인 자기 절차를 가지고 있음에도 불구하고 왕녀의 혼례식에는 「부마관례의(駙馬冠禮儀)」가 포함되어 있는 것이 일반적이었다. 그리고 왕녀의 결혼을 위해서 남아들의 금혼을 시행할 때 관례를 같이 금지한 사례도 있었다. 이것은 관례가 혼인을 전제로 하는 경우가 많았음을 반증하는 것이라 할 수 있다. 덕온공주의 부마로 간택된 윤인갑은 7월 1일에 관례를 거행하였다.[8)]

V. 덕온공주 가례 절차와 그 특징

덕온공주의 가례 절차는 『주문공가례(朱文公家禮)』에 나오는 혼례 절차를 기본으로 하면서도 왕가의 혼례 의식이 덧붙여진 독특한 형식이다. 공주의 혼례 의식을 이해하기 위해서 잠시 『국조오례의』에 실린 혼례의 절차를 살펴보자. 『국조오례의』에는 왕비로부터 종친 및 문무관의 혼례 의식이 실려있다. 이 중에서 가장 성대한 것은 말할 것도 없이 국왕과 왕비의 혼례이다. 국왕의 혼례가 지닌 특징은 '책례'에 있다고 할 수 있다. 즉, 동뢰연 이전에 왕비를 책봉한 다음 모셔오는 것이다. 혼례의 명칭처럼 '왕비를 들이는 것'이다. 그리고 고례의 예식에 맞추어 '납채', '납징', '고기' 등의 순서로 진행된다는 것도 특징적이다. 마지막으로 '친영' 대신에 '명사봉영'의 의식이 있는 것 역시 차이이지만 후대에 친영으로 변경되기 때문에 국왕의 특징적인 요소는 아니다.

<표 2> 덕온공주의 가례 절차

부마관례의(駙馬冠禮儀) - 납채(納采) - 납폐(納幣) - 명복내출(命服內出) - 친영(親迎) - 동뢰연(同牢宴) - 공주현고구의(公主見舅姑儀) - 공주현사당의(公主見祠堂儀) - 서조현의(壻朝見儀)

한편, 왕자와 왕녀의 혼례를 살펴보면 고례가 아닌 『주문공가례』의 절차를 따르고 있다. 납채, 납폐, 친영, 교배례, 부현고구(婦見舅姑), 묘현(廟見), 서현부지부모(壻見婦之父母)의 순서를 따르고 있다. 그러나 왕자와 왕녀의 특수성은 여기서도 나타난다. 왕자의 특수성은 신부인 부인(夫人)이 왕자의 사당을 알현하는 의식이 생략된다. 왕자의 사당이란 종묘(宗廟)이므로 성립되기 어려운 상황이었다. 조선후기 왕세자빈의 경우 혼례 후 종묘에 나아가 선왕에게 예를 행하는 것이 정식화되었지만 왕자에게는 허용되지 않은 것이다. 반면 왕녀의 경우 『국조오례의』에서는 그 다른 점이 눈에 띄지 않는다. 다만 왕녀의 혼례를 '하가의(下嫁儀)'로 표현한 것에서 그 독특성을 찾을 수 있다.

그러나 『가례등록』에 나타나는 왕녀의 혼례는 『국조오례의』의 것과 다른 모습이다. 납채, 납폐, 친영 등 기본적인 절차는 오례의에 따라 진행되지만 그 외의 의식도 추가되어 있기 때문이다. 먼저 부마의 관례(冠禮) 절차가 보인다. 그리고 납폐 후에는 '명복내출'의 의식이 추가 되어 있다. 또한 의주나 홀기는 보이지 않으나 친영 전에 부마가 궐에 들어가 국왕을 알현하는 절차도 등장한다. 이러한 의식은 왕가의 의식을 모방한 것이기도 하며 신랑과 신부의 신분적 불평등에서 유래한 것도 있다. 이러한 의식들에 대해서 좀더 자세히 살펴보자.

---

8) 명확한 기록은 없지만 이때에 윤인갑은 윤의선(尹宜善)으로 개명도 한 것으로 보인다.

<표 3> 王妃와 後宮 嬪의 가례 비교

왕[納妃儀]	왕자[昏禮]	왕녀[下嫁儀] (국조오례의)	덕온공주가례 (등록)	종친문무관1품 이하(昏禮儀)	가례
王,王妃	大君, 夫人	공주, 壻		시부모	(의혼)
納采	○	○	(駙馬冠禮儀) 납채	○	납채
納徵	(納幣)	(納幣)	납폐	납폐	납폐
告期	-	-		-	
冊妃	-	-	命服內出	-	
命使奉迎	○	○	(駙馬詣闕)친영	○	(친영)
同牢宴	○	○	동뢰연	(○)	교배례
王妃受百官賀 殿下會百官 王妃受內外命婦 朝會	夫人朝見 大君見夫人之 父母	公主見姑舅 公主見祠堂 壻朝見	主見舅姑見祠 儀 壻朝見儀	婦見姑舅 婦見祠堂	婦見舅姑 廟見 壻見婦之父母

1. 납채

납채는 혼례의 첫 절차이다. 중매자를 통하는 사가의 결혼이나 간택이란 절차를 거치는 왕가의 혼례 모두 이전의 과정은 결정을 위한 '의혼(議婚)'의 단계이라면 결정을 공식적으로 표명하는 첫 의식이 납채이다. 납채는 신랑 측에서 신부 측에 결혼할 의사를 사자(使者)를 통해 전하고 예물을 보내면 신부 측에서 이를 맞이하는 의식이다. 신랑과 신부의 양가 부모가 직접 대면하는 상견례가 없으므로 각각의 집에서 사지를 보내고 사자를 맞이하는 절차가 주요 내용이다. 이러한 의식은 양가의 사당에서 거행하였다.[9] 여기서 의례의 주인공은 신랑과 신부가 아닌 그들의 부모 또는 종자(宗子)이다.

그런데 왕실의 혼례는 불평등한 집안 사이에 오고가는 것이다. 특히 신부 측이 신랑 측보다 월등히 지위가 높다. 신랑과 신부의 부모가 혼례의 주체로 나선다는 원칙으로 말하면 왕과 신하가 같이 맞서는 결과를 초래하게 될 것이다. 이는 왕에게도 불편할 뿐 아니라 그를 상대해야 하는 신랑 측 집안도 불편할 것이다. 물론 사돈지간에 공식상 직접 대면하는 예는 없지만 오고가는 문서는 그들이 상대인이 되기 때문이다. 이러한 문제로 인하여 공주의 결혼식에서 신부측 혼주를 국왕이 아니라 종친 중 당상관에 있는 사람 중에서 선택하였다. 덕온공주의 경우에는 완창군(完昌君) 시인(時仁)이 혼주가 되었다. 그러므로 공주의 결혼식에 오고가는 문서는 신랑 측 부친 윤치승과 신부 측 종친 이시인 사이의 이름으로 오고간다. 그리고 신랑집에서 자제 중에 한 명을 사신으로 삼는데 국혼의 경우 격을 높이기 위해 사신이 관직이 없으면 관직을 내리는 것이 관례였다. 덕온공주의 경우 사신으로 정해진 사람은 유학 윤택호(尹宅鎬)였는데 관직이 없어 군직에 부쳐 관대를 입고 평소에 출사(出仕)하게 하였다.[10]

<표 4> 납채의 절차

[駙馬家] 告祠堂 -> (外宣醞) -> 傳采書 -> [公主宮] 迎使臣 -> 受采書 -> 外宣醞.內宣醞 -> 傳復書 -> [駙馬家] 授復書 / 主婚告國王

[9]『禮記・昏義』, "昏禮者, 將合二姓之好, 上以事宗廟, 而下以繼後世也, 故君子重之. 是以昏禮納采.問名.納吉.納徵.請期, 皆主人筵几於廟, 而拜迎於門外, 入揖讓而升, 聽命於廟, 所以敬愼重正昏禮也."

[10]『승정원일기』 2342책, 헌종 3년 6월 28일(갑술).

납채의 절차를 간략히 나타내면 위의 <표 4>와 같다. 여기에서 보이는 것처럼 납채는 먼저 신랑집에서 주인이 사당에게 납채의 사실을 조상에게 아리고 사신을 통해 납채 문서를 신부집에서 보내는 것이다. 의식의 전반적인 흐름은 사가와 동일하지만 왕실혼에서만 볼 수 있는 몇 가지 특징이 있다. 먼저 선온(宣醞)의 시행이다. 당일날에는 가례청 당청 이하 각차비관 등이 부마집에 먼저 가서 선온례를 거행할 준비를 하고 주인과 선온을 마친 후 납채 의식을 본격적으로 시행하였다. 그리고 사신이 공주궁에 도착하여 채서를 전달한 후에도 외선온과 내선온을 베풀었다. '선온'이란 국왕이 사온서(司醞署)에서 빚은 술을 내리는 것을 가리킨다. 외선온을 거행할 때면 왕이 하사한 선온을 향해 모두 4배를 하고 술을 받아 마신다. 신랑과 신부집 모두에 보이는 외선온은 국왕이 신부의 아비의 자리를 넘어 두 사람과 두 가문을 포괄하고 있는 것이다. 그리고 납채의 예가 끝나면 신부측 혼주가 즉각 궁궐에 들어가 정원(政院)에게 납채의 예가 끝남을 아리고 정원이 이를 사알(司謁)을 통해 아뢰었다.

한편, 위의 절차에서는 드러나지 않지만 국왕은 채서와 답장[復書]에서도 개입한다. 채서는 신랑집에서 작성하여 보내는 것이지만 왕녀의 혼례에서 채서는 도청(都廳)에서 작성하였다.

> 시기가 맹추(孟秋)에 태후(台候)께서 다복(多福)하십니까. 조은(朝恩)으로 치승(致承)의 둘째 아들 의선(宜善)에게 아내[室]를 주시므로, 삼가 납채(納采)의 예(禮)를 행하오니, 삼가 살피시기를 바랍니다. 불선(不宣). 정유년 7월 4일.
>
> 서신을 받들어 납채(納采)의 예를 받게 되었는데, 덕온공주는 나이 이미 장성하였으므로 지금 존명(尊命)을 받게 되니, 감히 삼가 따르지 않겠습니까. 삼가 살피시기를 바랍니다. 불선(不宣) 정유년 7월 4일.

위와 같은 내용의 채서와 복서는 도청에서 정서(正書)한 후 각각 4폭의 홍정주(紅鼎紬)로 만든 보자기로 싸서 가함(假銜)에 담아 왕께 올리면 왕이 먼저 어람을 한 후에 채서는 부마집으로, 복서는 공주궁으로 보냈다. 이렇게 국왕은 다양한 방식으로 왕녀의 결혼식에 참여하였다.

2. 납폐

납폐(納幣)는 신랑측에서 신부측에 예물을 보내어 혼사가 정식으로 성사되었음을 통보하는 의식이다.『의례』에서는 '납징(納徵)'이라 하였는데 그 이름에서 알 수 있는 것 같이 혼인 계약의 증거물인 예물을 보내고 받는 것이다. 예물로 현훈속백(玄纁束帛)과 여피(儷皮)을 사용하였는데 현훈속백은 흑색과 옅은 홍색의 비단 다섯 필을 의미한다. 여피는 사슴가죽 두 장을 뜻하였다. 흑색과 홍색을 사용하는 것은 음양이 갖추어진 것을 상징한 것이다.

『국조오례의』에 의하면 왕녀의 폐백에는 "주(紬) 또는 포(布)를 사용하는데 현색은 3필, 훈색은 2필로 한다"고 하였다. 덕온공주혼례에서는 폐백으로 현아청토주(玄雅靑吐紬) 3필과 훈대홍토주(纁大紅吐紬) 2필을 흑칠함에 넣어 보자기에 싸서 보냈다.

납폐의 절차는 납채의 절차와 거의 동일하다. 신랑측 부마집에서 먼저 시작하는데 외선온이 있고, 공주궁에서 사신을 통해 폐백을 받은 후에도 외선온과 내선온이 있다. 그리고 의식을 마치면 주혼자가 궁궐에 들어가 정원(政院)에 예가 마쳤음을 아뢰었다.

3. 명의내출

왕녀의 혼례에서 가장 독특한 절차 중 하나가 '명의내출(命衣內出)'이다. 이것은 '명의'를 부마집에 보내는 의식이다. 덕온공주의 명의납출 의식을 살펴보면 이 의식은 1837년(헌종 3) 8월 7일에 거행하였다. 당일에 도청 2원과 낭청 2원, 별공작 관원이 상의원 관원 2원과 함께 흑단령을 입고 합문(閤門)에 나아가 내시부 상전(尙傳)이 내어 주는 명의함(命衣函)을 상의원(尙衣院) 관리가 받아 고족상(高足床)에 두었다가 지게에 실어 부마집에 가져왔다. 이때 반차를 보면 먼저 인로군 10명이 푸른색 청의와 청건(靑巾)을 갖추고 좌우로 나누어 앞서고, 다음에 부장 2원이 좌우에 서고, 그 다음에 명의함을 짊어진 사람이 오사모, 흑단령, 자적조대, 흑화자를 실고 갔다. 그 다음에 상의원 2원, 예모관 2원, 별공작관, 낭청, 양도청(兩都廳)이 좌우로 나누어 따랐다. 부마의 집에 도착하면 미리 준비한 고족상에 명의함을 올려놓는다. 그러면 주인이 4배를 하고 받았다. 이후 주례(酒禮)이 있고 예단을 지급한 후 마쳤다.

『국조오례의』의 「공주하가의」에는 '명의내출의(命衣內出儀)'라는 의주가 보이지 않는다. 조선후기 공주 혼례등록에서 '명의내출'이란 항목은 일찍부터 등장하고 이에 관한 홀기도 같이 보인다. 그러나 다른 절차와 달리 '명의내출홀기'는 있어도 '명의내출의'는 없었다. '명의납출의'가 처음 등장하는 것은 덕온공주가례등록에서이다. 이때에 '명의납출홀기'와 앞 부분에 의주와 같은 형식으로 기재된 부분 앞에 '명의납출의'라는 이름을 덧붙이고 있다. 그동안에는 그 내용을 적었음에도 불구하고 항목의 제목을 붙이지 못했는데 덕온공주가례의 작성 후 이에 관한 사실을 수정하고 있다. 그리고 그 이후 1872년(고종 9)에 등장하는 『영혜옹주가례등록』에서 '명의내출의'가 편찬 때부터 공식적으로 들어간다. 『국조오례의』에 보이지 않는 하나의 절차가 명문화되는 과정을 볼 수 있다.

왕실의 혼례식과 민가의 혼례식에서 가장 큰 차이점을 책례(冊禮)에서 찾을 수 있다. 왕은 사대부가의 여자를 부인으로 맞이하면서 선택한 여자를 왕비로 삼는 책봉의식을 행하였다. 물론 국왕이 되기 전에 혼례를 이미 치렀으면 혼례와 책례는 분리되겠지만 국왕이나 왕세자의 신분으로 왕비 또는 왕세자빈을 맞이할 경우엔 책봉의 절차를 반드시 거친다. 그러므로 왕비의 혼례식은 민간인에서 왕비나 왕세자빈으로의 지위 상승을 동반한 것이었다.

책례 때 주요 상징물은 교명문(敎命文), 책문(冊文), 보인(寶印), 명복(命服) 등이다. 이 네 가지를 제작한 후에 궐내에 가져오는 것을 '교명책보내입의(敎命冊寶內入儀)'라고 한다. 그리고 사신을 통해 왕비가로 보내는 의식을 '교명책보태출의(敎命冊寶內出儀)'라고 한다. 이 네 가지를 모두 함에 넣어 교명문과 책문은 요여(腰輿)에, 보인과 명복은 채여(彩輿)에 실고 사신이 왕비가에 도착한다. 그러면 왕비가 명복을 받아서 갈아 입고 교명, 책, 보수를 순서대로 받았다. 문과 보인이 생략되었던 후궁의 가례의식을 보면 교명과 명복이 함께 내려진다. 이때 의식을 '교명예궐내입의(敎命詣闕內入儀)', '교명내출의(敎命內出儀)'라고 한다.[11] 이 경우 명복은 교명에 부수적인 형태와 같이 명복만을 위한 내출입의는 없다.

이런 예들을 볼 때 왕녀의 혼례에 보이는 '명의내출'은 책비나 책빈 때 교명과 명복 등을 내려주던 의식을 모방한 것임을 알 수 있다. 공주의 혼례를 신랑의 입장에서 본다면 부마의 지위에 오르는 것이다. 부마는 작위를 부여받는다. 그러나 작위를 부여하는 것이 혼례의 절차에 포함되지 않는다. 작위는 혼례 전에 수여하였다.[12] 다만 혼례에서는 부마에게 명의를 내리는 것만이 의례화된 것으로 보인다.

---

[11] 현종비 경빈김씨의 혼례에서 「敎命詣闕內入儀」와 「敎命內出儀」는 의주가 마련되었지만 실제 거행은 하지 않았다.

[12] 혼례 이전에 작위가 부여된 사실은 현종의 장녀 명선공주(1660년 ~ 1673년)의 예를 통해 알 수 있다. 명선공주는 맹주서(孟胄瑞)의 아들 맹만택(孟萬澤)과 정혼하였으나 혼례를 치르기 전에 죽었다. 하지만 부마로 간택된 맹만택에게는 이미 작호가 주어져 있었다. 현종이 그의 작호를 거두지 않으려고 했지만 대신들의 주청으로 인하여 작호를 회수하였다.

4. 친영

친영(親迎)은 신랑이 신부집에 가서 신부를 맞이하여 자기 집으로 데리고 와서 혼례를 치르는 것을 가리킨다. 신랑과 신부가 처음 만나는 이 의식은 혼례에서 가장 중요시 되었던 절차이다. 신랑이 신부의 집에까지 직접 가서 신부를 데리고 온다는 것은 혼인에 임하는 신랑의 정성이 표출된다. 그러면서도 친영은 혼례식이 신랑 집에서 거행되어야 하는 의식임을 보여주는 매우 정치적인 행위이다. 즉, 신랑이 신부를 데려와 가족의 인원으로 만드는 것이 혼례임을 보여주는 절차이다. 또한 유학자들은 신랑이 앞서고 신부가 그 뒤를 따르는 모습을 통해 부부간에 있어야 할 강유(剛柔)의 의리를 보여준다고 준다고 여겼다.[13] 특히 전통적으로 장가들고 처가살이를 하였던 우리나라에서는 친영을 유교식 혼례의 표준으로 삼았다.

『주문공가례』에 보이는 친영 절차는 신랑과 신부의 집에서 사당에 먼저 고하고 각자 부모가 술을 내리고 명령과 교훈을 전하는 초례를 거행하였다. 초례를 마치면 신랑이 예물로 기러기를 준비하여 신부집에 가서 주인을 뵙고 기러기를 바치고 신부를 데리고 집으로 돌아오는 것이다.

덕온공주의 친영은 8월 13일에 있었다. 먼저 친영의 절차를 살펴보면 <표 5>와 같다. 전반적인 흐름은 가례에 보이는 것과 비슷하다. 그러나 두 가지 점에서 차이를 보인다.

<표 5> 친영 절차

```
(駙馬詣闕)
 告祠堂 -> 外宣醞 -> 醮禮-> [駙馬家]-> [公主宮] 奠雁 ( <- 醮禮<- 外宣醞)
                        (同牢宴)<---------------┘
```

먼저, 공주의 친영에서는 다른 때와 달리 친영이 있기 전에 신랑인 부마가 먼저 궁궐에 들어가 대전(大殿), 대왕대비전(大王大妃殿), 왕대비전(王大妃殿), 대비전(大妃殿), 중궁전(中宮殿)에게 4배의 예를 올린다. 이는 상황에 의해 공주의 부모 또는 국왕이 예식에 직접 나서지 못하는 부분을 채우기 위한 것이라 할 수 있다. 즉, 혼주(婚主)와 실제 부모의 불일치를 변례를 통해 대신하는 것이다. 대전을 비롯한 궁궐의 웃어른을 만나는 공식적인 절차는 혼례가 끝난 후에 '서조현의'로 정해져있다. 그럼에도 불구하고 친영에 앞서 부마가 이들에게 절을 올리는 것은 신부의 친부모에 대한 예의라고 할 수 있다.

한편, 초례 전에 양가에서 거행하는 외선온 역시 사가에서 볼 수 없는 것이다. 납채, 납폐, 그리고 친영 모두에서 선옹의 절차는 나타나고 있다. 그런데 친영에 보이는 선온이 이전의 것과 다른 점은 여기에 참석하는 사람들이다. 특히 부마집 선온에는 이전에 보이지 않는 '위요(圍繞)'의 무리가 있다. 위요는 친영 때 신랑이나 신부와 같이 상대의 집에 따라가는 무리들이다. 일종의 들러리라고 할 수 있는 이들은 일반적으로 친척이나 신랑 신부의 친구들로 구성된다. 그러나 왕녀의 위요는 관료들이 참여하여 혼례의 격을 높였다.『가례등록』에 의하면 덕온공주의 친영 때 신랑의 위요로 참여한 사람들은 의정부 좌참찬 심능악(沈能岳), 의정부 우참찬 송면재(宋冕載) 등 총 11명이었다. 위요의 명단에 올라갔으나 병이나 외방에 있어 참여하지 못한 사람의 수가 13명이었다. 위요는 도청의 관원들과는 별도로 구성되었다. 부마가 공주궁에 갈 때 반차의 뒤편에서 따라갔다. 그리고 공주가 부마집으로 갈 때에는 각사 관원들이 위요가 되어 반찬의 뒤편에서 동행하였다.

[13] 이욱(2011), 「유교 혼례의 절차와 상징성에 관한 고찰」, 『한국계보연구』 2, p.94.

5. 동뢰연同牢宴

'동뢰'란 '제사의 희생을 같이 먹는 것'이다.[14] 희생을 같이 먹고 입가심을 위한 술을 마시는 동뢰연에서 음식은 매우 중요한 상징이었다. 그러나 고례처럼 희생을 준비하기보다 교배와 합근을 통해 부부의 합일을 상징하였다. 신랑과 신부의 옷을 상대의 시종에 맡기고, 신랑과 신부가 먹다 남긴 음식을 상대의 시종이 먹는 것을 통해 서로의 친밀감을 드러내었다.

덕온공주의 동뢰연 역시 이와 같이 이루어졌다.『가례등록』에는 동뢰연의 경우 다른 절차와 달리 「동뢰연의(同牢宴儀)」만 있고 '동뢰연홀기(同牢宴笏記)'는 없었다. 다만 의주 마지막에 세주(細註)로 '同牢笏記同'이라고 기술하고 있다. 이것은『국조오례의』의 규정에서 크게 달라진 것이 없음을 나타낸다. 그 절차를 간략히 보면 <표 6>과 같이 '교배(交拜), 합근(合巹), 탈복(脫服), 준(餕)'의 순서로 되어 있다.

<표 6> 동뢰연 절차

交拜 -> 合巹 -> 脫服 -> 餕

교배는 공주가 재배를 하면 부마가 답배를 하는 것이다. 합근은 부마와 공주가 술잔에 술을 받아 마시길 2회한 후 다시 합근(合巹)에다 술을 받아 마시는 것이다. 합근을 마치면 신랑은 방을 나가고 신부는 남아 있는다. 신랑이 다시 들어와 옷을 벗으면 공주의 시종이 그것을 받고 공주가 옷을 벗으면 부마의 시종이 옷을 받는다. 그 다음으로 부마의 종사들이 공주가 남긴 음식을 먹고, 공주의 시종이 부마가 남긴 음식을 먹는다. 이로써 친영의 모든 절차가 끝난다.

6. 동뢰연 이후 의식

유교 혼례는 남녀의 동등한 만남이라기보다 여성의 시댁 입문 의례적인 성격이 강하다. 그런 의미에서 친영과 동뢰연으로 혼례의 주요 절차가 끝났지만 신부에겐 아직 많은 절차가 남아 있었다. 동뢰연 이후 절차는 시댁의 어른에게 인사하는 것이다. 공주의 혼례에서도 이 상황은 그대로 적용되었다. 즉, 공주의 사회적 지위와는 별개로 며느리로서 시댁 부모와 조상에게 예를 올렸다. 먼저 '公主見舅姑儀(공주견구고의)'는 시부모님에게 인사하는 것이다. 동뢰연 다음날에 공주는 일찍 일어나 음식을 준비하여 시부모님을 찾아뵙는데 계단 아래에서 절하고 폐백의 음식을 올렸다. 친영 후 3일째 되는 날에는 시댁의 사당에 나아가는 '公主見祠堂儀(공주견사당의)'가 있다. 이때에도 사당의 계단 아래에서 사당에 계신 조상에게 4배의 절을 올렸다.

한편, 친영 후 4일째 되는 날에는 부마가 공복을 갖추어 입고 궁궐에 들어가 대전, 대왕대비전, 왕대비전, 중궁전을 뵙고 4배의 예를 행하였다. 그리고 물러나와 공복을 벗고 차례로 종실의 존장들을 만나 예를 행하였다.

---

[14]『禮記·郊特牲』, "共牢而食."

VI. 맺음말

남자 중심의 혼례에서 신부의 지위가 신랑의 지위보다 높은 공주의 결혼식은 유교 사회에서 불편한 면이 없지 않을 수 없다. 궁궐에 살다 민가의 집에 살아야 하는 공주도 불편하지만 높은 사람을 아내로 또는 며느리로 두고 산다는 것도 힘든 일이다. 왕녀의 혼례에서 주의를 끄는 것은 이러한 불편함을 의례를 통해 최소화한다는 점이다. 만약 『주문공가례』에 나오는 형식을 그대로 유지했다면 왕가와 사가의 신분적 격차를 줄일 수 없을 것이다. 그러나 신부 측 혼주가 되어야 함에도 불구하고 국왕이 그 자리를 빠지고 종실의 다른 사람으로 대치함으로써 서로의 높이를 맞추고 있다. 그리고 국왕의 지위를 '선온'을 통해 표출함으로써 혼례의 격을 높여주었다. 이러한 공식적인 절차와 달리 보이지 않는 곳에서 공주의 실제적인 혼주 역할을 수행하였다는 점 역시 흥미로운 일이었다. 채서와 복서의 내용을 점검한다든지, 각 절차가 끝난 후 보고를 받는 것이 그러한 예이다. 그리고 친영에 앞서 부마가 궁궐에 들어가 먼저 국왕과 대왕대비 등을 만나 예를 표하는 것은 왕의 권위를 높이는 방식 중 하나였다.

참고문헌

『덕온공주가례등록』(장2-2631, 2-2632)
한국정신문화연구원(2002), 『장서각소장등록해제』.
김문식(2011), 「1823년 명온공주의 가례절차」, 『조선시대사학보』 56.
이 욱(2008), 「조선후기 후궁 가례(嘉禮)의 절차와 변천-경빈 김씨 가례를 중심으로-」, 『장서각』 19.
———(2011), 「유교 혼례의 절차와 상징성에 관한 고찰」, 『한국계보연구』 2.

유물 설명글 참고문헌

『加髢申禁事目』(1788)

『朝鮮王朝實錄』

『增補文獻備考』(1903~1908)

『閨閤叢書』憑虛閣李氏原著, 鄭良婉 譯註(1975), 寶晉齊

국립고궁박물관 편(2005), 『조선왕실의 가마』.

________________(2010), 『명성황후 한글편지와 조선왕실의 시전지』, 국립고궁박물관.

________________(2010), 『영친왕 일가 복식』, 국립고궁박물관.

국립국악원(2002), 『조선시대 음악풍속도』Ⅰ, 민속원.

김기열(2008), 「사후당 윤백영의 한글의 서예미 연구」, 성균관대학교 유학대학원 석사학위 청구논문.

김영숙(2002), 『朝鮮朝後期宮中服飾-英王服飾中心』, 도서출판 辛酉.

김용숙(1987), 『朝鮮朝宮中風俗硏究』, 一志社.

김은희(2007), 「朝鮮時代 唐衣 變遷에 관한 硏究」, 단국대학교 대학원 석사학위논문.

단국대학교 석주선기념박물관(2000), 『한국전통 어린이복식』, 단국대학교출판부.

____________________________(2004), 『名選』中, 단국대학교출판부.

____________________________(2004), 『靴鞋履』, 단국대학교출판부.

____________________________(2005), 『名選』下, 단국대학교출판부.

문화재청(2006), 『문화재대관 중요민속문화재 2- 복식·자수편』.

박성실(1994) 「回粧赤古里와 肩亇只 再考」, 『美術資料』54.

박성실·조효숙·이은주(2005), 『조선시대 여인의 멋과 차림새』, 단국대학교출판부.

서울대학교 박물관,(2006), 『마지막 황실, 잊혀진 대한제국』.

석주선(1971), 『韓國服飾史』, 寶晉齊.

______(1980), 『裝身具』, 石宙善紀念民俗博物館.

______(1985), 『衣』, 石宙善紀念民俗博物館.

______(1993), 『冠帽와 首飾』, 石宙善紀念民俗博物館.

손경자·김영숙 공저(1982),『韓國服飾史資料選集』, 教文社.
손계영(2007),「조선시대에 사용된 시전지의 시대적 특징」,『書誌學研究』36, 書誌學會.
숙명여자대학교 박물관(1996),『朝鮮朝女人의 삶과 생각』.
심연옥(2002),『한국직물오천년』, 고대직물연구소 출판부.
심연옥(2006),『한국직물문양이천년』, 고대직물연구소 출판부.
윤백영(1968)『궁듕네법풍속과 전하는 말삼』.
이경민(2006),「조선후기吾目縷緋연구」, 단국대학교 대학원 석사학위논문.
이규숙(1984),『이 '계동 마님'이 먹은 여든 살』, 뿌리깊은나무.
이명은(2003),「궁중발기에 나타난 행사 및 복식연구」, 단국대학교 대학원 석사학위논문.
이승희(2010),『순원왕후의 한글편지』, 푸른역사.
이은주(2008),「19세기 조선 왕실 여성의 머리모양」,『服飾』58권 3호, 한국복식학회.
장정윤(2003),「朝鮮時代 文武百官 朝服에 관한 研究 」, 단국대학교 대학원 석사학위논문.
한국민족미술연구소(2011),『澗松文華 繪畫-五十二 風俗人物』.
한국정신문화연구원 장서각(2004),『우리 한글의 멋과 아름다움』.
한국정신문화연구원 편(2003),『조선후기 궁중연향문화』권1, 민속원.
한국정신문화연구원(2002),『藏書閣所藏謄錄解題』.
한국학중앙연구원 藏書閣(2005),『조선왕실의 여성』.
홍나영(1995)『여성쓰개의 역사』, 학연문화사.
황문환·김주필·박부자·안승준·이욱·황선엽(2010)『정미가례시일기 주해』, 한국학중앙연구원 출판부.

조선 마지막 공주 덕온가의 유물

德溫家 遺物

EXHIBITION ON COSTUME RELICS OF THE LAST PRINCESS DEOKON AND HER ROYAL FAMILY FROM THE JOSEON DYNASTY

| **총괄기획** : 정영호(석주선기념박물관장)
| **진 행** : 이명은 채정민 김윤미 한광순
| **행정지원** : 엄기표 이지영
| **전시보조** : 이순학 김지혜 김연미 김영숙 강지현

| **유물 설명** : 이명은 황문환
| **영문 번역** : 이미현 백가윤
| **사 진** : 서헌강(서헌강사진연구소)

| **자문위원**

박성실(난사전통복식문화재연구소장)
황문환(한국학중앙연구원 한국학대학원 교수)
이은주(안동대학교 융합콘텐츠학과 교수)
신명호(부경대학교 사학과 교수)
심영미(동림매듭연구소장)
엄익평(서울시무형문화재 제37호 옥장)
홍성효(한국목가구연구소장)
유미강(자수 전문가)

| **유물대여**

김가영
단국대학교 퇴계기념도서관
한국학중앙연구원 장서각

| **엮은곳** _ 단국대학교석주선기념박물관
전 화 _ 031) 8005-2390 팩 스 _ 031) 8021-7157

| **펴낸곳** _ 단국대학교출판부
등 록 _ 1968. 2. 27 : No. 제03-00095호
주 소 _ 경기도 용인시 수지구 죽전동 126번지
전 화 _ 031) 8005-2404 팩 스 _ 031) 8021-7154

| **디자인** _ 씨씨김 아트밀
| **인 쇄** _ 세종 C&P
2012년 5월 7일 초판 인쇄
2012년 5월 11일 초판 발행

[값 40,000원]

Published by Dankook University Press

Printed in Korea

| ISBN 978-89-7092-478-6 93380

石宙善紀念博物館